ACCESO GRATIS _a la Lectura en la Nube + Actualizaciones_

Para visualizar el libro electrónico en la nube de lectura envíe junto a su nombre y apellidos una fotografía del código de barras situado en la contraportada del libro y otra del ticket de compra a la dirección:

ebooktirant@tirant.com

En un máximo de 72 horas laborables le enviaremos el código de acceso con sus instrucciones.

AF276716

La visualización del libro en **NUBE DE LECTURA** excluye los usos bibliotecarios y públicos que puedan poner el archivo electrónico a disposición de una comunidad de lectores. Se permite tan solo un uso individual y privado.

Jurisdicción Voluntaria

COMITÉ CIENTÍFICO DE LA EDITORIAL TIRANT LO BLANCH

MARÍA JOSÉ AÑÓN ROIG
*Catedrática de Filosofía del Derecho
de la Universidad de Valencia*
ANA CAÑIZARES LASO
*Catedrática de Derecho Civil
de la Universidad de Málaga*
JORGE A. CERDIO HERRÁN
*Catedrático de Teoría y Filosofía del Derecho
Instituto Tecnológico Autónomo de México*
JOSÉ RAMÓN COSSÍO DÍAZ
*Ministro en retiro de la Suprema
Corte de Justicia de la Nación
y miembro de El Colegio Nacional*
MARÍA LUISA CUERDA ARNAU
*Catedrática de Derecho Penal
de la Universidad Jaume I de Castellón*
MANUEL DÍAZ MARTÍNEZ
Catedrático de Derecho Procesal de la UNED
CARMEN DOMÍNGUEZ HIDALGO
*Catedrática de Derecho Civil
de la Pontificia Universidad Católica de Chile*
EDUARDO FERRER MAC-GREGOR POISOT
*Juez de la Corte Interamericana
de Derechos Humanos
Investigador del Instituto
de Investigaciones Jurídicas de la UNAM*
OWEN FISS
*Catedrático emérito de Teoría del Derecho
de la Universidad de Yale (EEUU)*
JOSÉ ANTONIO GARCÍA-CRUCES GONZÁLEZ
Catedrático de Derecho Mercantil de la UNED
JOSÉ LUIS GONZÁLEZ CUSSAC
*Catedrático de Derecho Penal
de la Universidad de Valencia*
LUIS LÓPEZ GUERRA
*Catedrático de Derecho Constitucional
de la Universidad Carlos III de Madrid*
ÁNGEL M. LÓPEZ Y LÓPEZ
*Catedrático de Derecho Civil
de la Universidad de Sevilla*

MARTA LORENTE SARIÑENA
*Catedrática de Historia del Derecho
de la Universidad Autónoma de Madrid*
JAVIER DE LUCAS MARTÍN
*Catedrático de Filosofía del Derecho
y Filosofía Política de la Universidad de Valencia*
VÍCTOR MORENO CATENA
*Catedrático de Derecho Procesal
de la Universidad Carlos III de Madrid*
FRANCISCO MUÑOZ CONDE
*Catedrático de Derecho Penal
de la Universidad Pablo de Olavide de Sevilla*
ANGELIKA NUSSBERGER
*Catedrática de Derecho Constitucional
e Internacional en la Universidad de Colonia
(Alemania) Miembro de la Comisión de Venecia*
HÉCTOR OLASOLO ALONSO
*Catedrático de Derecho Internacional
de la Universidad del Rosario (Colombia)
y Presidente del Instituto Ibero-Americano
de La Haya (Holanda)*
LUCIANO PAREJO ALFONSO
*Catedrático de Derecho Administrativo
de la Universidad Carlos III de Madrid*
CONSUELO RAMÓN CHORNET
*Catedrática de Derecho Internacional
Público y Relaciones Internacionales
de la Universidad de Valencia*
TOMÁS SALA FRANCO
*Catedrático de Derecho del Trabajo y de la
Seguridad Social de la Universidad de Valencia*
IGNACIO SANCHO GARGALLO
*Magistrado de la Sala Primera (Civil)
del Tribunal Supremo de España*
ELISA SPECKMAN GUERRA
*Directora del Instituto de Investigaciones
Históricas de la UNAM*
RUTH ZIMMERLING
*Catedrática de Ciencia Política
de la Universidad de Mainz (Alemania)*

Fueron miembros de este Comité:
Emilio Beltrán Sánchez, Rosario Valpuesta Fernández y **Tomás S. Vives Antón**

Procedimiento de selección de originales, ver página web:
www.tirant.net/index.php/editorial/procedimiento-de-seleccion-de-originales

Jurisdicción Voluntaria

7ª Edición

JUAN MONTERO AROCA
Catedrático Emérito
Universidad de Valencia

VIRGINIA PARDO IRANZO
Catedrática de Derecho Procesal
Universidad de Valencia

tirant lo blanch
Valencia, 2025

Copyright ® 2025

Todos los derechos reservados. Ni la totalidad ni parte de este libro puede reproducirse o transmitirse por ningún procedimiento electrónico o mecánico, incluyendo fotocopia, grabación magnética, o cualquier almacenamiento de información y sistema de recuperación sin permiso escrito de los autores y del editor.

En caso de erratas y actualizaciones, la Editorial Tirant lo Blanch publicará la pertinente corrección en la página web www.tirant.com incorporada a la ficha del libro. En www.tirant.com dispondrá de un servicio con los textos legales básicos y sectoriales actualizados como complemento de su libro.

Los textos jurídicos que aparecen se ofrecen con una finalidad informativa o divulgativa. Tirant lo Blanch intentará cuidar por la actualidad, exactitud y veracidad de los mismos, si bien advierte que no son los textos oficiales y declina toda responsabilidad por los daños que puedan causarse debido a las inexactitudes o incorrecciones de los mismos.

Los únicos textos considerados legalmente válidos son los que aparecen en las publicaciones oficiales de los correspondientes organismos autonómicos o nacionales.

© Juan Montero Aroca
Virginia Pardo Iranzo

© TIRANT LO BLANCH
EDITA: TIRANT LO BLANCH
C/ Artes Gráficas, 14 - 46010 - Valencia
TELFS.: 96/361 00 48 - 50
FAX: 96/369 41 51
Email: tlb@tirant.com
www.tirant.com
Librería virtual: www.tirant.es
DEPÓSITO LEGAL: V-945-2025
ISBN: 979-13-7010-093-3

Si tiene alguna queja o sugerencia, envíenos un mail a: atencioncliente@tirant.com. En caso de no ser atendida su sugerencia, por favor, lea en www.tirant.net/index.php/empresa/politicas-de-empresa nuestro procedimiento de quejas.

Responsabilidad Social Corporativa: http://www.tirant.net/Docs/RSCTirant.pdf

Índice

TÍTULO II. DE LOS EXPEDIENTES DE JURISDICCIÓN VOLUNTARIA EN MATERIA DE PERSONAS

CAPÍTULO I. DE LA AUTORIZACIÓN O APROBACIÓN JUDICIAL DEL RECONOCIMIENTO DE LA FILIACIÓN NO MATRIMONIAL

CAPÍTULO I BIS. DE LA APROBACIÓN JUDICIAL DE LA MODIFICACIÓN DE LA MENCIÓN REGISTRAL DEL SEXO DE PERSONAS MAYORES DE DOCE AÑOS Y MENORES DE CATORCE

CAPÍTULO I TER. DE LA APROBACIÓN JUDICIAL DE LA NUEVA MODIFICACIÓN DE LA MENCIÓN REGISTRAL RELATIVA AL SEXO CON POSTERIORIDAD A UNA REVERSIÓN DE LA RECTIFICACIÓN DE LA MENCIÓN REGISTRAL

CAPÍTULO II. DE LA HABILITACIÓN PARA COMPARECER EN JUICIO Y DEL NOMBRAMIENTO DE DEFENSOR JUDICIAL

CAPÍTULO III. DE LA ADOPCIÓN

CAPÍTULO III bis. DEL EXPEDIENTE DE PROVISIÓN DE MEDIDAS JUDICIALES DE APOYO A PERSONAS CON DISCAPACIDAD

CAPÍTULO IV. DE LA TUTELA, LA CURATELA Y LA GUARDA DE HECHO

SECCIÓN 1.ª Disposición común

SECCIÓN 2.ª De la tutela y la curatela

CAPÍTULO X. DE LA EXTRACCIÓN DE ÓRGANOS DE DONANTES VIVOS

CAPÍTULO XI. DE LOS EXPEDIENTES DE JURISDICCIÓN VOLUNTARIA RELATIVOS A DECLARACIONES JUDICIALES SOBRE HECHOS PASADOS

TÍTULO III. DE LOS EXPEDIENTES DE JURISDICCIÓN VOLUNTARIA EN MATERIA DE FAMILIA

CAPÍTULO I. DE LA DISPENSA DE IMPEDIMENTO MATRIMONIAL

CAPÍTULO II. DE LA INTERVENCIÓN JUDICIAL EN RELACIÓN CON LA PATRIA POTESTAD

SECCIÓN 1.ª Disposición común

CAPÍTULO II. DE LA CONSIGNACIÓN

TÍTULO VI. DE LOS EXPEDIENTES DE JURISDICCIÓN VOLUNTARIA RELATIVOS A LOS DERECHOS REALES

CAPÍTULO I. DE LA AUTORIZACIÓN JUDICIAL AL USUFRUCTUARIO PARA RECLAMAR CRÉDITOS VENCIDOS QUE FORMEN PARTE DEL USUFRUCTO

CAPÍTULO II. DEL EXPEDIENTE DE DESLINDE DE FINCAS NO INSCRITAS

TÍTULO VII. DE LOS EXPEDIENTES DE SUBASTAS VOLUNTARIAS

TÍTULO VIII. DE LOS EXPEDIENTES DE JURISDICCIÓN VOLUNTARIA EN MATERIA MERCANTIL

CAPÍTULO I. DE LA EXHIBICIÓN DE LIBROS DE LAS PERSONAS OBLIGADAS A LLEVAR CONTABILIDAD

CAPÍTULO II. DE LA CONVOCATORIA DE JUNTAS GENERALES

CAPÍTULO III. DEL NOMBRAMIENTO Y REVOCACIÓN DE LIQUIDADOR, AUDITOR O INTERVENTOR DE UNA ENTIDAD

CAPÍTULO IV. DE LA REDUCCIÓN DE CAPITAL SOCIAL Y DE LA AMORTIZACIÓN O ENAJENACIÓN DE LAS PARTICIPACIONES O ACCIONES

CAPÍTULO V. DE LA DISOLUCIÓN JUDICIAL DE SOCIEDADES

CAPÍTULO VI. DE LA CONVOCATORIA DE LA ASAMBLEA GENERAL DE OBLIGACIONISTAS

CAPÍTULO VII. DEL ROBO, HURTO, EXTRAVÍO O DESTRUCCIÓN DE TÍTULO VALOR O REPRESENTACIÓN DE PARTES DE SOCIO

CAPÍTULO VIII. DEL NOMBRAMIENTO DE PERITO EN LOS CONTRATOS DE SEGURO

TÍTULO IX. DE LA CONCILIACIÓN

DISPOSICIONES ADICIONALES

DISPOSICIONES TRANSITORIAS

DISPOSICIÓN DEROGATORIA

DISPOSICIONES FINALES

PARTE II:
LEY ORGÁNICA DE MEDIDAS EN MATERIA DE EFICIENCIA DEL SERVICIO PÚBLICO DE JUSTICIA
LO 1/2025, de 2 de enero

TÍTULO II. MEDIDAS EN MATERIA DE EFICIENCIA PROCESAL DEL SERVICIO PÚBLICO DE JUSTICIA

CAPÍTULO I. MEDIOS ADECUADOS DE SOLUCIÓN DE CONTROVERSIAS EN VÍA NO JURISDICCIONAL

SECCIÓN 1.ª Disposiciones generales

SECCIÓN 2.ª. De los efectos de la actividad negociadora

SECCIÓN 3.ª. De las diferentes modalidades de negociación previa a la vía jurisdiccional

PARTE I:
LEY DE LA JURISDICCIÓN VOLUNTARIA
Ley 15/20215, de 2 de julio

Preámbulo

I

La incorporación a nuestro ordenamiento jurídico de una Ley de la Jurisdicción Voluntaria forma parte del proceso general de modernización del sistema positivo de tutela del Derecho privado iniciado hace ahora más de una década. La disposición final decimoctava de la Ley 1/2000, de 7 de enero, de Enjuiciamiento Civil, encomendaba al Gobierno la remisión a las Cortes Generales de un proyecto de Ley de jurisdicción voluntaria, una previsión legal vinculada con la construcción de un sistema procesal avanzado y homologable al existente en otros países.

Con la Ley de la Jurisdicción Voluntaria se da una mayor coherencia sistemática y racionalidad a nuestro ordenamiento jurídico procesal. En efecto, el lugar central de la Ley de Enjuiciamiento Civil en nuestro sistema de justicia, como norma encargada de la ordenación completa del proceso civil y de dar plenitud al sistema procesal en su conjunto, es difícilmente compatible con el mantenimiento en su articulado de algunas materias que merecían un tratamiento legal diferenciado, por mucho que su conocimiento correspondiera a los tribunales civiles.

Entre esas materias se encuentra, de forma pacíficamente aceptada, la jurisdicción voluntaria. Su regulación dentro de la Ley de Enjuiciamiento Civil, como ha ocurrido en España desde 1855, era fruto más bien de la vocación recopiladora de nuestro Derecho histórico que el resultado de la aplicación al ámbito jurídico-procesal de determinadas categorías conceptuales. Por esa razón ahora se opta, al igual que en la mayoría de las naciones de nuestro entorno, por separar la jurisdicción voluntaria de la regulación procesal común, manteniéndose entre ellas las relaciones naturales de especialidad y subsidiariedad que se producen entre normas dentro de cualquier sistema jurídico complejo.

Su regulación en una ley independiente supone, al mismo tiempo, el reconocimiento de la autonomía conceptual de la jurisdicción voluntaria dentro del conjunto de actividades jurídico-públicas legalmente atribuidas a los tribunales de justicia.

II

La Ley de la Jurisdicción Voluntaria no se justifica sólo como un elemento más dentro de un plan de racionalización de nuestro ordenamiento procesal civil. Tampoco como un simple cauce de homologación legislativa con otras naciones. La Ley de la Jurisdicción Voluntaria debe ser destacada, además, como contribución singular a la modernización de un sector de nuestro Derecho que no ha merecido tan detenida atención por el legislador o los autores como otros ámbitos de la actividad judicial, pero en el que están en juego intereses de gran relevancia dentro de la esfera personal y patrimonial de las personas.

Esta Ley es, en otras palabras, la respuesta a la necesidad de una nueva ordenación legal, adecuada, razonable y realista de la jurisdicción voluntaria. En la normativa anterior no era difícil advertir la huella del tiempo, con defectos de regulación y normas obsoletas o sin el adecuado rigor técnico. Las reformas parciales experimentadas en este tiempo no evitaron la pervivencia de disposiciones poco armónicas con instituciones orgánicas y procesales vigentes más modernas, lo que constituyó un obstáculo para alcanzar la eficacia que se espera de todo instrumento legal que debe servir como cauce de intermediación entre el ciudadano y los poderes públicos.

La Ley de la Jurisdicción Voluntaria aprovecha la experiencia de los operadores jurídicos y la doctrina emanada de los tribunales y de los autores para ofrecer al ciudadano medios efectivos y sencillos, que faciliten la obtención de determinados efectos jurídicos de una forma pronta y con respeto de todos los derechos e intereses implicados.

III

El interés del ciudadano ocupa un lugar central entre los objetivos de esta Ley. A lo largo de su articulado se establecen instrumentos sencillos, efectivos y adecuados a la realidad social a la que se aplican, en el caso de que requieran la intervención de los tribunales de justicia a través de cualquiera de los actos de jurisdicción voluntaria.

Este solo argumento justificaría la procedencia de cualquier reforma legal que afecte a la Justicia y a sus órganos, pues la actividad de estos, como toda labor pública en la que esté en juego la existencia o efectividad de derechos subjetivos, debe ser apta para lograr el efecto que se desea por medios que no generen insatisfacción o frustración entre los interesados. De ahí que la Ley de la Jurisdicción Voluntaria facilite a los ciudadanos una regulación legal sistemática, ordenada y completa de los diferentes expedientes que se contienen en ella, actualizando y simplificando las normas relativas a su tramitación, tratando de optar por el cauce menos costoso y más rápido, desde el respeto máximo de las garantías y de la seguridad jurídica, y tomando especial cuidado en la ordenación adecuada de sus actos e instituciones.

Se trata, de este modo, de regular los expedientes de jurisdicción voluntaria de manera que el ciudadano se vea amparado con el grado de efectividad que demanda una sociedad cada vez más consciente de sus derechos y cada vez más exigente con sus órganos públicos. En ocasiones, el objetivo anterior se consigue con una mera puesta al día de las actuaciones que componen un determinado expediente. En otras, dicho objetivo se busca desde la simplificación, conjunción y armonización de sus preceptos con otros integrados en normas procesales o sustantivas. En especial, se toma particular cuidado en adaptar la regulación de los expedientes de jurisdicción voluntaria a los principios, preceptos y normas generales contenidas en de la Ley de Enjuiciamiento Civil, tratándose de soslayar con ello problemas de interpretación y dándose respuesta a algunas lagunas legales y aporías.

Esta Ley se ha elaborado al mismo tiempo que otras reformas, afectando a las mismas normas, como las leyes de modificación del sistema de protección a la infancia y adolescencia, que darán una nueva regulación, entre otras cuestiones, al acogimiento y adopción de menores. Ello obliga a coordinar el contenido de estas leyes.

También se busca la adaptación a la Convención de las Naciones Unidas sobre los Derechos de las Personas con Discapacidad, hecha en Nueva York el 13 de diciembre de 2006, la cual afecta a la nueva terminología, en la que se abandona el empleo de los términos de incapaz o incapacitación, y se sustituyen por la referencia a las personas cuya capacidad está modificada judicialmente.

IV

Al operar como cauce de actuación y de efectividad de determinados derechos regulados en el Código Civil, en el Código de Comercio y en la legislación especial de Derecho privado, no es difícil deducir el carácter adjetivo o auxiliar de la jurisdicción voluntaria, si bien con diferencias sustanciales con respecto a la jurisdicción, en sentido propio.

La jurisdicción voluntaria se vincula con la existencia de supuestos en que se justifica el establecimiento de limitaciones a la autonomía de la voluntad en el ámbito del Derecho privado, que impiden obtener un determinado efecto jurídico cuando la trascendencia de la materia afectada, la naturaleza del interés en juego o su incidencia en el estatuto de los interesados o afectados, así lo justifiquen. O también, con la imposibilidad de contar con el concurso de las voluntades individuales precisas para constituir o dar eficacia a un determinado derecho.

La virtualidad de tales efectos requiere la actuación del Juez, en atención a la autoridad que el titular de la potestad jurisdiccional merece como intérprete definitivo de la ley, imparcial, independiente y esencialmente desinteresado en los asuntos que ante ella se dilucidan. Circunstancia que los hace especialmente aptos para una labor en la que está en juego la esfera de los derechos de los sujetos.

No obstante, resulta constitucionalmente admisible que, en virtud de razones de oportunidad política o de utilidad práctica, la ley encomiende a otros órganos públicos, diferentes de los órganos jurisdiccionales, la tutela de determinados derechos que hasta el momento actual estaban incardinados en la esfera de la jurisdicción voluntaria y que no afectan directamente a derechos fundamentales o suponen afectación de intereses de menores o personas que deben ser especialmente protegidas, y así se ha hecho en la presente Ley.

V

Precisamente sobre la base de la experiencia aplicativa de nuestro sistema de jurisdicción voluntaria, y desde la ponderación de la realidad de nuestra sociedad y de los diferentes instrumentos en ella existentes para la actuación de los derechos, no es nuevo el debate sobre si sería pertinente mantener en este campo la exclusividad de los tribunales de justicia —y, dentro de ellos, del personal jurisdicente—, o si sería preferible encomendar su conocimiento a otros órganos y funcionarios públicos.

Buscando dar una respuesta idónea a las cuestiones anteriores, la Ley de la Jurisdicción Voluntaria, conforme con la experiencia de otros países, pero también atendiendo a nuestras concretas necesidades, y en la búsqueda de la optimización de los recursos públicos disponibles, opta por atribuir el conocimiento de un número significativo de los asuntos que tradicionalmente se incluían bajo la rúbrica de la jurisdicción voluntaria a operadores jurídicos no investidos de potestad jurisdiccional, tales como Letrados de la Administración de Justicia, Notarios y Registradores de la Propiedad y Mercantiles, compartiendo con carácter general la competencia para su conocimiento. Estos profesionales, que aúnan la condición de juristas y de titulares de la fe pública, reúnen sobrada capacidad para actuar, con plena efectividad y sin merma de garantías, en algunos de los actos de jurisdicción voluntaria que hasta ahora se encomendaban a los Jueces. Si bien la máxima garantía de los derechos de la ciudadanía viene dada por la intervención de un Juez, la desjudicialización de determinados supuestos de jurisdicción voluntaria sin contenido jurisdiccional, en los que predominan los elementos de naturaleza administrativa, no pone en riesgo el cumplimiento de las garantías esenciales de tutela de los derechos e intereses afectados.

La solución legal dada es acorde con los postulados de nuestra Carta Magna y, además, oportuna en atención a diferentes factores. El prestigio adquirido a lo largo de los años por estos Cuerpos de funcionarios entre los ciudadanos es un elemento que ayuda a despejar cualquier incógnita sobre su aptitud para intervenir en la tutela administrativa de determinados derechos privados, como protagonistas principales que son de nuestro sistema de fe pública y garantes de la seguridad jurídica, sin olvidar el hecho de que muchos de los actos de jurisdicción voluntaria tienen por objeto obtener la certeza sobre el estado o modo de ser de determinados negocios, situaciones o relaciones jurídicas que dichos profesionales están en inmejorable condición para apreciarlos adecuadamente.

Junto a lo anterior, la consideración de los recursos organizativos personales y medios materiales puestos en la actualidad a su disposición, así como del elevado grado de modernización y especialización que alcanza hoy la Administración pública, profesionalizada y regida por los principios de objetividad, eficacia e interdicción de la arbitrariedad, y sujeta a la Ley y al Derecho por mandato constitucional, justifican igualmente la apuesta por la desjudicialización de ciertas materias que hasta ahora eran atribuidas a Jueces y Magistrados. Esto último pone de relieve que hoy han perdido vigencia algunas de las razones que justificaron históricamente la atribución de la jurisdicción voluntaria, en régimen de exclusividad, a los Jueces; pues, junto a ellos, las sociedades avanzadas cuentan en la actualidad con otras opciones viables para la efectividad de los derechos privados, cuando para ello se requiera la intervención o mediación de órganos públicos.

VI

De la separación de determinados asuntos del ámbito competencial de los Jueces y Magistrados sólo cabe esperar, pues, beneficios para todos los sujetos implicados en la jurisdicción voluntaria: para el ciudadano, en la medida en que ello debe tener como consecuencia, cuando precise la actuación del Estado para la actuación de un determinado derecho, una mayor efectividad de sus derechos sin pérdida de garantías; para Letrados de la Administración de Justicia, Notarios y Registradores de la Propiedad y Mercantiles, por la nueva dimensión que se les da como servidores públicos, consecuente con su real cualificación técnica y el papel relevante que desempeñan en el tráfico jurídico; y, en último término, para Jueces y Magistrados, que pueden centrar sus esfuerzos en el cumplimiento de la esencial misión que la Constitución les encomienda, como exclusivos titulares de la potestad jurisdiccional y garantes últimos de los derechos de las personas.

La distribución de los asuntos entre estos profesionales se ha realizado siguiendo criterios de racionalidad, buscando desde el primer momento el máximo consenso con los colectivos implicados, con voluntad de permanencia en el tiempo, adaptándose a la actual realidad social, plenamente garantista en la realización de los derechos e intereses de los afectados, a fin de dar respuesta, también en esta parcela del ordenamiento, al desafío de una Justicia más moderna y eficaz.

El objetivo trazado en el plan inicial era asignar cada materia a aquel operador jurídico a quien, por su cercanía material o por garantizar una respuesta más pronta al ciudadano, era aconsejable que se hiciera cargo de su conocimiento; o a aquél a quien, en virtud de la naturaleza del interés o del derecho en juego, le fuera constitucionalmente exigible encargarse de la tramitación de dicha materia.

Sin embargo, finalmente se ha optado, con carácter general, por la alternatividad entre diferentes profesionales en determinadas materias específicas que se desgajan de la órbita de la Autoridad Judicial. Se establecen competencias compartidas entre Letrados de la Administración de Justicia, Notarios o Registradores, lo que es posible atendiendo a que son funcionarios públicos y a las funciones que desempeñan: los Letrados de la Administración de Justicia y Notarios son titulares de la fe pública judicial o extrajudicial, y los Registradores tienen un conocimiento directo y especializado en el ámbito del derecho de propiedad y en el mercantil, en concreto en sociedades.

La facultad que con ello tienen los ciudadanos de acudir a diferentes profesionales en materias que tradicionalmente quedaban reservadas al ámbito judicial, sólo puede interpretarse como una ampliación de los medios que esta Ley pone a su disposición para garantizar sus derechos. Constituye una garantía para el ciudadano, que ve optimizada la atención que se le presta, al poder valorar las distintas posibilidades que se le ofrecen para elegir aquella más acorde con sus intereses. Ningún aspecto de los ciudadanos se verá perjudicado dado que puede acudir o al Letrados de la Administración de Justicia, haciendo uso de los medios que la Administración de Justicia pone a su disposición, o al Notario o Registrador, en cuyo caso deberá abonar los aranceles correspondientes.

La reforma contempla, con un criterio de prudencia dada la procedencia de estos expedientes del ámbito judicial, ciertos límites al principio de libre elección del Notario por el requirente, al establecer criterios de competencia territorial que tienen una conexión razonable con los elementos personales o reales del expediente. No obstante, se avanza hacia una mayor flexibilización de las reglas competenciales respecto de las vigentes actualmente en el ámbito judicial.

VII

Por lo que se refiere a los expedientes que se mantienen en el seno de la Administración de Justicia, el criterio seguido por la Ley de la Jurisdicción Voluntaria es el de otorgar el impulso y la dirección de los expedientes a los Letrados de la Administración de Justicia, atribuyéndose al Juez o al propio Letrado de la Administración de Justicia, según el caso, la decisión de fondo que recaiga sobre aquellos y las demás resoluciones que expresamente se indiquen por esta ley. Se reserva la decisión de fondo al Juez de aquellos expedientes que afectan al interés público o al estado civil de las personas, los que precisan una específica actividad de tutela de normas sustantivas, los que pueden deparar actos de disposición o de reconocimiento, creación o extinción de derechos subjetivos o cuando estén en juego los derechos de menores o personas con capacidad modificada judicialmente, en la nueva terminología a la que ya se ha hecho referencia. De este modo, el Juez es el encargado de decidir, como regla general, los expedientes de jurisdicción voluntaria en materia de personas y de familia, y también alguno de los expedientes en materia mercantil y de Derecho de obligaciones y sucesorio que no se encomiendan a Letrados de la Administración de Justicia, Notarios o Registradores.

VIII

Los Letrados de la Administración de Justicia asumen, como se ha señalado, un papel acorde a las funciones procesales que se les atribuyen tras la entrada en vigor de la Ley 13/2009, de 3 de noviembre, de reforma de la legislación procesal para la implantación de la nueva Oficina judicial. De este modo, se materializa la previsión contenida en el artículo 456 de la Ley Orgánica del Poder Judicial, que otorga competencias al Letrado de la Administración de Justicia en materia de jurisdicción voluntaria cuando así lo prevean las leyes procesales, que da respuesta a la recomendación contenida en diferentes documentos oficiales (la Recomendación del Consejo de Europa de 1986, el Libro Blanco de la Justicia, elaborado en el seno del Consejo General del Poder Judicial en 1997, o el Pacto de Estado para la Reforma de la Justicia, suscrito por los principales grupos parlamentarios el 28 de mayo de 2001). Esta habilitación legal, sin embargo, ha de hacerse compatible con las importantes funciones que tienen de dirección procesal de los procedimientos civiles y con la jefatura de la oficina judicial que también les corresponde. Por ello, se ha procurado que la atribución de competencias a los Letrados de la Administración de Justicia en materia de jurisdicción voluntaria no se haga a costa de perjudicar el ejercicio de las otras importantes misiones que por ley les corresponden, tomando especial cuidado de hacerles cargo de la decisión de los expedientes en donde mejor y más eficazmente pueden servir a los intereses de los ciudadanos.

En primer lugar, al Letrado de la Administración de Justicia incumbirá el impulso del expediente de jurisdicción voluntaria dentro de sus funciones de dirección técnica procesal, así como dictar las resoluciones interlocutorias que sean precisas. Para el desempeño de esta labor cuentan con la posibilidad legal, expresamente prevista en el artículo 438.3 y 5 de la Ley Orgánica del Poder Judicial, de utilizar los servicios comunes de las oficinas judiciales.

Asimismo, el Letrado de la Administración de Justicia va a encargarse de la decisión de algunos expedientes en los que se pretende obtener la constancia fehaciente sobre el modo de ser de un determinado derecho o situación jurídica, y siempre que no implique reconocimiento de derechos subjetivos: cumplen estas condiciones el nombramiento de defensor judicial o la declaración de ausencia y de fallecimiento —entre los expedientes en materia de personas—.

A los Notarios y a los Registradores de la Propiedad y Mercantiles se les encomienda el conocimiento de aquellas materias donde su grado de preparación y su experiencia técnica favorecen la efectividad de los derechos y la obtención de la respuesta más pronta para el ciudadano. Su participación como órgano público responsable, en el caso de los Notarios, tiene lugar en la mayoría de los actos de carácter testamentario sucesorio, como la declaración de herederos abintestato o la adveración y protocolización de los testamentos, pero también realizando los ofrecimiento de pago o admitiendo depósitos y procediendo a la venta de los bienes depositados.

Como los Letrados de la Administración de Justicia y Notarios son titulares de la fe pública judicial o extrajudicial se les atribuye, de forma concurrente, la tramitación y resolución de determinados expedientes de sucesiones, la consignación de deudas pecuniarias y también las subastas voluntarias.

Igualmente se produce la concurrencia en el ámbito mercantil. La intervención del Registrador mercantil, junto al Letrado de la Administración de Justicia, se justifica por la especialidad material de estos expedientes en donde asume un relevante protagonismo.

Lógicamente, en todos los supuestos en los que se establece una competencia concurrente entre varios operadores jurídicos, iniciada o resuelta definitivamente una actuación por uno de ellos no será posible la iniciación o continuación de otro expediente con idéntico objeto ante otro.

No obstante, en la medida que la presente Ley de la Jurisdicción Voluntaria desjudicializa y encomienda a Notarios y Registradores de la Propiedad y Mercantiles determinados expedientes en exclusividad, se prevé que los ciudadanos que tengan que acudir a los mismos puedan obtener el derecho de justicia gratuita, para evitar situaciones de imposibilidad de ejercicio de un derecho, que hasta ahora era gratuito, por falta de medios.

IX

Es oportuno realizar alguna consideración más acerca de la posición que ocupa esta Ley dentro del sistema de tutela del Derecho privado, así como sobre su estructura interna. Como parte de ese aludido plan de racionalización y modernización del ordenamiento jurídico, la Ley de la Jurisdicción Voluntaria opera como norma general en su específico ámbito de regulación. Ello garantiza la plenitud del sistema, así como la existencia de norma aplicable en todo caso, evitándose la producción de lagunas.

La Ley de la Jurisdicción Voluntaria contiene las normas comunes para la tramitación de los expedientes de esta naturaleza regulados por las leyes, cuyo conocimiento se atribuye al Juez o al Letrado de la Administración de Justicia, dando así coherencia interna a su articulado. Ello le otorga análoga vocación codificadora a la que en su momento correspondió, mutatis mutandis, a la Ley 1/2000, de 7 de enero, en relación con la denominada jurisdicción contenciosa. Razonablemente también, aquellos actos que, con la nueva regulación, quedan fuera del ámbito competencial de los tribunales de justicia se regulan extramuros de esta Ley, en otras normas dentro del ordenamiento jurídico a las que se da nueva redacción en sus disposiciones finales.

Respecto a sus rasgos característicos generales, la Ley de la Jurisdicción Voluntaria parte de la regulación de una serie de normas comunes, atinentes a su ámbito de aplicación, presupuestos procesales del órgano judicial y de las partes, y a la tramitación del expediente. Estas normas dan forma a un procedimiento general de jurisdicción voluntaria, de aplicación subsidiaria a cada uno de los expedientes en lo no específicamente establecido por cada una de las regulaciones particulares.

En ocasiones, para evitar duplicidades en la regulación de determinadas materias, la Ley se remite a la legislación civil o mercantil cuando en ella se regula un determinado expediente. Se trata de una solución plenamente respetuosa con la realidad de nuestro ordenamiento jurídico, pues, en efecto, la ordenación de algunas instituciones de Derecho privado explicita los rasgos esenciales del procedimiento para obtener el concreto efecto jurídico a que aquélla se refiere. Esta solución es menos perturbadora que otras, considerando que la opuesta —que consistiría en trasladar todas esas normas desde la ley sustantiva a esta Ley— implicaría dejar vacíos de contenido numerosos preceptos del Código Civil u otras normas de nuestro ordenamiento jurídico. La prudencia, que siempre debe presidir toda reforma legal, obliga a optar por el mantenimiento de algunas de estas normas en su sede actual, sin perjuicio de que en el futuro razones de política legislativa puedan aconsejar otras posibles soluciones.

X

La distribución de los actos de jurisdicción voluntaria entre diferentes operadores jurídicos se refleja también en la estructura de esta Ley. El criterio que se sigue es, por razones de sistemática legislativa, el de extraer de su articulado la regulación de todos aquellos expedientes cuya tramitación se mantiene fuera de la Administración de Justicia, con la consecuencia de que tan sólo se regularán en su seno los actos de la competencia del Juez o del Letrado de la Administración de Justicia.

Por su lado, los expedientes encargados a Notarios y a Registradores se regulan respectivamente en la legislación notarial e hipotecaria. A tal efecto, las disposiciones finales de la presente Ley introducen las modificaciones correspondientes de la Ley de 28 de mayo de 1862, del Notariado, para incorporar la tramitación procedimental de los expedientes que se les encomiendan. El Texto Refundido de la Ley Hipotecaria (aprobada por el Decreto de 8 de febrero de 1946) no se modifica en esta Ley, salvo lo que se refiere al artículo 14 en lo que se explica más adelante, sino por las normas de puesta en práctica del informe de la Comisión para la Reforma de las Administraciones Públicas, aprobado por el Consejo de Ministros de 21 de junio de 2013, atendiendo, en este caso, a la relevancia que tiene la inaplazable coordinación entre el Catastro y el Registro y el establecimiento de la regulación de un sistema de comunicación bidireccional entre ambas instituciones.

Hecha esta precisión, se debe señalar que los preceptos de la Ley de la Jurisdicción Voluntaria se integran en títulos y éstos a su vez en capítulos y, ocasionalmente, en secciones.

En su título preliminar, bajo la rúbrica «Disposiciones generales», se contienen normas sobre su ámbito de aplicación, competencia objetiva, legitimación y postulación, intervención del Ministerio Fiscal, y el criterio general sobre práctica de la prueba, entre otras relevantes previsiones. La Ley define su ámbito de aplicación sobre una base puramente formal, sin doctrinarismos, entendiendo que sólo serán de aplicación los preceptos que la conforman a los expedientes de jurisdicción voluntaria que, estando legalmente previstos, requieran la intervención de un órgano jurisdiccional en materia de Derecho civil y mercantil, sin que exista controversia que deba sustanciarse en un proceso contencioso, fórmula que facilita la determinación de dicho ámbito. La competencia objetiva se atribuye genéricamente a los Juzgados de Primera Instancia o de lo Mercantil, en su caso, pero la designación del sujeto a quien corresponde la resolución dentro del órgano se determina en las normas particulares de cada expediente.

En cuanto a la postulación y defensa, la ley no establece un criterio general, dejando el carácter preceptivo de la intervención de Abogado y Procurador a cada caso concreto. Destaca, igualmente, la incorporación de una norma general que regula los efectos de la pendencia de un expediente de jurisdicción voluntaria, conforme con la cual se impide la tramitación simultánea o sucesiva de dos o más expedientes con idéntico objeto dándose preferencia al primero que se hubiera iniciado. Al mismo tiempo, se niega a la resolución del expediente eficacia impeditiva sobre los procesos jurisdiccionales posteriores que se planteen con idéntico objeto, y, de forma equivalente, de acreditarse la pendencia de un expediente de jurisdicción voluntaria sobre el mismo objeto acerca del que existe demanda interpuesta, se procederá al archivo del expediente.

En cuanto a sus efectos económicos, los gastos ocasionados por un expediente de jurisdicción voluntaria serán de cuenta del solicitante, salvo que la ley disponga otra cosa. Se descarta, de forma razonable, la traslación a este ámbito del criterio general objetivo o del vencimiento del proceso civil dado que, por la naturaleza de este tipo de peticiones, no cabe entender la existencia de vencedores ni vencidos en el expediente.

Los dos Capítulos que integran el Título I regulan, respectivamente, las normas de Derecho internacional privado de la ley (en las cuales se establece el criterio general de competencia internacional para conocer de los expedientes, la remisión a las normas de conflicto de Derecho internacional privado, así como normas específicas para el reconocimiento y eficacia en España de los actos de jurisdicción voluntaria acordados por autoridades extranjeras), y las normas procedimentales generales, aplicables a todos los expedientes de esta ley en lo no establecido por sus normas específicas. Con relación a esto segundo, se regula el expediente adoptándose un punto de vista dinámico, desde su iniciación hasta su decisión, incluyéndose normas sobre acumulación de expedientes, tratamiento procesal de la competencia, admisión de la solicitud y situación de los interesados, celebración de la comparecencia oral, decisión del expediente y régimen de recursos, materia ésta última en la que la ley se remite a lo establecido, con carácter general, por la Ley de Enjuiciamiento Civil. Cuestión a destacar es que, salvo que la ley expresamente lo prevea, la formulación de oposición por alguno de los interesados no hará contencioso el expediente, ni impedirá que continúe su tramitación hasta que sea resuelto. La ley establece que la oposición a la remoción de la tutela o a la adopción hace contencioso el procedimiento.

El Título II regula los expedientes de jurisdicción voluntaria en materia de personas: en concreto, el ordenado a obtener la autorización judicial del reconocimiento de la filiación no matrimonial, el de habilitación para comparecer en juicio y el nombramiento del defensor judicial —estos dos se atribuyen al Letrado de la Administración de Justicia—, así como la adopción y las cuestiones relativas a la tutela, la curatela y la guarda de hecho. Este título incluye también los expedientes de concesión judicial de la emancipación y del beneficio de la mayoría de edad, la adopción de medidas de protección del patrimonio de las personas con discapacidad o la obtención de aprobación judicial del consentimiento prestado a las intromisiones legítimas en el derecho al honor, a la intimidad o la propia imagen de menores o personas con discapacidad con medidas de apoyo para el ejercicio de su capacidad jurídica. Dentro de este mismo Título se regula también la obtención de autorización o aprobación judicial para realizar actos de disposición, gravamen u otros que se refieran a los bienes o derechos de menores o personas con discapacidad con medidas de apoyo para el ejercicio de su capacidad jurídica, y, por último, el procedimiento para la constatación de la concurrencia del consentimiento libre y consciente del donante y demás requisitos exigidos para la extracción y trasplante de órganos de un donante vivo, de manera concordante con la legislación interna e internacional aplicable. El acogimiento de menores está regulado por separado en previsión de una futura desjudicialización del procedimiento.

> La Ley 8/2021, de 2 de junio, sustituye el término «persona con capacidad modificada judicialmente» por «persona con discapacidad con medidas de apoyo para el ejercicio de su capacidad jurídica».

Se ha procedido a modificar el sistema legal actual de declaración de fallecimiento, para prever un expediente de carácter colectivo e inmediato, para todas aquellas personas respecto a las que se acredite que se encontraban a bordo de una nave o aeronave cuyo siniestro se haya verificado, tratando de dar mejor solución a los problemas e incidencias que se producen a los familiares de residentes en España que en cualquier lugar del mundo se vean involucrados en un siniestro del que pueda colegirse la certeza absoluta de su muerte. La legitimación se otorga únicamente al Ministerio Fiscal, dada la especialidad del supuesto, y se establece un régimen de competencia distinto según el siniestro ocurra en España o fuera.

El Título III contiene los expedientes de jurisdicción voluntaria en materia de familia y, dentro de ellos, la dispensa del impedimento de muerte dolosa del cónyuge anterior, que hasta ahora correspondía al Ministro de Justicia, y el de parentesco para contraer matrimonio, el de intervención judicial en relación con la adopción de medidas específicas para el caso de desacuerdo en el ejercicio de la patria potestad o para el caso de ejercicio inadecuado de la potestad de guarda o de administración de los bienes del menor o persona con capacidad modificada judicialmente y también un expediente para los casos de desacuerdo conyugal y en la administración de bienes gananciales. También se ha eliminado la dispensa matrimonial de edad, al elevarla de 14 a 16 años, de acuerdo con la propuesta realizada por los Ministerios de Justicia y de Sanidad, Servicios Sociales e Igualdad.

El Título IV regula los expedientes de jurisdicción voluntaria que se atribuyen a los órganos jurisdiccionales en materia de derecho sucesorio: por un lado los que se reservan al ámbito judicial, como la rendición de cuentas del albaceazgo, las autorizaciones de actos de disposición al albacea o la autorización o aprobación de la aceptación o repudiación de la herencia en los casos determinados por la ley; y por otro los que serán a cargo del Letrado de la Administración de Justicia con competencia compartida con los Notarios, como la renuncia o prórroga del cargo de albacea o contador partidor, la designación de éste y la aprobación de la partición de la herencia realizada por el contador-partidor dativo. De los demás expedientes de Derecho sucesorio se hacen cargo, como hemos visto, los Notarios.

El Título V contempla los expedientes relativos al Derecho de obligaciones, en concreto, para la fijación del plazo para el cumplimiento de las obligaciones cuando proceda, del que conocerá el Juez, y la consignación judicial a cargo del Letrado de la Administración de Justicia.

El Título VI se refiere a los expedientes de jurisdicción voluntaria relativos a los derechos reales, constituidos por la autorización judicial al usufructuario para reclamar créditos vencidos que formen parte del usufructo, y por el expediente de deslinde sobre fincas que no estuvieran inscritas en el Registro de la Propiedad que será a cargo del Letrado de la Administración de Justicia.

El Título VII incluye la regulación de las subastas voluntarias, a realizar por el Letrado de la Administración de Justicia de forma electrónica.

El Título VIII incorpora los expedientes en materia mercantil atribuidos a los Jueces de lo Mercantil: exhibición de libros por parte de los obligados a llevar contabilidad y disolución judicial de sociedades. Junto a ellos se regulan aquellos que son atribuidos a los Letrados de la Administración de Justicia, cuyo conocimiento compartirán con los Registradores Mercantiles, como la convocatoria de las juntas generales o de la asamblea general de obligacionistas, la reducción de capital social, amortización o enajenación de las participaciones o acciones o el nombramiento de liquidador, auditor o interventor. También se incluyen los expedientes de robo, hurto, extravío o destrucción de título valor o representación de partes de socio y el nombramiento de perito en los contratos de seguro, cuya competencia también está atribuida a los Notarios.

Por último, en el Título IX se contiene el régimen jurídico del acto de conciliación de forma completa, trasladando y actualizando a esta Ley lo hasta ahora establecido en la anterior Ley de Enjuiciamiento Civil, sin perjuicio de que, en ejercicio de su autonomía de la voluntad, las personas tengan la posibilidad de obtener acuerdos en aquellos asuntos de su interés de carácter disponible, a través de otros cauces, por su sola actuación o mediante la intervención de otros intermediarios u operadores jurídicos, como los Notarios o Registradores.

XI

Como colofón, junto a la disposición derogatoria general y a las disposiciones adicionales sobre las modificaciones y desarrollos reglamentarios requeridos por esta Ley, se incorporan en disposiciones finales las modificaciones pertinentes del Código Civil, el Código de Comercio, de la Ley de Enjuiciamiento Civil, la Ley de Registro Civil, la Ley de Notariado, la Ley Hipotecaria, la Ley de Hipoteca Mobiliaria y prenda sin desplazamiento de la posesión, además de la necesaria modificación de la Ley de Patrimonio de las Administraciones Públicas, la Ley del Contrato de Seguros, la Ley de Sociedades de Capital, la Ley de protección patrimonial de las personas con discapacidad y la Ley por la que se regulan determinadas tasas en el ámbito de la Administración de Justicia y del Instituto Nacional de Toxicología y Ciencias Forenses.

La modificación del Código Civil tiene por objeto la adaptación de muchos de sus preceptos a las nuevas previsiones contenidas en esta Ley, al tiempo que se introducen modificaciones que afectan a la determinación de la concurrencia de los requisitos para contraer matrimonio y su celebración, así como a la regulación de la separación o divorcio de mutuo acuerdo de los cónyuges sin hijos menores de edad fuera del ámbito judicial, atribuyendo al Letrado de la Administración de Justicia y al Notario las funciones que hasta ahora correspondían al Juez y que también conllevan una reforma de la Ley 20/2011, de 21 de julio, del Registro Civil, de la Ley de Enjuiciamiento Civil y de la Ley del Notariado.

También se introduce, por considerarse necesario su adaptación a la nueva realidad social y desarrollo legislativo en el ámbito penal, una nueva regulación de las causas de indignidad para heredar, así como para ser testigo en el otorgamiento de los testamentos.

Muy importante es también la nueva regulación que del acta o expediente previo a la celebración del matrimonio recoge el Código Civil, encomendando su tramitación al Letrado de la Administración de Justicia, Notario, al Encargado del Registro Civil o al Cónsul o funcionario diplomático o consular Encargado del Registro Civil en el extranjero, al tiempo que la celebración del mismo podrá tener lugar ante el Letrado de la Administración de Justicia, Notario, funcionario diplomático o consular, Juez de Paz y Alcalde o concejal en el que este delegue. Todo ello se enmarca igualmente en el proceso de diversificación de los elementos personales ante los que se lleva a efecto la autorización de determinados actos, que permite la concentración de la Administración de Justicia a la labor fundamental que la Constitución les atribuye de juzgar y ejecutar lo juzgado.

Las modificaciones en materia de matrimonio también conllevan ajustes que se realizan en la Ley 24/1992, de 10 noviembre, por la que se aprueba el Acuerdo de Cooperación del Estado con la Federación de Entidades Religiosas Evangélicas de España, la Ley 25/1992, de 10 de noviembre, por la que se aprueba el Acuerdo de Cooperación del Estado con la Federación de Comunidades Israelitas de España y la Ley 26/1992, de 10 de noviembre, por la que se aprueba el Acuerdo de Cooperación del Estado con la Comisión Islámica de España. Además, en relación con la Ley 25/1992, de 10 de noviembre, se atiende la petición dirigida por esta Federación para que su denominación pase a ser la de Federación de Comunidades Judías de España.

Igualmente, y en atención al pluralismo religioso existente en la sociedad española, y teniendo en cuenta que al día de hoy han sido reconocidas con la declaración de notorio arraigo, se contempla en el Código Civil a estos colectivos el derecho a celebrar matrimonio religioso con efectos civiles, equiparándose al resto de confesiones que ya disfrutaban de esta realidad.

En la Ley del Notariado se prevé las reformas derivadas de las nuevas atribuciones otorgadas al Notario, siendo de destacar la previsión para reclamar notarialmente deudas dinerarias que resulten no contradichas y que permiten lograr una carta de pago voluntaria o la formación mediante un expediente, de un título ejecutivo extrajudicial al que el deudor podrá oponer, en vía judicial, no solo el pago sino todas aquellas causas establecidas en el artículo 557 de la Ley de Enjuiciamiento Civil. No es un procedimiento monitorio o de pequeña cuantía sino que se sigue la técnica del Reglamento (CE) n.º 805/2004 del Parlamento Europeo y del Consejo, de 21 de abril, por el que se establece un título ejecutivo europeo para créditos no impugnados, quedando excluidas las reclamaciones en las que intervenga un consumidor o usuario de servicios, o las derivadas de la Ley de Propiedad Horizontal por las especialidades que concurren en ellas, así como las materias indisponibles por razón de su materia. Se considera que esta nueva vía para la reclamación de cantidades líquidas ya vencidas y no pagadas puede contribuir de forma notable a una importante disminución del volumen de asuntos que ingresa anualmente en los Juzgados, al constituirse como una alternativa a la reclamación de las deudas en vía judicial.

Las reformas del Código Civil y de la Ley del Notariado derivadas de las modificaciones que en materia de sucesiones y, en especial, lo que se refiere a títulos sucesorios, han llevado también a modificar la Ley de Patrimonio de las Administraciones Públicas. En este caso, para reconocer a la Administración Pública la facultad de declaración de heredero abintestato, a favor de la Administración General del Estado, de las Comunidades Autónomas u otros organismos, materia que también se desjudicializa, suprimiéndose el tradicional reparto en tres partes del haber hereditario y estableciendo que una de ellas será ingresada en el tesoro público y las otras dos para asistencia social. Ello justifica también la reforma del artículo 14 de la Ley Hipotecaria para reconocer como título de la sucesión hereditaria, a los efectos del Registro, junto al testamento y al contrato sucesorio, el acta de notoriedad para la declaración de herederos abintestato, la declaración administrativa de heredero abintestato a favor del Estado o de las Comunidades Autónomas y el certificado sucesorio europeo.

XII

La modificación de la Ley de Enjuiciamiento Civil sirve también para actualizar el procedimiento para el retorno de los menores en los casos de sustracción internacional, al objeto de asegurar una mejor protección del menor y de sus derechos. Esta reforma revisa la opción legislativa consistente en mantener esta materia dentro del campo de la jurisdicción voluntaria y fuera del ámbito propio de los procesos contenciosos de familia, pues se trata de procesos que poco tienen que ver con las normas relativas a la jurisdicción voluntaria. Por este motivo se aborda ahora su regulación como un proceso especial y con sustantividad propia, a continuación de los procesos matrimoniales y de menores en la Ley de Enjuiciamiento Civil. La reforma también moderniza este procedimiento, en el que se introducen mejoras sustanciales, incluyendo las medidas cautelares y las comunicaciones directas entre autoridades judiciales.

Se busca en esta reforma una mayor concentración de la jurisdicción, atribuyendo la competencia al Juzgado de Primera Instancia con competencias en Derecho de Familia de la capital de la provincia en cuya circunscripción se halle el menor que ha sido objeto de un traslado o retención ilícitos y, si no hubiera, al que por turno de reparto corresponda. Con ello se favorece la especialización para resolver los problemas que surgen en relación con estos casos y, en consecuencia, la calidad y la eficacia de la respuesta judicial.

XIII

Por último, en relación al régimen actual de sucesión en los títulos nobiliarios, se modifica el apartado 3 de la disposición transitoria única de la Ley 33/2006, de 30 de octubre, sobre igualdad del hombre y la mujer en el orden de sucesión de los títulos nobiliarios. Esta disposición viene a establecer un período transitorio en el cual se aplican con carácter retroactivo las disposiciones que señala tal norma, en relación con aquellos expedientes administrativos o judiciales que estuvieran pendientes de resolución a fecha de la entrada en vigor de la ley. Con objeto de reforzar el principio de seguridad jurídica, sin alterar la intención inicial del legislador, y en consonancia con lo dispuesto en los apartados 1 y 4 de la disposición transitoria única, se estima necesario modificar la redacción de su apartado 3 para aclarar que la retroactividad que la ley contempla se refiere sólo a los expedientes que a 27 de julio de 2005 estuvieran pendientes de resolución, así como a los que se promuevan después de esa fecha pero, en todo caso, antes del 20 de noviembre de 2006, fecha en la que entró en vigor la ley conforme a la disposición final segunda.

La aprobación y vigencia de la Ley de la Jurisdicción Voluntaria ha de tener como necesaria consecuencia la derogación casi definitiva de la Ley de Enjuiciamiento Civil de 1881, que se ha mantenido todos estos años en vigor en lo relativo a la jurisdicción voluntaria y a los actos de conciliación.

TÍTULO PRELIMINAR. DISPOSICIONES GENERALES

Artículo 1. *Objeto y ámbito de aplicación*

1. La presente Ley tiene por objeto la regulación de los expedientes de jurisdicción voluntaria que se tramitan ante los órganos jurisdiccionales.

2. Se consideran expedientes de jurisdicción voluntaria a los efectos de esta Ley a todos aquellos que requieran la intervención de un órgano jurisdiccional para la tutela de derechos e intereses en materia de Derecho civil y mercantil, sin que exista controversia que deba sustanciarse en un proceso contencioso.

Artículo 2. *Competencia en materia de jurisdicción voluntaria*

1. Los Juzgados de Primera Instancia o de lo Mercantil, según el caso, tendrán competencia objetiva para conocer y resolver los expedientes de jurisdicción voluntaria.

2. En los expedientes de jurisdicción voluntaria la competencia territorial vendrá fijada por el precepto correspondiente en cada caso, sin que quepa modificarla por sumisión expresa o tácita.

3. El impulso y la dirección de los expedientes corresponderá a los Letrados de la Administración de Justicia, atribuyéndose al Juez o al Letrado de la Administración de Justicia, según el caso, la decisión de fondo que recaiga sobre aquellos y las demás resoluciones que expresamente se indiquen por esta Ley.

Cuando no venga atribuida la competencia expresamente a ninguno de ellos, el Juez decidirá los expedientes que afecten al interés público, al estado civil de las personas, los que precisen la tutela de normas sustantivas o puedan deparar actos de disposición, reconocimiento, creación o extinción de derechos subjetivos, así como cuando afecten a los derechos de menores o personas con discapacidad con medidas de apoyo para el ejercicio de su capacidad jurídica. El resto de expedientes serán resueltos por el Letrado de la Administración de Justicia.

> La Ley 8/2021, de 2 de junio, sustituye el término «persona con capacidad modificada judicialmente» por «personas con discapacidad con medidas de apoyo para el ejercicio de su capacidad jurídica».

Artículo 3. *Legitimación y postulación*

1. Podrán promover expedientes de jurisdicción voluntaria e intervenir en ellos quienes sean titulares de derechos o intereses legítimos o cuya legitimación les venga conferida legalmente sobre la materia que constituya su objeto, sin perjuicio de los casos en que el expediente pueda iniciarse de oficio o a instancia del Ministerio Fiscal.

2. Tanto los solicitantes como los interesados deberán actuar defendidos por Letrado y representados por Procurador en aquellos expedientes en que así lo prevea la presente Ley. No obstante, aun cuando no sea requerido por la ley, las partes que lo deseen podrán actuar asistidas o representadas por abogado y procurador, respectivamente.

En todo caso, será necesaria la actuación de Abogado y Procurador para la presentación de los recursos de revisión y apelación que en su caso se interpongan contra la resolución definitiva que se dicte en el expediente, así como a partir del momento en que se formulase oposición.

Artículo 4. *Intervención del Ministerio Fiscal*

El Ministerio Fiscal intervendrá en los expedientes de jurisdicción voluntaria cuando afecten al estado civil o condición de la persona o esté comprometido el interés de un menor o una persona con discapacidad con medidas de apoyo para el ejercicio de su capacidad jurídica, y en aquellos otros casos en que la ley expresamente así lo declare.

> La Ley 8/2021, de 2 de junio, sustituye el término «persona con capacidad modificada judicialmente» por «persona con discapacidad con medidas de apoyo para el ejercicio de su capacidad jurídica».

Artículo 5. *Prueba*

El Juez o el Letrado de la Administración de Justicia, según quien sea el competente para el conocimiento del expediente, decidirá sobre la admisión de los medios de prueba que se le propongan, pudiendo ordenar prueba de oficio en los casos en que exista un interés público, se afecte a menores o personas con discapacidad con medidas de apoyo para el ejercicio de su capacidad jurídica, lo estime conveniente para clarificar algún elemento relevante y determinante de la cuestión o expresamente lo prevea la ley.

La Ley 8/2021, de 2 de junio, sustituye el término «personas con capacidad modificada judicialmente» por «personas con discapacidad con medidas de apoyo para el ejercicio de su capacidad jurídica».

Artículo 6. *Tramitación simultánea o posterior de expedientes o procesos*

1. Cuando se tramiten simultáneamente dos o más expedientes con idéntico objeto, proseguirá la tramitación del que primero se hubiera iniciado y se acordará el archivo de los expedientes posteriormente incoados.

El régimen jurídico contemplado en el presente apartado para los expedientes de jurisdicción voluntaria será aplicable también a los expedientes tramitados por Notarios y Registradores en aquellas materias en las que la competencia les venga atribuida concurrentemente con la del Letrado de la Administración de Justicia.

2. No se podrá iniciar o continuar con la tramitación de un expediente de jurisdicción voluntaria que verse sobre un objeto que esté siendo sustanciado en un proceso jurisdiccional. Una vez acreditada la presentación de la correspondiente demanda, se procederá al archivo del expediente, remitiéndose las actuaciones realizadas al tribunal que esté conociendo del proceso jurisdiccional para que lo incorpore a los autos.

3. Se acordará la suspensión del expediente cuando se acredite la existencia de un proceso jurisdiccional contencioso cuya resolución pudiese afectarle, debiendo tramitarse el incidente de acuerdo con lo dispuesto en el artículo 43 de la Ley de Enjuiciamiento Civil.

Artículo 7. *Gastos*

Los gastos ocasionados en los expedientes de jurisdicción voluntaria serán a cargo del solicitante, salvo que la ley disponga otra cosa.

Los gastos ocasionados por testigos y peritos serán a cargo de quien los proponga.

Artículo 7 bis. *Ajustes para personas con discapacidad*
1. En los procesos a los que se refiere esta Ley en los que participen personas con discapacidad se realizarán las adaptaciones y los ajustes que sean necesarios para garantizar su participación en condiciones de igualdad.

Dichas adaptaciones y ajustes se realizarán, tanto a petición de cualquiera de las partes o del Ministerio Fiscal, como de oficio por el propio Tribunal, y en todas las fases y actuaciones procesales en las que resulte necesario, incluyendo los actos de comunicación. Las adaptaciones podrán venir referidas a la comunicación, la comprensión y la interacción con el entorno.

2. Las personas con discapacidad tienen el derecho a entender y ser entendidas en cualquier actuación que deba llevarse a cabo. A tal fin:

a) Todas las comunicaciones con las personas con discapacidad, orales o escritas, se harán en un lenguaje claro, sencillo y accesible, de un modo que tenga en cuenta sus características personales y sus necesidades, haciendo uso de medios como la lectura fácil. Si fuera necesario, la comunicación también se hará a la persona que preste apoyo a la persona con discapacidad para el ejercicio de su capacidad jurídica.

b) Se facilitará a la persona con discapacidad la asistencia o apoyos necesarios para que pueda hacerse entender, lo que incluirá la interpretación en las lenguas de signos reconocidas legalmente y los medios de apoyo a la comunicación oral de personas sordas, con discapacidad auditiva y sordociegas.

c) Se permitirá la participación de un profesional experto que a modo de facilitador realice tareas de adaptación y ajuste necesarias para que la persona con discapacidad pueda entender y ser entendida.

d) La persona con discapacidad podrá estar acompañada de una persona de su elección desde el primer contacto con las autoridades y funcionarios.

La Ley 8/2021, de 2 de junio, ha introducido este nuevo precepto.

Artículo 8. *Carácter supletorio de la Ley de Enjuiciamiento Civil*
Las disposiciones de la Ley de Enjuiciamiento Civil serán de aplicación supletoria a los expedientes de jurisdicción voluntaria en todo lo no regulado por la presente Ley.

TÍTULO I. DE LAS NORMAS COMUNES EN MATERIA DE TRAMITACIÓN DE LOS EXPEDIENTES DE JURISDICCIÓN VOLUNTARIA

CAPÍTULO I. NORMAS DE DERECHO INTERNACIONAL PRIVADO

Artículo 9. *Competencia internacional*

1. Los órganos judiciales españoles serán competentes para conocer los expedientes de jurisdicción voluntaria suscitados en los casos internacionales, cuando concurran los foros de competencia internacional recogidos en los Tratados y otras normas internacionales en vigor para España.

En los supuestos no regulados por tales Tratados y otras normas internacionales, la competencia vendrá determinada por la concurrencia de los foros de competencia internacional recogidos en la Ley Orgánica del Poder Judicial.

2. En el caso de que, con arreglo a las normas de competencia internacional, los órganos judiciales españoles fueran competentes en relación con un expediente de jurisdicción voluntaria, pero no fuera posible concretar el territorialmente competente con arreglo a los criterios de esta ley, lo será aquél correspondiente al lugar donde los actos de jurisdicción voluntaria deban producir sus efectos principales o el de su ejecución.

Artículo 10. *Ley aplicable a los expedientes de jurisdicción voluntaria en los casos internacionales*

Los órganos judiciales españoles aplicarán a los expedientes y actos de jurisdicción voluntaria respecto de los cuales resultaren competentes, la ley determinada por las normas de la Unión Europea o españolas de Derecho internacional privado.

Artículo 11. *Inscripción en registros públicos*

1. Las resoluciones definitivas extranjeras de jurisdicción voluntaria emanadas de un órgano judicial podrán ser inscritas en los registros públicos españoles:

a) Previa superación del trámite del exequátur o de reconocimiento incidental en España. Hasta entonces sólo podrán ser objeto de anotación preventiva.

b) Por el Encargado del Registro correspondiente, siempre que verifique la concurrencia de los requisitos exigidos para ello.

2. En el caso de que la resolución carezca de carácter definitivo, únicamente procederá su anotación preventiva.

3. El régimen jurídico contemplado en el presente artículo para las resoluciones dictadas por los órganos judiciales extranjeros será aplicable a las resoluciones pronunciadas por autoridades no pertenecientes a órganos judiciales extranjeros en materia de jurisdicción voluntaria cuya competencia corresponda, según esta Ley, al conocimiento de órganos judiciales.

Artículo 12. *Efectos en España de los expedientes y actos de jurisdicción voluntaria acordados por autoridades extranjeras*

1. Los actos de jurisdicción voluntaria acordados por las autoridades extranjeras que sean firmes surtirán efectos en España y accederán a los registros públicos españoles previa superación de su reconocimiento conforme a lo dispuesto en la legislación vigente.

2. El órgano judicial español o el Encargado del registro público competente lo será también para otorgar, de modo incidental, el reconocimiento en España de los actos de jurisdicción voluntaria acordados por las autoridades extranjeras. No será necesario recurrir a ningún procedimiento específico previo.

3. El reconocimiento en España de los actos de jurisdicción voluntaria acordados por las autoridades extranjeras sólo se denegará en estos casos:

a) Si el acto hubiera sido acordado por autoridad extranjera manifiestamente incompetente. Se considerará que la autoridad extranjera es competente si el supuesto presenta vínculos fundados con el Estado extranjero cuyas autoridades han otorgado dicho acto. Se considerará, en todo caso, que las autoridades extranjeras son manifiestamente incompetentes cuando el supuesto afecte a una materia cuya competencia exclusiva corresponda a los órganos judiciales o autoridades españolas.

b) Si el acto hubiera sido acordado con manifiesta infracción de los derechos de defensa de cualquiera de los implicados.

c) Si el reconocimiento del acto produjera efectos manifiestamente contrarios al orden público español.

d) Si el reconocimiento del acto implicara la violación de un derecho fundamental o libertad pública de nuestro ordenamiento jurídico.

CAPÍTULO II. NORMAS DE TRAMITACIÓN

Artículo 13. *Aplicación de las disposiciones de este Capítulo*

Las disposiciones de este Capítulo se aplicarán a todos los expedientes de jurisdicción voluntaria en lo que no se opongan a las normas que específicamente regulen las actuaciones de que se trate.

Artículo 14. *Iniciación del expediente*

1. Los expedientes se iniciarán de oficio, a instancia del Ministerio fiscal o por solicitud formulada por persona legitimada, en la que se consignarán los datos y circunstancias de identificación del solicitante, con indicación de un domicilio a efectos de notificaciones. Deberá incluirse una dirección de correo electrónico en los casos de las personas que se hallan obligadas a intervenir con la Administración de Justicia por medios electrónicos, siendo tal aportación voluntaria en los demás casos.

Se expondrá a continuación con claridad y precisión lo que se pida, así como una exposición de los hechos y fundamentos jurídicos en que fundamenta su pretensión. También se acompañarán, en su caso, los documentos y dictámenes que el solicitante considere de interés para el expediente.

2. En la solicitud se consignarán los datos y circunstancias de identificación de las personas que puedan estar interesados en el expediente, así como el domicilio o domicilios en que puedan ser citados o cualquier otro dato que permita la identificación de los mismos.

3. Cuando por ley no sea preceptiva la intervención de Abogado y Procurador, se facilitará al interesado en la Oficina judicial o a través de sede electrónica un impreso normalizado o formulario para llevar a cabo la solicitud, no siendo en este caso necesario que se concrete la fundamentación jurídica de lo solicitado.

La solicitud podrá presentarse por cualquier medio, incluyendo los previstos en la normativa de acceso electrónico de los ciudadanos a la Administración de Justicia. De presentarse en papel, habrán de acompañarse tantas copias cuantos sean los interesados.

El Real Decreto-ley 6/2023 da una nueva redacción al precepto.

Artículo 15. *Acumulación de expedientes*

1. El Juez o el Letrado de la Administración de Justicia, según quien sea competente para conocer el expediente, acordará de oficio o a instancia del interesado o del Ministerio Fiscal, la acumulación de expedientes cuando la

resolución de uno pueda afectar a otro, o exista tal conexión entre ellos que pudiera dar lugar a resoluciones contradictorias.

No se podrá acordar la acumulación de expedientes cuando su resolución corresponda a sujetos distintos.

2. La acumulación de expedientes de jurisdicción voluntaria se regirá por lo previsto en la Ley de Enjuiciamiento Civil sobre la acumulación de procesos en el juicio verbal, con las siguientes especialidades:

a) Si se tratara de la acumulación de expedientes pendientes ante el mismo órgano judicial, la acumulación se solicitará por escrito antes de la comparecencia señalada en primer lugar, realizándose las alegaciones pertinentes, y decidiéndose sobre la misma.

b) Si los expedientes estuvieran pendientes ante distintos órganos judiciales, los interesados deberán solicitar por escrito la acumulación ante el órgano que se estime competente en cualquier momento antes de la celebración de la comparecencia. Si el órgano requerido no accediese a la acumulación, la discrepancia será resuelta en todo caso por el Tribunal superior común.

3. Los expedientes de jurisdicción voluntaria no serán acumulables a ningún proceso jurisdiccional contencioso.

Artículo 16. *Apreciación de oficio de la falta de competencia y otros defectos u omisiones*

1. Presentada la solicitud de iniciación del expediente, el Letrado de la Administración de Justicia examinará de oficio si se cumplen las normas en materia de competencia objetiva y territorial.

2. Si el Letrado de la Administración de Justicia entendiese que no existe competencia objetiva para conocer, podrá acordar el archivo del expediente, previa audiencia del Ministerio Fiscal y del solicitante, en aquellos expedientes que sean de su competencia. En otro caso, dará cuenta al Juez, quien acordará lo que proceda, tras haber oído al Ministerio Fiscal y al solicitante.

En la resolución en que se aprecie la falta de competencia se habrá de indicar el órgano judicial que se estima competente para conocer del expediente.

3. Si el Letrado de la Administración de Justicia entendiese que carece de competencia territorial para conocer del asunto, podrá acordar la remisión al órgano que considere competente, previa audiencia del Ministerio Fiscal y del solicitante, en aquellos expedientes que sean de su competencia. En otro caso,

dará cuenta al Juez, quien acordará lo procedente, tras haber oído al Ministerio Fiscal y al solicitante.

4. El Letrado de la Administración de Justicia también examinará la existencia de posibles defectos u omisiones en las solicitudes presentadas y dará, en su caso, un plazo de cinco días para proceder a su subsanación. Si ésta no se lleva a cabo en el plazo señalado, tendrá por no presentada la solicitud y archivará las actuaciones en aquellos expedientes que sean de su competencia. En otro caso, se dará cuenta al Juez, quien acordará lo que proceda.

Artículo 17. *Admisión de la solicitud y citación de los interesados*

1. El Letrado de la Administración de Justicia resolverá sobre la solicitud y, si entendiera que ésta no resulta admisible, dictará decreto archivando el expediente o dará cuenta al Juez, cuando éste sea el competente para que acuerde lo que proceda.

2. Admitida la solicitud, el Letrado de la Administración de Justicia citará a una comparecencia a quienes hayan de intervenir en el expediente siempre que concurra alguna de las circunstancias siguientes:

a) Que, conforme a la ley, debieran ser oídos en el expediente interesados distintos del solicitante.

b) Que hubieran de practicarse pruebas ante el Juez o el Letrado de la Administración de Justicia.

c) Que el Juez o el Letrado de la Administración de Justicia consideren necesaria la celebración de la comparecencia para la mejor resolución del expediente.

Si sólo hubiera que oír al Ministerio Fiscal y no fuera necesaria la realización de prueba, éste emitirá su informe por escrito en el plazo de diez días.

3. Los interesados serán citados a la comparecencia con al menos quince días de antelación a su celebración, avisándoles de que deberán acudir a aquélla con los medios de prueba de que intenten valerse. La citación se practicará en la forma prevenida en la Ley de Enjuiciamiento Civil, con entrega de la copia de la resolución, de la solicitud y de los documentos que la acompañen.

Si alguno de los interesados fuera a formular oposición, deberá hacerlo en los 5 días siguientes a su citación, y no se hará contencioso el expediente, ni impedirá que continúe su tramitación hasta que sea resuelto, salvo que la ley expresamente lo prevea. Del escrito de oposición se dará traslado a la parte solicitante inmediatamente.

Artículo 18. *Celebración de la comparecencia*

1. La comparecencia se celebrará ante el Juez o el propio Letrado de la Administración de Justicia, según quien tenga competencia para conocer del expediente, dentro de los treinta días siguientes a la admisión de la solicitud.

2. La comparecencia se sustanciará por los trámites previstos en la Ley de Enjuiciamiento Civil para la vista del juicio verbal con las siguientes especialidades:

1.ª Si el solicitante no asistiere a la comparecencia, el Juez o el Letrado de la Administración de Justicia, dependiendo de a quién corresponda la resolución del expediente, acordará el archivo del expediente, teniéndole por desistido del mismo. Si no asistiese alguno de los demás citados, se celebrará el acto y continuará el expediente, sin más citaciones ni notificaciones que las que la ley disponga.

2.ª El Juez o el Letrado de la Administración de Justicia, según quien presida la comparecencia, oirá al solicitante, a los demás citados y a las personas que la ley disponga, y podrá acordar, de oficio o a instancia del solicitante o del Ministerio Fiscal en su caso, la audiencia de aquéllos cuyos derechos o intereses pudieran verse afectados por la resolución del expediente. Se garantizará, a través de los medios y apoyos necesarios, la intervención de las personas con discapacidad en términos que les sean accesibles y comprensibles.

3.ª Si se plantearan cuestiones procesales, incluidas las relativas a la competencia, que puedan impedir la válida prosecución del expediente, el Juez o el Letrado de la Administración de Justicia, oídos los comparecientes, las resolverá oralmente en el propio acto.

4.ª Cuando el expediente afecte a los intereses de una persona menor de edad o persona con discapacidad, se practicarán también en el mismo acto o, si no fuere posible, en los diez días siguientes, las diligencias relativas a dichos intereses que se acuerden de oficio o a instancia del Ministerio Fiscal.

La autoridad judicial o el Letrado de la Administración de Justicia podrán acordar que la audiencia de la persona menor de edad o persona con discapacidad se practique en acto separado, sin interferencias de otras personas, debiendo asistir el Ministerio Fiscal. En todo caso, se garantizará que puedan ser oídas en condiciones idóneas, en términos que les sean accesibles, comprensibles y adaptados a su edad, madurez y circunstancias, recabando el auxilio de especialistas cuando ello fuera necesario.

Del resultado de la exploración se levantará en todo caso, acta por el Letrado de la Administración de Justicia, expresando los datos objetivos del desarrollo de la audiencia, en la que reflejará las manifestaciones del niño, niña o adolescente imprescindibles por significativas, y por ello estrictamente relevantes, para la decisión del expediente, cuidando de preservar su intimidad. Si ello tuviera lugar después de la comparecencia, se dará traslado del acta correspondiente a las personas interesadas para que puedan efectuar alegaciones en el plazo de cinco días.

Tanto el Ministerio Fiscal en su informe como la autoridad judicial en la resolución que ponga fin al procedimiento deberán valorar motivadamente la exploración practicada.

En lo no previsto en este precepto, se aplicará lo dispuesto en la Ley Orgánica 1/1996, de 15 de enero, de Protección Jurídica del Menor, de modificación parcial del Código Civil y de la Ley de Enjuiciamiento Civil.

La ley Orgánica 8/2021, de 4 de junio, de protección integral a la infancia y la adolescencia frente a la violencia modifica la regla 4ª del apartado 2.

5.ª En la celebración de la comparecencia, una vez practicadas las pruebas, se permitirá a los interesados formular oralmente sus conclusiones.

6.ª El desarrollo de la comparecencia se registrará en soporte apto para la grabación y reproducción del sonido y de la imagen, de conformidad con lo dispuesto en la Ley de Enjuiciamiento Civil.

Artículo 19. *Decisión del expediente*

1. El expediente se resolverá por medio de auto o decreto, según corresponda la competencia al Juez o al Letrado de la Administración de Justicia, en el plazo de cinco días a contar desde la terminación de la comparecencia o, si esta no se hubiera celebrado, desde la última diligencia practicada.

2. Cuando el expediente afecte a los intereses de un menor o persona con discapacidad con medidas de apoyo para el ejercicio de su capacidad jurídica, la decisión se podrá fundar en cualesquiera hechos de los que se hubiese tenido conocimiento como consecuencia de las alegaciones de los interesados, las pruebas o la celebración de la comparecencia, aunque no hubieran sido invocados por el solicitante ni por otros interesados.

La Ley 8/2021, de 2 de junio, sustituye el término «persona con capacidad modificada judicialmente» por «persona con discapacidad con medidas de apoyo para el ejercicio de su capacidad jurídica».

3. Resuelto un expediente de jurisdicción voluntaria y una vez firme la resolución, no podrá iniciarse otro sobre idéntico objeto, salvo que cambien las circunstancias que dieron lugar a aquél. Lo allí decidido vinculará a cualquier otra actuación o expediente posterior que resulten conexos a aquél.

Esto será de aplicación también respecto a los expedientes tramitados por Notarios y Registradores en aquellas materias cuyo conocimiento sea concurrente con el de los Letrados de la Administración de Justicia.

4. La resolución de un expediente de jurisdicción voluntaria no impedirá la incoación de un proceso jurisdiccional posterior con el mismo objeto que aquél, debiendo pronunciarse la resolución que se dicte sobre la confirmación, modificación o revocación de lo acordado en el expediente de jurisdicción voluntaria.

Artículo 20. *Recursos*

1. Contra las resoluciones interlocutorias dictadas en los expedientes de jurisdicción voluntaria cabrá recurso de reposición, en los términos previstos en la Ley de Enjuiciamiento Civil. Si la resolución impugnada se hubiera acordado durante la celebración de la comparecencia, el recurso se tramitará y resolverá oralmente en ese mismo momento.

2. Las resoluciones definitivas dictadas por el Juez en los expedientes de jurisdicción voluntaria podrán ser recurridas en apelación por cualquier interesado que se considere perjudicado por ella, conforme a lo dispuesto en la Ley de Enjuiciamiento Civil. Si la decisión proviene del Letrado de la Administración de Justicia, deberá interponerse recurso de revisión ante el Juez competente, en los términos previstos en la Ley de Enjuiciamiento Civil.

El recurso de apelación no tendrá efectos suspensivos, salvo que la Ley expresamente disponga lo contrario.

Artículo 21. *Caducidad del expediente*

1. Se tendrá por abandonado el expediente si, pese al impulso de oficio de las actuaciones, no se produce actividad promovida por los interesados en el plazo de seis meses desde la última notificación practicada.

2. Corresponderá declarar la caducidad del expediente al Letrado de la Administración de Justicia.

3. Contra el decreto que declare la caducidad sólo cabrá recurso de revisión.

Artículo 22. *Cumplimiento y ejecución de la resolución que pone fin al expediente*

1. La ejecución de la resolución firme que pone fin al expediente de jurisdicción voluntaria se regirá por lo establecido en la Ley de Enjuiciamiento Civil, y en particular en los artículos 521 y 522, pudiéndose en todo caso instar de inmediato la realización de aquellos actos que resulten precisos para dar eficacia a lo decidido.

2. Si cualquiera de los expedientes a los que se refiere la presente Ley diera lugar a un hecho o acto inscribible en el Registro Civil, se expedirá testimonio de la resolución que corresponda a los efectos de su inscripción o anotación.

Si la resolución fuera inscribible en el Registro de la Propiedad, Mercantil u otro registro público, deberá expedirse, a instancia de parte, mandamiento a los efectos de su constancia registral. La remisión se realizará por medios electrónicos. La calificación de los Registradores se limitará a la competencia del Juez o Letrado de la Administración de Justicia, a la congruencia del mandato con el expediente en que se hubiere dictado, a las formalidades extrínsecas de la resolución y a los obstáculos que surjan del Registro.

TÍTULO II. DE LOS EXPEDIENTES DE JURISDICCIÓN VOLUNTARIA EN MATERIA DE PERSONAS

CAPÍTULO I. DE LA AUTORIZACIÓN O APROBACIÓN JUDICIAL DEL RECONOCIMIENTO DE LA FILIACIÓN NO MATRIMONIAL

Artículo 23. *Ámbito de aplicación*

1. Se aplicarán las disposiciones de este capítulo en todos los casos en que, conforme a la ley, el reconocimiento de la filiación no matrimonial necesite para su validez autorización o aprobación judicial.

2. Se presentará solicitud instando autorización judicial para el otorgamiento del reconocimiento de la filiación no matrimonial del menor o de la persona con capacidad modificada judicialmente por quien sea hermano o consanguíneo en línea recta del progenitor cuya filiación esté determinada legalmente.

3. Se solicitará aprobación judicial para la eficacia del reconocimiento de la filiación no matrimonial de un menor o persona con capacidad modificada judicialmente otorgado:

a) Por quien no pueda contraer matrimonio por razón de edad.

b) Por quien no tenga el consentimiento expreso de su representante legal o la asistencia del curador del reconocido ni del progenitor legalmente conocido, siempre que no hubiera sido reconocido en testamento o dentro del plazo establecido para practicar la inscripción del nacimiento.

c) Por el padre, cuando el reconocimiento se hubiera realizado dentro del plazo establecido para practicar la inscripción del nacimiento y cuando ésta se hubiera suspendido a petición de la madre.

4. También se instará la aprobación judicial para la validez del reconocimiento no matrimonial por una persona con discapacidad con medidas de apoyo para el ejercicio de su capacidad jurídica.

> La Ley 8/2021, de 2 de junio, sustituye el término «persona con capacidad modificada judicialmente» por «persona con discapacidad con medidas de apoyo para el ejercicio de su capacidad jurídica».

Artículo 24. *Competencia, legitimación y postulación*

1. Será competente para conocer de este expediente el Juzgado de Primera Instancia del domicilio del reconocido o, si no lo tuviera en territorio nacional, el de su residencia en dicho territorio. Si el reconocido no tuviera su residencia en España, lo será el del domicilio o residencia del progenitor autor del reconocimiento.

2. Podrá promover este expediente el progenitor autor del reconocimiento, por sí mismo o asistido de su representante legal, tutor o curador, en su caso.

3. En la tramitación del presente expediente no será preceptiva la intervención de Abogado ni Procurador.

Artículo 25. *Tramitación*

Admitida a trámite la solicitud por el Letrado de la Administración de Justicia, éste citará a comparecencia al solicitante y, según proceda, al progenitor conocido, al representante legal o curador del reconocido y a éste si tuviera suficiente madurez, y en todo caso si fuera mayor de 12 años, así como a sus descendientes si hubiere fallecido y los hubiere, y a las personas que se estime oportuno, así como al Ministerio Fiscal.

Artículo 26. *Resolución*

1. El Juez resolverá lo que proceda sobre el reconocimiento de que se trate, atendiendo para ello al discernimiento del progenitor, la veracidad o

autenticidad de su acto, la verosimilitud de la relación de procreación, sin necesidad de una prueba plena de la misma, y el interés del reconocido cuando sea menor o persona con discapacidad con medidas de apoyo para el ejercicio de su capacidad jurídica.

2. Cuando se trate del reconocimiento de un menor o persona con discapacidad con medidas de apoyo para el ejercicio de su capacidad jurídica por quien fuere hermano o pariente consanguíneo en línea recta del otro progenitor, el Juez sólo autorizará la determinación de la filiación cuando sea en interés del menor o de la persona con discapacidad con medidas de apoyo para el ejercicio de su capacidad jurídica. El Juez invalidará dicha determinación si se presentara un documento público en el que conste la manifestación del reconocido al respecto, realizada una vez alcanzada la plena capacidad.

> La Ley 8/2021, de 2 de junio, sustituye el término «persona con capacidad modificada judicialmente» en los números 1 y 2 por «persona con discapacidad con medidas de apoyo para el ejercicio de su capacidad jurídica».

3. El testimonio de dicha resolución se remitirá al Registro Civil competente para proceder a su inscripción.

CAPÍTULO I BIS. DE LA APROBACIÓN JUDICIAL DE LA MODIFICACIÓN DE LA MENCIÓN REGISTRAL DEL SEXO DE PERSONAS MAYORES DE DOCE AÑOS Y MENORES DE CATORCE

> La Ley 4/2023, de 28 de febrero, para la igualdad real y efectiva de las personas trans y para la garantía de los derechos de las personas LGTBI, en su Disposición Final 13ª, modifica la Ley 15/2015, de 2 de julio, de la Jurisdicción Voluntaria. En su Preámbulo dice: "Se introduce un nuevo Capítulo I bis en el Título II, «De la aprobación judicial de la modificación de la mención registral del sexo de personas mayores de doce años y menores de catorce», para adaptar la citada ley a los cambios operados por esta norma en el caso de las personas menores de edad mayores de doce y menores de catorce años, disponiéndose que podrán promover el expediente de modificación de la mención registral del sexo asistidas por sus representantes legales.
>
> En el supuesto de desacuerdo de los progenitores o representante legal, entre sí o con la persona menor de edad, se procederá al nombramiento de un defensor judicial".

Artículo 26 bis. *Ámbito de aplicación*

Se aplicarán las disposiciones de este Capítulo para recabar aprobación judicial para la modificación de la mención registral del sexo por personas mayores de doce años y menores de catorce.

Artículo 26 ter. *Competencia, legitimación y postulación*

1. Será competente para conocer de este expediente el Juzgado de Primera Instancia del domicilio de la persona cuya mención registral pretenda rectificarse o, si no lo tuviera en territorio nacional, el de su residencia en dicho territorio.

2. Podrán promover este expediente las personas mayores de doce años y menores de catorce, asistidas por sus representantes legales. En el supuesto de desacuerdo de los progenitores o representante legal, entre sí o con la persona menor de edad, se procederá al nombramiento de un defensor judicial de conformidad con lo previsto en los artículos 235 y 236 del Código Civil.

3. Si el expediente se insta por una persona menor con discapacidad, deberán disponerse en su favor las medidas de apoyo que pueda precisar.

4. En la tramitación del presente expediente no será preceptiva la intervención de abogado ni procurador.

Artículo 26 quater. *Tramitación*

1. El expediente, que será de tramitación preferente, se iniciará mediante solicitud en la que la persona legitimada manifieste su disconformidad con el sexo mencionado en su inscripción de nacimiento y solicite autorización judicial para que se proceda a la correspondiente rectificación registral de la mención al sexo y, en su caso, al nombre que aparece en la inscripción.

2. La solicitud deberá venir acompañada de cualesquiera medios documentales o testificales acreditativos de que la persona que insta el expediente ha mantenido de forma estable la disconformidad a la que se refiere el apartado anterior.

Admitida a trámite la solicitud, el Juez citará a comparecer al solicitante y, en su caso, a sus representantes legales, a las demás personas que estime oportuno, así como al Ministerio Fiscal.

3. El Juez podrá solicitar la práctica de las pruebas que considere necesarias para acreditar la madurez necesaria del menor y la estabilidad de su voluntad de rectificar registralmente la mención a su sexo, tendrá en consideración en todo momento el interés superior de la persona menor de edad y le facilitará la información sobre las consecuencias jurídicas de la rectificación solicitada y toda la información complementaria que proceda, en un lenguaje claro, accesible y adaptado a sus necesidades.

Deberá informarle asimismo de la existencia de las medidas de asistencia e información que estén a disposición de la persona solicitante en los ámbitos sanitario, social, laboral, educativo y administrativo, incluyendo medidas de protección contra la discriminación, promoción del respeto y fomento de la igualdad de trato. Igualmente, pondrá en conocimiento de la persona menor de edad legitimada la existencia de asociaciones y otras organizaciones de protección de los derechos en este ámbito a las que puede acudir.

4. Para su intervención como testigos serán idóneas todas las personas mayores de edad aun cuando estén ligadas a la persona solicitante por parentesco, por consanguinidad o afinidad en cualquier grado, vínculos de adopción, tutela o análogos, o relación de amistad.

Artículo 26 quinquies. *Resolución*

1. Previa audiencia de la persona menor, el Juez resolverá sobre la concesión o denegación de la aprobación judicial, considerando en todo caso el interés superior del menor de edad y previa comprobación de su voluntad estable de modificar la inscripción registral y de su madurez suficiente para comprender y evaluar de forma razonable e independiente las consecuencias de su decisión.

La concesión no podrá estar condicionada a la previa exhibición de informe médico o psicológico relativo a la identidad sexual, ni a la previa modificación de la apariencia o función corporal de la persona a través de procedimientos médicos, quirúrgicos o de otra índole.

2. El testimonio de dicha resolución se remitirá al Registro Civil competente para proceder, en su caso, a la inscripción de la rectificación aprobada judicialmente.

CAPÍTULO I TER. DE LA APROBACIÓN JUDICIAL DE LA NUEVA MODIFICACIÓN DE LA MENCIÓN REGISTRAL RELATIVA AL SEXO CON POSTERIORIDAD A UNA REVERSIÓN DE LA RECTIFICACIÓN DE LA MENCIÓN REGISTRAL

La Ley 4/2023, de 28 de febrero, para la igualdad real y efectiva de las personas trans y para la garantía de los derechos de las personas LGTBI, en su Disposición Final 13ª, modifica la Ley 15/2015, de 2 de julio, de la Jurisdicción Voluntaria. En su Preámbulo dice: "Se introduce asimismo un nuevo Capítulo I ter a dicho Título, con el fin de permitir revertir la rectificación registral anteriormente producida, en coherencia con lo previsto en esta ley".

Artículo 26 sexies. *Ámbito de aplicación*

Se aplicarán las disposiciones de este Capítulo para recabar aprobación judicial para la modificación de la mención registral relativa al sexo cuando respecto de la misma persona ya se haya realizado una rectificación de la inscripción registral relativa al sexo y una reversión de dicha modificación, de conformidad con lo dispuesto en el artículo 47, párrafo segundo, de la Ley para la igualdad real y efectiva de las personas trans y para la garantía de los derechos de las personas LGTBI.

Artículo 26 septies. *Competencia, legitimación y postulación*

1. Será competente para conocer de este expediente el Juzgado de Primera Instancia del domicilio de la persona cuya mención registral pretenda rectificarse o, si no lo tuviera en territorio nacional, el de su residencia en dicho territorio.

2. Podrá promover este expediente cualquiera de las personas que estén legitimadas para instar la rectificación de la mención registral del sexo.

3. En la tramitación del presente expediente no será preceptiva la intervención de abogado ni procurador.

Artículo 26 octies. *Tramitación*

1. El expediente, que será de tramitación preferente, comenzará con la presentación de una solicitud en la que la persona interesada manifieste su voluntad de revertir la rectificación registral anteriormente producida. Deberá ir acompañada de los medios de prueba que desee utilizar.

2. Admitida a trámite la solicitud, el Juez citará a comparecencia al solicitante y, en su caso, a sus representantes legales, a las demás personas que estime oportuno, así como al Ministerio Fiscal.

3. El Juez podrá solicitar la práctica de cualesquiera otras pruebas que considere oportunas.

Artículo 26 nonies. *Resolución*

1. El Juez resolverá sobre la concesión o denegación de la aprobación judicial, considerando en todo caso, si el solicitante fuera persona menor de edad, el interés superior del menor.

2. El testimonio de dicha resolución se remitirá al Registro Civil competente para proceder, en su caso, a la inscripción de la rectificación aprobada judicialmente.

CAPÍTULO II. DE LA HABILITACIÓN PARA COMPARECER EN JUICIO Y DEL NOMBRAMIENTO DE DEFENSOR JUDICIAL

Artículo 27. *Ámbito de aplicación*

1. Se aplicarán las disposiciones de este capítulo en los casos en que proceda conforme a la ley el nombramiento de un defensor judicial de menores o personas con discapacidad.

2. También se aplicarán las disposiciones de este capítulo en los casos en que proceda la habilitación y ulterior nombramiento de defensor judicial. Se instará la habilitación cuando el menor no emancipado o la persona con discapacidad, siendo demandado o siguiéndosele gran perjuicio de no promover la demanda, se encuentre en alguno de los casos siguientes:

a) Hallarse los progenitores, tutor o persona designada para ejercer el apoyo ausentes ignorándose su paradero, sin que haya motivo racional bastante para creer próximo su regreso.

b) Negarse ambos progenitores, tutor o persona designada para ejercer el apoyo a representar o asistir en juicio al menor o persona con discapacidad.

c) Hallarse los progenitores, tutor o persona designada para ejercer el apoyo en una situación de imposibilidad de hecho para la representación o asistencia en juicio.

3. No obstante lo dispuesto en el apartado anterior, se nombrará defensor judicial al menor o persona con discapacidad, sin necesidad de habilitación previa, para litigar contra sus progenitores, tutor o curador, o para instar expedientes de jurisdicción voluntaria, o cuando se hallare legitimado para ello cuando se inste por el Ministerio Fiscal un procedimiento para la adopción de medidas de apoyo respecto de la persona con discapacidad. No procederá la solicitud si el otro progenitor o tutor, si lo hubiere, no tuviera un interés opuesto al menor o persona con discapacidad.

<small>La Ley 8/2021, de 2 de junio, da una nueva redacción al precepto.</small>

Artículo 28. *Competencia, legitimación y postulación*

1. Será competente para el conocimiento de este expediente el Letrado de la Administración de Justicia del Juzgado de Primera Instancia del domicilio o, en su defecto, de la residencia del menor o persona con discapacidad o, en su caso, aquél correspondiente al Juzgado de Primera Instancia que esté conociendo del asunto que exija el nombramiento de defensor judicial.

2. El expediente se iniciará de oficio, a petición del Ministerio Fiscal, o por iniciativa del menor o persona con discapacidad o cualquier otra persona que actúe en interés de éste.

3. En la tramitación del presente expediente no será preceptiva la intervención de Abogado ni Procurador.

> La Ley 8/2021, de 2 de junio, sustituye la expresión «personas con capacidad modificada judicialmente o a modificar» por «persona con discapacidad».

Artículo 29. *Efectos de la solicitud*

Desde que se solicite la habilitación y hasta que acepte su cargo el defensor judicial o se archive el expediente por resolución firme, quedará suspendido el transcurso de los plazos de prescripción o de caducidad que afecten a la acción de cuyo ejercicio se trate.

En el caso de que el menor o persona con discapacidad haya de comparecer como demandado o haya quedado sin representación procesal durante el procedimiento, el Ministerio Fiscal asumirá su representación y defensa hasta que se produzca el nombramiento de defensor judicial.

> La Ley 8/2021, de 2 de junio, sustituye la expresión «personas con capacidad modificada judicialmente o a modificar» por «persona con discapacidad».

Artículo 30. *Comparecencia y resolución*

1. El Letrado de la Administración de Justicia convocará a comparecencia al solicitante, a los interesados que consten como tales en el expediente, a quienes estime pertinente su presencia, al menor o persona con discapacidad si tuvieren suficiente madurez y, en todo caso, al menor si tuviere más de 12 años y al Ministerio Fiscal.

2. En la resolución en que se acceda a lo solicitado se nombrará defensor judicial a quien el Letrado de la Administración de Justicia estime más idóneo para el cargo, con determinación de las atribuciones que le confiera.

3. El testimonio de la resolución de nombramiento de defensor judicial en el caso previsto en la letra c) del apartado 1 del artículo 27 se remitirá al Registro Civil competente para proceder a su inscripción.

> La Ley 8/2021, de 2 de junio, sustituye la expresión «personas con capacidad modificada judicialmente o a modificar» por «persona con discapacidad».

Artículo 31. *Cesación del defensor judicial y de la habilitación para comparecer en juicio*

1. El defensor judicial deberá comunicar al órgano judicial la desaparición de la causa que motivó su nombramiento.

2. Igualmente deberá comunicar al órgano judicial cuando alguno de los progenitores o representantes o curador, en su caso, se presten a comparecer en juicio por el afectado, o cuando se termine el procedimiento que motivó la habilitación.

Artículo 32. *Rendición de cuentas, excusa y remoción del defensor judicial*

Serán aplicables al defensor judicial las disposiciones establecidas para la formación de inventario, en su caso, la excusa y la remoción de los tutores y para su rendición de cuentas una vez concluida su gestión, que se tramitarán y decidirán por el Letrado de la Administración de Justicia competente.

CAPÍTULO III. DE LA ADOPCIÓN

Artículo 33. *Competencia*

En los expedientes sobre adopción, será competente el Juzgado de Primera Instancia correspondiente a la sede de la Entidad Pública que tenga encomendada la protección del adoptando y, en su defecto, el del domicilio del adoptante.

Artículo 34. *Carácter preferente y postulación*

1. La tramitación del expediente de adopción tendrá carácter preferente y se practicará con intervención del Ministerio Fiscal.

2. No será preceptiva la asistencia de Abogado ni Procurador.

Artículo 35. *Propuesta de la Entidad Pública y solicitud del adoptante*

1. El expediente comenzará con el escrito de propuesta de adopción formulada por la Entidad Pública o por la solicitud del adoptante cuando estuviera legitimado para ello.

2. En la propuesta de adopción formulada por la Entidad Pública se expresarán especialmente:

a) Las condiciones personales, familiares y sociales y los medios de vida del adoptante o adoptantes asignados y sus relaciones con el adoptando, con detalle de las razones que justifiquen la elección de aquél o aquéllos.

b) En su caso y cuando hayan de prestar su asentimiento o ser oídos, el último domicilio conocido del cónyuge del adoptante o de la persona a la que esté unida por análoga relación de afectividad a la conyugal, o el de los progenitores, tutor, familia acogedora o guardadores del adoptando.

c) Si unos y otros han formulado su asentimiento ante la Entidad Pública o en documento público.

3. En los supuestos en que no se requiera propuesta previa de la Entidad Pública, de conformidad con lo dispuesto en el artículo 176 del Código Civil, el ofrecimiento para la adopción del adoptante se presentará por escrito, en que expresará las indicaciones contenidas en los apartados anteriores en cuanto fueren aplicables, y las alegaciones y pruebas conducentes a demostrar que en el adoptando concurre alguna de las circunstancias exigidas por dicha legislación.

4. Con la propuesta u ofrecimiento para la adopción se presentarán los documentos a que se refieren los apartados anteriores, la declaración previa de idoneidad del adoptante para el ejercicio de la patria potestad emitida por la Entidad Pública, si procediere, y cuantos informes o documentos se juzguen oportunos.

Artículo 36. *Consentimiento*

En el expediente, el Letrado de la Administración de Justicia citará, para manifestar su consentimiento en presencia del Juez, al adoptante o adoptantes y al adoptando si fuere mayor de 12 años.

Artículo 37. *Asentimiento y audiencia*

1. También deberán ser citados, para prestar el asentimiento a la adopción ante el Juez, las personas indicadas en el apartado 2 del artículo 177 del Código Civil.

No serán citados aquellos que, siendo necesario su asentimiento, lo hubieran prestado con anterioridad a la iniciación del expediente ante la correspondiente Entidad Pública o en documento público, salvo que hubieran transcurrido más de seis meses desde que lo hicieron.

2. Si los progenitores pretendieran que se les reconozca la necesidad de prestar su asentimiento a la adopción, deberán ponerlo de manifiesto en el expediente. El Letrado de la Administración de Justicia acordará la suspensión

del expediente y otorgará el plazo de 15 días para la presentación de la demanda, de la que conocerá el mismo Tribunal.

Presentada la demanda dentro de plazo, el Letrado de la Administración de Justicia dictará decreto declarando contencioso el expediente de adopción y acordará seguir su tramitación conforme a lo dispuesto en el artículo 781 de la Ley de Enjuiciamiento Civil.

Si no se presentara la demanda en el plazo fijado, el Letrado de la Administración de Justicia dictará decreto dando por finalizado el trámite y alzando la suspensión del expediente de adopción. El decreto será recurrible directamente en revisión ante el Tribunal. Firme dicha resolución, no se admitirá ninguna reclamación posterior de los mismos sujetos sobre necesidad de asentimiento para la adopción de que se trate.

3. Asimismo deberán ser citados para ser oídos por el Juez en el expediente, las personas señaladas en el apartado 3 del artículo 177 del Código Civil.

Artículo 38. *Citaciones*

1. Si en la propuesta de adopción o en el ofrecimiento para la adopción no constare el domicilio de los que deban ser citados, el Letrado de la Administración de Justicia practicará inmediatamente las diligencias oportunas para la averiguación del domicilio conforme a lo prevenido en el artículo 156 de la Ley de Enjuiciamiento Civil y los citará ante el Juez dentro de los 15 días siguientes, debiendo garantizar la debida reserva. En la citación a los progenitores se hará constar, en su caso, la circunstancia por la cual basta su audiencia.

2. En las citaciones que deban prestar su asentimiento o ser oídas se incluirá el apercibimiento de que si fueran citados personalmente y no comparecieran se seguirá el trámite sin más citaciones. Si no respondieran a la primera citación y no se hubiera realizado la citación en su persona, se les volverá a citar para dentro de los 15 días siguientes, con el apercibimiento de que aunque no comparezcan el expediente seguirá su trámite.

3. Cuando no haya podido conocerse el domicilio o paradero de alguna persona que deba ser citada, o si citada debidamente, con los apercibimientos oportunos, no compareciese, se prescindirá del trámite y la adopción acordada será válida, sin perjuicio, en su caso, del derecho que a los progenitores concede el apartado 2 del artículo 180 del Código Civil.

Artículo 39. *Tramitación*

1. El Juez podrá ordenar la práctica de cuantas diligencias estime oportunas para asegurarse de que la adopción sea en interés del adoptando.

2. Todas las actuaciones se llevarán a cabo con la conveniente reserva, evitando en particular que la familia de origen tenga conocimiento de cuál sea la adoptiva, excepto en los supuestos recogidos en los apartados 2 y 4 del artículo 178 y sin perjuicio de lo establecido en el artículo 180 del Código Civil.

3. Si se suscitare oposición, el expediente se hará contencioso y el Letrado de la Administración de Justicia citará a los interesados a una vista, continuando la tramitación con arreglo a lo previsto para el juicio verbal.

4. Contra el auto que resuelva el expediente cabe recurso de apelación, que tendrá carácter preferente, sin que produzca efectos suspensivos.

5. El testimonio de la resolución firme en que se acuerde la adopción se remitirá al Registro Civil correspondiente, para que se practique su inscripción.

Artículo 40. *Procedimiento para la exclusión de funciones tutelares del adoptante y extinción de la adopción*

1. Las actuaciones judiciales a que se refieren los artículos 179 y 180 del Código Civil, se sustanciarán por los trámites del juicio que corresponda con arreglo a lo establecido en la Ley de Enjuiciamiento Civil y sus resoluciones serán remitidas al Registro Civil para su inscripción.

2. Durante la sustanciación del procedimiento, el Juez adoptará, incluso de oficio, y previa audiencia del Ministerio Fiscal, las medidas de protección oportunas sobre la persona y bienes del adoptado menor o persona con discapacidad con medidas de apoyo para el ejercicio de su capacidad jurídica.

La Ley 8/2021, de 2 de junio, sustituye el término «persona con capacidad modificada judicialmente» por «persona con discapacidad con medidas de apoyo para el ejercicio de su capacidad jurídica».

3. Si el adoptado fuera mayor de edad, la extinción de la adopción requerirá su consentimiento expreso.

Artículo 41. *Adopción internacional*

En los casos de adopción internacional se estará a lo previsto en el artículo 9.5 del Código Civil y en la Ley 54/2007, de 28 de diciembre, de Adopción Internacional, así como a lo establecido al respecto en los Tratados y Convenios internacionales en que España sea parte y, en especial, en el Convenio de La

Haya de 29 de mayo de 1993, relativo a la protección del niño y a la cooperación en materia de adopción internacional.

Artículo 42. *Conversión de adopción simple o no plena en plena*

1. El adoptante de adopción simple o no plena constituida por autoridad extranjera competente podrá instar ante los Tribunales españoles su conversión en una adopción regulada por el derecho español cuando concurra uno de los siguientes supuestos:

a) Que el adoptando tenga su residencia habitual en España en el momento de constitución de la adopción.

b) Que el adoptando haya sido o vaya a ser trasladado a España con la finalidad de establecer su residencia habitual en España.

c) Que el adoptante tenga la nacionalidad española o tenga su residencia habitual en España.

2. El adoptante deberá presentar la solicitud ofreciéndose para la adopción plena, sin que precise propuesta previa de la Entidad Pública, en la que expresará las indicaciones contenidas en el artículo 35 en cuanto fueren aplicables. A la solicitud deberá acompañar el documento de constitución de la adopción por la autoridad extranjera y las pruebas conducentes a demostrar que en el adoptado concurren las circunstancias exigidas.

3. Presentada la solicitud se seguirán los trámites establecidos en los artículos anteriores, en cuanto sean aplicables, debiendo examinar el Juez la concurrencia de los extremos enumerados en la Ley de Adopción Internacional.

4. En todo caso habrán de manifestar su consentimiento ante el Juez, el adoptante o adoptantes y el adoptado si fuere mayor de doce años. Si fuera menor de esa edad se le oirá de acuerdo con su edad y madurez.

Deberá asentir el cónyuge del adoptante o la persona a la que esté unida por análoga relación de afectividad a la conyugal.

5. El testimonio del auto que declare la conversión de la adopción simple o no plena en plena se remitirá al Registro Civil correspondiente, para su inscripción.

CAPÍTULO III bis. DEL EXPEDIENTE DE PROVISIÓN DE MEDIDAS JUDICIALES DE APOYO A PERSONAS CON DISCAPACIDAD

La Ley 8/2021, de 2 de junio, incorpora este nuevo capítulo

Artículo 42 bis a). *Ámbito de aplicación, competencia, legitimación y postulación*

1. Cuando sea pertinente la provisión de alguna medida judicial de apoyo de carácter estable a una persona con discapacidad, se seguirán los trámites previstos en el presente capítulo.

2. Será competente para conocer de este expediente el Juzgado de Primera Instancia del lugar donde resida la persona con discapacidad.

Si antes de la celebración de la comparecencia se produjera un cambio de la residencia habitual de la persona a que se refiera el expediente, se remitirán las actuaciones al Juzgado correspondiente en el estado en que se hallen.

3. Podrá promover este expediente el Ministerio Fiscal, la propia persona con discapacidad, su cónyuge no separado de hecho o legalmente o quien se encuentre en una situación de hecho asimilable y sus descendientes, ascendientes o hermanos.

Cualquier persona está facultada para poner en conocimiento del Ministerio Fiscal los hechos que puedan ser determinantes de una situación que requiera la adopción judicial de medidas de apoyo. Las autoridades y funcionarios públicos que, por razón de sus cargos, conocieran la existencia de dichos hechos respecto de cualquier persona, deberán ponerlo en conocimiento del Ministerio Fiscal. En ambos casos, este iniciará el presente expediente.

4. La persona con discapacidad podrá actuar con su propia defensa y representación. Si no fuera previsible que proceda a realizar por sí misma tal designación, con la solicitud se pedirá que se le nombre un defensor judicial, quien actuará por medio de Abogado y Procurador.

5. El letrado de la Administración de Justicia realizará las adaptaciones y los ajustes necesarios para que la persona con discapacidad comprenda el objeto, la finalidad y los trámites del expediente que le afecta, conforme a lo previsto en el artículo 7 bis de esta Ley.

Artículo 42 bis b). *Procedimiento*

1. A la solicitud se acompañarán los documentos que acrediten la necesidad de la adopción de medidas de apoyo, así como un dictamen pericial de

los profesionales especializados de los ámbitos social y sanitario, que aconsejen las medidas de apoyo que resulten idóneas en cada caso. Asimismo, se propondrán aquellas pruebas que se considere necesario practicar en la comparecencia.

2. Admitida a trámite la solicitud por el letrado de la Administración de Justicia, este convocará a la comparecencia al Ministerio Fiscal, a la persona con discapacidad y, en su caso, a su cónyuge no separado de hecho o legalmente o quien se encuentre en una situación de hecho asimilable y a sus descendientes, ascendientes o hermanos. Los interesados podrán proponer en el plazo de cinco días desde la recepción de la citación aquellas diligencias de prueba que consideren necesario practicar en la comparecencia. También se recabará certificación del Registro Civil y, en su caso, de otros Registros públicos que se consideren pertinentes, sobre las medidas de apoyo inscritas.

La autoridad judicial antes de la comparecencia podrá recabar informe de la entidad pública que, en el respectivo territorio, tenga encomendada la función de promoción de la autonomía y asistencia a las personas con discapacidad, o de una entidad del tercer sector de acción social debidamente habilitada como colaboradora de la Administración de Justicia. La entidad informará sobre las eventuales alternativas de apoyo y sobre las posibilidades de prestarlo sin requerir la adopción de medida alguna por la autoridad judicial.

Asimismo, la autoridad judicial podrá ordenar antes de la comparecencia un dictamen pericial, cuando así lo considere necesario atendiendo a las circunstancias del caso.

3. En la comparecencia se procederá a celebrar una entrevista entre la autoridad judicial y la persona con discapacidad, a quien, a la vista de su situación, podrá informar acerca de las alternativas existentes para obtener el apoyo que precisa, bien sea mediante su entorno social o comunitario, o bien a través del otorgamiento de medidas de apoyo de naturaleza voluntaria.

Asimismo, se practicarán aquellas pruebas que hubieren sido propuestas y resulten admitidas y, en todo caso, se oirá a las personas que hayan comparecido y manifiesten su voluntad de ser oídas.

4. Si, tras la información ofrecida por la autoridad judicial, la persona con discapacidad opta por una medida alternativa de apoyo, se pondrá fin al expediente.

5. La oposición de la persona con discapacidad a cualquier tipo de apoyo, la oposición del Ministerio Fiscal o la oposición de cualquiera de los interesados en la adopción de las medidas de apoyo solicitadas pondrá fin al expediente, sin perjuicio de que la autoridad judicial pueda adoptar provisionalmente las medidas de apoyo de aquella o de su patrimonio que considere convenientes. Dichas medidas podrán mantenerse por un plazo máximo de treinta días, siempre que con anterioridad no se haya presentado la correspondiente demanda de adopción de medidas de apoyo en juicio contencioso.

No se considerará oposición a los efectos señalados en el párrafo anterior la relativa únicamente a la designación como curador de una persona concreta.

Artículo 42 bis c). *Auto y posterior revisión de las medidas judicialmente acordadas*

1. Las medidas que se adopten en el auto que ponga fin al expediente deberán ser conformes a lo dispuesto en la legislación civil aplicable sobre esta cuestión. Tales medidas serán objeto de revisión periódica en el plazo y la forma en que disponga el auto que las hubiera acordado, debiendo seguirse el trámite contemplado en este artículo.

Cualquiera de las personas mencionadas en el apartado 3 del artículo 42 bis a), así como quien ejerza el apoyo, podrá solicitar la revisión de las medidas antes de que transcurra el plazo previsto en el auto.

2. El Juzgado que dictó las medidas será también competente para conocer de la citada revisión, siempre que la persona con discapacidad permanezca residiendo en la misma circunscripción. En caso contrario, el Juzgado de la nueva residencia habrá de pedir un testimonio completo del expediente al Juzgado que anteriormente conoció del mismo, que lo remitirá en los diez días siguientes a la solicitud.

3. En la revisión de las medidas, la autoridad judicial recabará un dictamen pericial cuando así lo considere necesario atendiendo a las circunstancias del caso, se entrevistará con la persona con discapacidad y ordenará aquellas otras actuaciones que considere necesarias. A estos efectos, la autoridad judicial podrá recabar informe de las entidades a las que se refiere el apartado 2 del artículo 42 bis b). Del resultado de dichas actuaciones se dará traslado a la persona con discapacidad, a quien ejerza las funciones de apoyo, al Ministerio Fiscal y a los interesados personados en el expediente previo, a fin de que puedan alegar lo que consideren pertinente en el plazo de diez días, así como

aportar la prueba que estimen oportuna. Si alguno de los mencionados formulara oposición, se pondrá fin al expediente y se podrá instar la revisión de las medidas conforme a lo previsto en la Ley de Enjuiciamiento Civil.

4. Recibidas las alegaciones y practicada la prueba, la autoridad judicial dictará nuevo auto con el contenido que proceda atendiendo a las circunstancias concurrentes.

CAPÍTULO IV. DE LA TUTELA, LA CURATELA Y LA GUARDA DE HECHO

SECCIÓN 1.ª Disposición común

Artículo 43. *Competencia y postulación*

1. Será competente para el conocimiento de este expediente el Juzgado de Primera Instancia del domicilio o, en su defecto, de la residencia del menor o persona con discapacidad.

2. El órgano judicial que haya conocido de un expediente sobre tutela, curatela o guarda de hecho, será competente para conocer de todas las incidencias, trámites y adopción de medidas o revisiones posteriores, siempre que el menor o persona con discapacidad resida en la misma circunscripción. En caso contrario, para conocer de alguna de esas incidencias, será preciso que se pida testimonio completo del expediente al Juzgado que anteriormente conoció del mismo, el cual lo remitirá en los diez días siguientes a la solicitud.

3. En estos expedientes no será preceptiva la intervención de abogado y procurador, salvo en los relativos a la remoción del tutor o curador y a la extinción de poderes preventivos, en los que será necesaria la intervención de abogado.

La Ley 8/2021, de 2 de junio, da una nueva redacción al precepto.

SECCIÓN 2.ª De la tutela y la curatela

Artículo 44. *Ámbito de aplicación*

1. Se aplicará lo dispuesto en esta sección para la tramitación de los expedientes relativos a la tutela y la curatela.

2. El expediente al que se refiere el artículo siguiente solamente será aplicable a la curatela cuando, tras la tramitación de un proceso sobre la adopción de medidas judiciales de apoyo a una persona con discapacidad, sea proce-

dente el nombramiento de un nuevo curador, en sustitución de otro removido o fallecido.

La Ley 8/2021, de 2 de junio, da una nueva redacción al precepto.

Artículo 45. *Tramitación, resolución y recurso*

1. El expediente se iniciará mediante solicitud presentada por el Ministerio Fiscal o por cualquiera de las personas legalmente indicadas para promover la tutela o curatela. En ella deberá expresarse el hecho que dé lugar a una u otra, acompañando los documentos acreditativos de la legitimación para promover el expediente e indicando los parientes más próximos de la persona respecto a la que deba constituirse la tutela o curatela y sus domicilios. Igualmente deberá acompañarse certificado de nacimiento de esta y, en su caso, el certificado de últimas voluntades de los progenitores, el testamento o documento público notarial otorgado por estos en los que se disponga sobre la tutela o curatela de sus hijos menores, o el documento público notarial otorgado por la propia persona con discapacidad en el que se hubiera dispuesto en previsión sobre su propia curatela u otras medidas de apoyo voluntarias.

La Ley 8/2021, de 2 de junio, modifica este apartado 1.

2. En la comparecencia se oirá al promotor, a la persona cuya designación se proponga si fuera distinta al promotor, a aquel cuya tutela o curatela se pretenda constituir si fuera mayor de 12 años o al menor de dicha edad que tuviere suficiente madurez, a los parientes más próximos, al Ministerio Fiscal, y a cuantas personas se considere oportuno.

Tanto el Juez como el Ministerio Fiscal actuarán de oficio en interés del menor y respetando la voluntad, deseos y preferencias de la persona con discapacidad en lo que conste, adoptando y proponiendo las medidas, diligencias, informes periciales y pruebas que estimen oportunas.

La Ley 8/2021, de 2 de junio, modifica el párrafo segundo del apartado 2.

3. El Juez designará tutor o curador a persona o personas determinadas, de conformidad con lo prevenido en el Código Civil.

4. En la resolución acordando el nombramiento de tutor o curador, se adoptarán las medidas de fiscalización de la tutela o curatela establecidas por los progenitores en testamento o documento público notarial, o por el propio afectado en el documento público notarial otorgado al respecto salvo que sea otro el interés de la persona afectada.

Cuando corresponda de acuerdo con la legislación civil aplicable, en la resolución por la que se constituya la tutela o curatela u otra posterior, el Juez podrá acordar las medidas de vigilancia y control oportunas, así como exigir al tutor o curador informe sobre la situación personal del menor o persona con discapacidad y el estado de la administración de sus bienes. Si se adoptaren en resolución posterior, se oirá previamente al tutor o curador, al menor si tuviere suficiente madurez y, en todo caso, si fuera mayor de doce años, a la persona respecto a la que deba constituirse la curatela y al Ministerio Fiscal.

La Ley 8/2021, de 2 de junio, modifica el párrafo segundo del apartado 4.

5. El Juez, en la resolución por la que constituya la tutela o curatela o en otra posterior, podrá exigir al tutor o curador de modo excepcional la constitución de fianza que asegure el cumplimiento de sus obligaciones, debiendo determinar, en tal caso, la modalidad y cuantía de la misma.

También podrá con posterioridad, de oficio o a instancia de parte interesada, dejar sin efecto o modificar en todo o en parte la fianza que se hubiera prestado, tras haber oído al tutor o curador, a la persona con discapacidad que precise medidas de apoyo, al menor si tuviere suficiente madurez y, en todo caso, si tuviere más de doce años, y al Ministerio Fiscal.

La Ley 8/2021, de 2 de junio, modifica el apartado 5.

6. La resolución que se dicte será recurrible en apelación sin que produzca efectos suspensivos.

Durante la sustanciación del recurso, e incluso si se instara un proceso ordinario posterior sobre el mismo objeto, quedará a cargo del tutor o curador electo, en su caso, el cuidado del menor o persona con discapacidad y la administración de su caudal, según proceda, bajo las garantías que parecieren suficientes al Juez.

La Ley 8/2021, de 2 de junio, modifica el párrafo segundo del apartado 6.

Artículo 46. *Prestación de fianza, aceptación y posesión del cargo*

1. Una vez firme la resolución por la que se constituya la tutela o curatela, se citará al designado para que comparezca en el plazo de quince días a fin de prestar la fianza establecida para garantizar el caudal del afectado, en su caso, y acepte el cargo o formule excusa.

2. Prestada la fianza, si se hubiera exigido, el Juez la declarará suficiente y acordará en la misma resolución las inscripciones, depósitos, medidas o diligencias que considere conveniente para la eficacia de la fianza y conservación de los bienes del menor o persona con discapacidad.

3. Practicadas todas las diligencias acordadas, el nombrado aceptará en acta otorgada ante el letrado de la Administración de Justicia la obligación de cumplir los deberes de su cargo conforme a las leyes y este acordará dar posesión del cargo, le conferirá las facultades establecidas en la resolución judicial que acordó su nombramiento y le entregará certificación de esta.

4. Cuando el nombrado lo fuera para el cargo de tutor o administrador de los bienes, le requerirá para que presente el inventario de los bienes de la persona afectada en el plazo de los sesenta días siguientes. Hasta que se apruebe el inventario de bienes, en su caso, la persona nombrada quedará a cargo del cuidado del menor o persona con discapacidad y de la administración de su caudal, según proceda, bajo las garantías que parecieren suficientes al Juez.

5. El Juzgado que haya acordado la tutela o curatela remitirá testimonio al Registro Civil correspondiente tanto de la resolución dictada como del acta de la posesión del cargo, a los efectos oportunos.

La Ley 8/2021, de 2 de junio, modifica los apartados 2, 3 y 4.

Artículo 47. *Formación de inventario*

1. El designado al que se hubiera nombrado administrador del caudal presentará, dentro del plazo otorgado, el inventario de bienes, que contendrá la relación de los bienes del afectado, así como las escrituras, documentos y papeles de importancia que se encuentren. A continuación, el Letrado de la Administración de Justicia fijará día y hora para su formación y citará a los interesados, a las personas afectadas si tuvieran suficiente madurez y, en todo caso, al menor si tuviere más de 12 años y al Ministerio Fiscal.

2. Si se suscitare controversia sobre la inclusión o exclusión de bienes en el inventario, el Letrado de la Administración de Justicia citará a los interesados a una vista, continuando la tramitación con arreglo a lo previsto para el juicio verbal, suspendiéndose su formación hasta que la misma sea resuelta.

La sentencia que se pronuncie sobre la inclusión o exclusión de bienes en el inventario dejará a salvo los derechos de terceros.

3. Si no hubiera oposición o resuelta ésta, el Letrado de la Administración de Justicia aprobará el inventario, debiendo la persona designada proceder a su administración en los términos establecidos en la resolución judicial.

Artículo 48. *Retribución del cargo*

1. Una vez firme la resolución por la que se constituya la tutela o se haya dictado sentencia en el procedimiento de provisión de apoyos, si el tutor o curador solicitare la retribución a que tienen derecho, el Juez la acordará, fijando su importe y el modo de percibirla tomando en consideración la complejidad y la extensión de las funciones encomendadas y el valor y la rentabilidad de los bienes del interesado. La decisión se adoptará después de oír al solicitante, a la persona con discapacidad, al menor si tuviera suficiente madurez y, en todo caso, si fuera mayor de doce años, al Ministerio Fiscal y a cuantas personas considere oportuno. Tanto el Juez como los interesados o el Ministerio Fiscal podrán proponer las diligencias, informes periciales y pruebas que estimen oportunas.

El auto a que se refiere este artículo se ejecutará sin perjuicio del recurso de apelación, que no producirá efectos suspensivos.

La Ley 8/2021, de 2 de junio, modifica el apartado 1.

2. El mismo procedimiento se seguirá para modificar o extinguir dicha retribución.

Artículo 49. *Remoción*

1. En los casos previstos por la legislación civil aplicable, de oficio, a solicitud del Ministerio Fiscal, del tutelado, del sujeto a curatela o de otra persona interesada, se podrá acordar la remoción del tutor o del curador, previa celebración de comparecencia. En esta se oirá al tutor o curador, a las personas que puedan sustituirle en el cargo, a la persona con discapacidad, al menor si tuviere suficiente madurez y, en todo caso, si fuera mayor de doce años, y al Ministerio Fiscal.

Si se suscitare oposición, el expediente se hará contencioso y el Letrado de la Administración de Justicia citará a los interesados a una vista, continuando la tramitación con arreglo a lo previsto para el juicio verbal.

La Ley 8/2021, de 2 de junio, modifica el párrafo primero del apartado 1.

2. Durante la tramitación del expediente de remoción, el Juez podrá suspender al tutor o curador en sus funciones y el Letrado de la Administración de Justicia nombrará al tutelado o sujeto a curatela un defensor judicial.

3. El Juez acordará lo procedente, nombrando un nuevo tutor o curador conforme a la legislación civil, debiendo remitir la correspondiente comunicación al Registro Civil.

Artículo 50. *Excusa*

1. Si concurriera alguna de las causas previstas por el Código Civil para excusarse del ejercicio del cargo tutelar o de la curatela, el tutor o curador deberá alegarla dentro del plazo de quince días a contar desde que tenga conocimiento del nombramiento. Si el motivo de la excusa le sobreviniere durante su ejercicio, podrá alegarlo en cualquier momento, salvo las personas jurídicas, siempre que hubiera persona de parecidas condiciones para sustituirle.

2. Se podrá admitir la excusa del tutor o del curador previa celebración de comparecencia, en la que necesariamente se oirá a la persona que se excuse, a la que le vaya a sustituir en el cargo y al afectado si tuviere suficiente madurez y, en todo caso, al menor si tuviere más de 12 años y al Ministerio Fiscal.

3. Durante la tramitación del expediente, quien haya solicitado la renuncia estará obligado a ejercer la función y, de no hacerlo, se nombrará un defensor que le sustituya, quedando el sustituido responsable de todos los gastos ocasionados por la excusa si ésta fuera rechazada.

4. Admitida la excusa se procederá al nombramiento de nuevo tutor o curador, debiendo remitir, en su caso, la correspondiente comunicación al Registro Civil.

Artículo 51. *Rendición de cuentas*

1. De acuerdo con la legislación civil aplicable o con la resolución judicial correspondiente, el tutor o curador presentará, en su caso, informes sobre la situación personal del menor o persona con discapacidad, o de rendiciones de cuentas.

2. Presentados los informes, el letrado de la Administración de Justicia los trasladará a la persona con discapacidad, al menor si tuviera suficiente madurez y, en todo caso, si fuere mayor de doce años, a aquellos que aparecie-

ran como interesados en el expediente y al Ministerio Fiscal. Si alguno de los anteriormente mencionados lo solicitara en el plazo de diez días, se citará a todos ellos a una comparecencia, pudiéndose proponer de oficio o a instancia de parte las diligencias y pruebas que se estimen oportunas.

También podrá ordenar el Juez de oficio, a costa del patrimonio del tutelado o asistido, una prueba pericial contable o de auditoría aun cuando nadie haya solicitado la comparecencia, si en el informe se describieran operaciones complejas o que requieran una justificación técnica.

3. Celebrada o no la comparecencia, el juez resolverá por medio de auto sobre los informes y la rendición de cuentas.

La Ley 8/2021, de 2 de junio, modifica los apartados 1, 2 y 3.

4. Estas disposiciones serán de aplicación en los supuestos de rendición final de cuentas por extinción de la tutela o curatela, debiendo ser presentada, en su caso, en el plazo de tres meses desde el cese del cargo, prorrogables por el tiempo que fuere necesario si concurre justa causa. En estos casos también se oirá, si procediera, al nuevo tutor o curador y a los herederos del tutelado o asistido, en su caso.

5. En todo caso, la aprobación judicial de las cuentas presentadas no impedirá el ejercicio de las acciones que recíprocamente puedan asistir al tutor o curador y al tutelado o sujeto a curatela o a sus causahabientes por razón de la tutela o curatela.

Artículo 51 bis. *Extinción de los poderes preventivos*

1. Cualquier persona legitimada para instar el procedimiento de provisión de apoyos y el curador, si lo hubiere, podrán instar la extinción de los poderes preventivos otorgados por la persona con discapacidad, si en el apoderado concurre alguna de las causas previstas para la remoción del curador.

2. Admitida la solicitud, se citará a la comparecencia al solicitante, al apoderado, a la persona con discapacidad que precise apoyo y al Ministerio Fiscal. Si se suscitare oposición, el expediente se hará contencioso y el letrado de la Administración de Justicia citará a los interesados a una vista, continuando la tramitación con arreglo a lo previsto en el juicio verbal.

La Ley 8/2021, de 2 de junio, ha introducido este nuevo artículo.

SECCIÓN 3.ª De la guarda de hecho

Artículo 52. *Requerimiento y medidas de control*

1. A instancia del Ministerio Fiscal, de la persona que precise medidas de apoyo o de cualquiera que tenga un interés legítimo, la autoridad judicial que tenga conocimiento de la existencia de un guardador de hecho podrá requerirle para que informe de la situación de la persona y bienes del menor o de la persona con discapacidad y de su actuación en relación con los mismos.

2. El Juez podrá establecer las medidas de control y de vigilancia que estime oportunas, sin perjuicio de promover expediente para la constitución de la tutela en el caso de los menores, si procediera. Tales medidas se adoptarán, previa comparecencia, citando a la persona a quien afecte la guarda de hecho, al guardador y al Ministerio Fiscal.

3. En los casos en que, de acuerdo con la legislación civil aplicable, el guardador de hecho de una persona con discapacidad deba solicitar autorización judicial, antes de tomar una decisión, la autoridad judicial entrevistará por sí misma a la persona con discapacidad y podrá solicitar un informe pericial para acreditar la situación de esta. También podrá citar a la comparecencia a cuantas personas considere necesario oír en función del acto cuya autorización se solicite.

> La Ley 8/2021, de 2 de junio, ha modificado los apartados 1 y 2 y ha introducido el apartado 3.

CAPÍTULO V. DE LA CONCESIÓN JUDICIAL DE LA EMANCIPACIÓN Y DEL BENEFICIO DE LA MAYORÍA DE EDAD

Artículo 53. *Competencia, legitimación y postulación*

1. El Juez de Primera Instancia del domicilio del menor será competente para conocer de la solicitud de emancipación que inste el mayor de 16 años sujeto a patria potestad, por encontrarse en alguno de los supuestos previstos en el artículo 320 del Código Civil; en concreto:

a) Cuando quien ejerciere la patria potestad contrajere nupcias o conviviere maritalmente con persona distinta del otro progenitor.

b) Cuando los progenitores vivieren separados.

c) Cuando concurra cualquier causa que entorpeciera gravemente el ejercicio de la patria potestad.

2. El Juez de Primera Instancia del domicilio del menor será competente para conocer de la solicitud de beneficio de mayoría de edad que inste el mayor de 16 años sujeto a tutela, de acuerdo con lo previsto en el artículo 321 del Código Civil.

3. En la práctica de estas actuaciones, no será preceptiva la intervención de Abogado ni Procurador, salvo que se formule oposición, en cuyo caso sí será preceptiva la asistencia de letrado a partir de ese momento.

Artículo 54. *Solicitud*

1. El expediente se iniciará mediante solicitud dirigida al Juzgado por el menor mayor de 16 años, con la asistencia de alguno de sus progenitores, no privados o suspendidos de la patria potestad, o del tutor. A falta de la asistencia de los mismos, se nombrará defensor judicial al menor para instar el expediente. El Ministerio Fiscal asumirá su representación y defensa hasta que se produzca el nombramiento de defensor judicial.

2. A la solicitud se acompañarán, en su caso, los documentos que acrediten la concurrencia de la causa exigida por el Código Civil para instar la emancipación o beneficio de mayoría de edad, así como la proposición de prueba que considere pertinente.

Artículo 55. *Tramitación y resolución*

1. Admitida a trámite por el Letrado de la Administración de Justicia la solicitud, convocará a la comparecencia ante el Juez al menor, a sus progenitores o, en su caso, a su tutor, al Ministerio Fiscal y a aquellos que pudieran estar interesados, quienes serán oídos por este orden. Posteriormente, se practicarán aquellas pruebas que hubieren sido propuestas y acordadas.

2. El Juez, teniendo en cuenta la justificación ofrecida y valorando el interés del menor, resolverá concediendo o denegando la emancipación o el beneficio de mayoría de edad solicitados.

3. Se remitirá al Registro Civil el testimonio de la concesión de la emancipación o del beneficio de mayoría de edad para proceder a su inscripción.

CAPÍTULO VI. DE LA PROTECCIÓN DEL PATRIMONIO DE LAS PERSONAS CON DISCAPACIDAD

Artículo 56. *Ámbito de aplicación*

1. Se aplicarán las normas de este Capítulo a los expedientes que tengan por objeto alguna de las actuaciones judiciales previstas en el Capítulo I de la

Ley 41/2003, de 18 de noviembre, sobre protección patrimonial de las personas con discapacidad y, en concreto, para:

a) La constitución del patrimonio protegido de las personas con discapacidad o aprobación de las aportaciones al mismo cuando sus progenitores, tutor o curador se negaren injustificadamente a prestar el consentimiento o asentimiento a ello.

b) El nombramiento de su administrador cuando no se pudiera realizar conforme al título de constitución.

c) El establecimiento de exenciones a la exigencia de obtener por el administrador de la autorización o aprobación judicial para la realización de actos de disposición, gravamen u otros, que se refieran a los bienes y derechos integrantes del patrimonio protegido de las personas con discapacidad.

d) La sustitución del administrador, el cambio de las reglas de administración, el establecimiento de medidas especiales de fiscalización, la adopción de cautelas, la extinción del patrimonio protegido o cualquier otra medida de análoga naturaleza que sea necesaria tras la constitución del patrimonio protegido.

Artículo 57. *Competencia, legitimación y postulación*

1. Será competente para el conocimiento de este expediente el Juzgado de Primera Instancia del domicilio o, en su defecto, de la residencia de la persona con discapacidad.

2. Para promover los expedientes regulados en este Capítulo únicamente está legitimado el Ministerio Fiscal, quien actuará de oficio o a solicitud de cualquier persona, debiendo ser oído en todas las actuaciones judiciales relativas al patrimonio protegido.

3. Los interesados no precisarán de Abogado ni Procurador para intervenir en el expediente.

Artículo 58. *Solicitud, tramitación y resolución del expediente*

1. El expediente se iniciará mediante solicitud por escrito del Ministerio Fiscal en la que se consignarán los datos y circunstancias de identificación de la persona con discapacidad, de sus representantes o su curador, según proceda y de los demás interesados en el asunto, así como el domicilio o los domicilios en que pueden ser citados, y los hechos y demás alegaciones que procedan.

2. Su tramitación se ajustará a las normas generales de tramitación previstas en esta Ley.

3. El Juez dictará la resolución en interés de la persona con discapacidad.

Si la resolución estableciera la constitución del patrimonio protegido de una persona con discapacidad, aquella deberá contener, al menos, el inventario de los bienes y derechos que inicialmente lo constituyan; las reglas de su administración y, en su caso, de fiscalización, así como los procedimientos de designación de las personas que hayan de integrar los órganos de administración o, en su caso, de fiscalización.

4. La resolución será recurrible en apelación con efectos suspensivos, salvo cuando se nombrare administrador del patrimonio protegido por no poderse designar conforme a las reglas establecidas en el documento público o la resolución judicial de constitución.

5. Si la resolución dictada por el Juez fuera la constitución de un patrimonio protegido y el administrador designado no fuera el propio beneficiario del mismo, aquélla deberá ser comunicada al Registro Civil para su inscripción, así como las demás circunstancias relativas al patrimonio protegido y a la designación y modificación de administradores de dicho patrimonio.

Igualmente, deberá entregarse testimonio de la resolución a la parte para su inscripción en los registros respectivos cuando los bienes que integren el patrimonio protegido tengan el carácter de registrables para su inscripción o anotación, o a las gestoras de instituciones de inversión colectiva o de sociedades mercantiles si se tratara de participaciones o acciones de las mismas.

CAPÍTULO VII. DEL DERECHO AL HONOR, A LA INTIMIDAD Y A LA PROPIA IMAGEN DEL MENOR O PERSONA CON DISCAPACIDAD CON MEDIDAS DE APOYO PARA EL EJERCICIO DE SU CAPACIDAD JURÍDICA

La Ley 8/2021, de 2 de junio, ha modificado la rúbrica del presente Capítulo.

Artículo 59. *Ámbito de aplicación, competencia, legitimación y postulación*

1. Se aplicarán las disposiciones de este Capítulo para la obtención de autorización judicial del consentimiento a las intromisiones legítimas en el ámbito de protección delimitado por el artículo 3 de la Ley Orgánica 1/1982, de 5 de mayo, de protección civil del derecho al honor, a la intimidad personal y familiar y a la propia imagen, cuando el Ministerio Fiscal se hubiera opuesto al consentimiento otorgado por el representante legal de un menor o persona con discapacidad con medidas de apoyo para el ejercicio de su capacidad jurídica.

2. Será competente para el conocimiento de este expediente el Juzgado de Primera Instancia del domicilio o, en su defecto, de la residencia del menor o persona con discapacidad con medidas de apoyo para el ejercicio de su capacidad jurídica.

3. Para promover este expediente está legitimado el representante legal del menor o persona con discapacidad con medidas de apoyo para el ejercicio de su capacidad jurídica, sin que sea preceptiva la intervención de Abogado ni Procurador.

La Ley 8/2021, de 2 de junio, sustituye el término «persona con capacidad modificada judicialmente» por «persona con discapacidad con medidas de apoyo para el ejercicio de su capacidad jurídica».

Artículo 60. *Tramitación y resolución*

1. El expediente se iniciará mediante solicitud que deberá acompañarse del proyecto de consentimiento, el documento en que conste la notificación de la oposición del Ministerio Fiscal y los que acrediten su representación legal.

2. Una vez admitida la solicitud por el Letrado de la Administración de Justicia, este señalará día y hora para la comparecencia, a la que se citará al Ministerio Fiscal, al representante legal del menor o persona con discapacidad con medidas de apoyo para el ejercicio de su capacidad jurídica y a este si el Juez lo creyera necesario. El Juez podrá acordar también, de oficio o a instancia del Ministerio Fiscal, la citación, en su caso, de otros interesados.

3. El Juez dictará resolución al término de la comparecencia o, si la complejidad del asunto lo justificare, dentro de los cinco días siguientes, en atención al interés superior del menor o persona con discapacidad con medidas de apoyo para el ejercicio de su capacidad jurídica.

4. Contra esta resolución cabrá recurso de apelación, con efectos suspensivos, que se resolverá con carácter preferente.

5. Si los representantes legales del menor o de la persona con discapacidad con medidas de apoyo para el ejercicio de su capacidad jurídica quisieran que se revocara el consentimiento otorgado judicialmente, lo pondrán en conocimiento del Juez, quien dictará resolución dejándolo sin efecto.

La Ley 8/2021, de 2 junio, sustituye el término «persona con capacidad modificada judicialmente» por «personas con discapacidad con medidas de apoyo para el ejercicio de su capacidad jurídica».

CAPÍTULO VIII. DE LA AUTORIZACIÓN O APROBACIÓN JUDICIAL PARA LA REALIZACIÓN DE ACTOS DE DISPOSICIÓN, GRAVAMEN U OTROS QUE SE REFIERAN A LOS BIENES Y DERECHOS DE MENORES Y PERSONAS CON DISCAPACIDAD CON MEDIDAS DE APOYO PARA EL EJERCICIO DE SU CAPACIDAD JURÍDICA

La Ley 8/2021, de 2 de junio, sustituye el término «persona con capacidad modificada judicialmente» por «personas con discapacidad con medidas de apoyo para el ejercicio de su capacidad jurídica».

Artículo 61. *Ámbito de aplicación*

Se aplicarán las disposiciones de este Capítulo en todos los casos en que el representante legal del menor o la persona que preste apoyo a la persona con discapacidad o el administrador de un patrimonio protegido necesite autorización o aprobación judicial para la validez de actos de disposición, gravamen u otros que se refieran a sus bienes o derechos o al patrimonio protegido, salvo que hubiera establecida una tramitación específica.

La Ley 8/2021, de 2 de junio, ha modificado este precepto.

Artículo 62. *Competencia, legitimación y postulación*

1. Será competente para el conocimiento de este expediente el Juzgado de Primera Instancia de la residencia del menor o persona con discapacidad. Si antes de la celebración de la comparecencia se produjera un cambio de la residencia habitual de la persona a que se refiera el expediente, se remitirán las actuaciones al Juzgado correspondiente en el estado en que se hallen.

2. Podrán promover este expediente quienes ostenten la representación legal del menor o ejerzan el apoyo a la persona con discapacidad a los fines de realizar el acto jurídico de que se trate, así como la propia persona con discapacidad de conformidad con las medidas de apoyo establecidas.

Cuando se trate de la administración de bienes o derechos determinados, con facultades concretas sobre los mismos, conferida por su transmitente a título gratuito a favor de quien no ostente la representación legal, o cuando se ejerzan separadamente la tutela o curatela de la persona y la de los bienes deberá solicitar la autorización, si fuere precisa, el administrador designado por el transmitente o el tutor de los bienes.

Si el acto fuera respecto a los bienes del patrimonio protegido, el legitimado será su administrador.

3. No será preceptiva la intervención de abogado ni procurador siempre que el valor del acto para el que se inste el expediente no supere los 6.000 euros. Cuando lo supere, la solicitud inicial podrá realizarse sin necesidad de ambos profesionales, sin perjuicio de que el Juez pueda ordenar la actuación de todos los interesados por medio de abogado cuando la complejidad de la operación así lo requiera o comparezcan sujetos con intereses enfrentados.

La Ley 8/2021, de 2 de junio, ha modificado este precepto.

Artículo 63. *Solicitud*

1. En la solicitud deberá expresarse el motivo del acto o negocio de que se trate, y se razonará la necesidad, utilidad o conveniencia del mismo; se identificará con precisión el bien o derecho a que se refiera; y se expondrá, en su caso, la finalidad a que deba aplicarse la suma que se obtenga.

Con la petición que se deduzca se presentarán los documentos y antecedentes necesarios para poder formular juicio exacto sobre el negocio de que se trate y, en su caso, las operaciones particionales de la herencia o de la división de la cosa común realizada.

2. En el caso de autorización solicitada para transigir, se acompañará, además, el documento en que se hubieren formulado las bases de la transacción.

3. Si la solicitud fuera para la realización de un acto de disposición podrá también incluirse en la solicitud la petición de que la autorización se extienda a la celebración de venta directa, sin necesidad de subasta ni intervención de persona o entidad especializada. En este caso, deberá acompañarse de dictamen pericial de valoración del precio de mercado del bien o derecho de que se trate y especificarse las demás condiciones del acto de disposición que se pretenda realizar.

Artículo 64. *Tramitación*

1. Admitida a trámite la solicitud por el letrado de la Administración de Justicia, este citará a comparecencia al Ministerio Fiscal, así como a todas las personas que, según los distintos casos, exijan las leyes y, en todo caso, a la persona con discapacidad y al menor que tenga suficiente madurez y, en todo caso, cuando sea mayor de doce años.

2. Cuando proceda dictamen pericial, se acordará de oficio o a instancia de parte, y se emitirá antes de celebrarse la comparecencia, debiendo citarse

a ella al perito o peritos que lo hubiesen emitido, si así se acordara, para responder a las cuestiones que le planteen tanto los intervinientes como el Juez.

La Ley 8/2021, de 2 de junio, ha modificado este precepto.

Artículo 65. *Resolución*

1. El Juez, teniendo en cuenta la justificación ofrecida y valorando su conveniencia a los intereses del menor o persona con discapacidad con medidas de apoyo para el ejercicio de su capacidad jurídica, resolverá concediendo o denegando la autorización o aprobación solicitada.

La Ley 8/2021, de 2 de junio, sustituye el término «persona con capacidad modificada judicialmente» por «persona con discapacidad con medidas de apoyo para el ejercicio de su capacidad jurídica» y suprime el apartado 2.

3. En el caso de autorización solicitada para transigir, si fuera concedida por el Juez, determinará la expedición de testimonio que se entregará al solicitante para el uso que corresponda.

4. Si se autorizare la realización de algún acto de gravamen sobre bienes o derechos que pertenezcan al menor o persona con discapacidad o la extinción de derechos reales a ellos pertenecientes, se ordenará seguir las mismas formalidades establecidas para la venta, con exclusión de la subasta.

El apartado 4 ha sido modificado por La Ley 8/2021, de 2 de junio.

5. La resolución será recurrible en apelación con efectos suspensivos.

Artículo 66. *Destino de la cantidad obtenida*

El Juez podrá adoptar las medidas necesarias para asegurar que la cantidad obtenida por el acto de enajenación o gravamen, así como por la realización del negocio o contrato autorizado se aplique a la finalidad en atención a la que se hubiere concedido la autorización.

CAPÍTULO IX. DE LA DECLARACIÓN DE AUSENCIA Y FALLECIMIENTO

Artículo 67. *Ámbito de aplicación*

Se aplicarán las normas de este Capítulo a las actuaciones judiciales previstas en el Título VIII del Libro I del Código Civil relativas a la desaparición y a las declaraciones de ausencia y fallecimiento de una persona.

Artículo 68. *Competencia, legitimación y postulación*

1. En la declaración de ausencia y fallecimiento, será competente el Juzgado de Primera Instancia del último domicilio de la persona de cuya declaración de ausencia o fallecimiento se trate, o, en su defecto, el de su última residencia.

No obstante lo anterior, si se tratara de la declaración de fallecimiento en los supuestos de los apartados 2 y 3 del artículo 194 del Código Civil, será competente, en relación con todos los afectados, el Juzgado de Primera Instancia del lugar del siniestro. Si éste hubiera acaecido fuera del territorio español, será competente, respecto de los españoles y de las personas residentes en España, el del lugar donde se inició el viaje; y si éste se hubiera iniciado en el extranjero, el del lugar correspondiente al domicilio o residencia en España de la mayoría de los afectados. Cuando la competencia no se pudiera determinar conforme a los criterios anteriores, será competente el Juzgado de Primera Instancia del lugar del domicilio o residencia de cualquiera de ellos.

2. Están legitimados para presentar la solicitud de los expedientes de declaración de ausencia y fallecimiento el Ministerio Fiscal, de oficio o en virtud de denuncia, el cónyuge del ausente no separado legalmente, la persona que esté unida por análoga relación de afectividad a la conyugal, los parientes consanguíneos hasta el cuarto grado y cualquier persona que fundadamente pueda tener sobre los bienes del desaparecido algún derecho ejercitable en vida del mismo o dependiente de su muerte. No obstante, la declaración de fallecimiento a que se refieren los apartados 2 y 3 del artículo 194 del Código Civil se realizará únicamente a instancia del Ministerio Fiscal.

3. En los casos de desaparición o de ausencia legal, en la solicitud inicial se expresará el nombre, domicilio y demás datos de localización de los parientes conocidos más próximos del ausente o desaparecido hasta el cuarto grado de consanguinidad y el segundo de afinidad.

4. En la tramitación de estos expedientes no será preceptiva la intervención de Abogado ni Procurador.

Artículo 69. *Defensor judicial en caso de desaparición*

1. En los casos de desaparición de una persona, si se solicitare por parte legitimada o por el Ministerio Fiscal, conforme al artículo 181 del Código Civil, el nombramiento de un defensor, acreditados los requisitos que dicho precepto establece, se nombrará por el Letrado de la Administración de Justicia defensor

a quien corresponda, previa celebración de comparecencia en el plazo máximo de cinco días desde la presentación de la solicitud, a la que se citará a los interesados y al Ministerio Fiscal y se oirá a los testigos propuestos por el solicitante.

2. En caso de urgencia por seguirse perjuicio si se esperase para el nombramiento hasta la celebración de la comparecencia, el Letrado de la Administración de Justicia podrá designar de inmediato defensor a quien corresponda o a quien se proponga por el solicitante, así como adoptar medidas urgentes de protección del patrimonio del desaparecido, continuándose luego los trámites ordinarios del expediente que, en este caso, terminará por resolución por la que se ratifiquen o se revoquen el nombramiento y las medidas acordadas al inicio.

Artículo 70. *Declaración de ausencia*

1. La declaración de ausencia legal a que se refieren los artículos 182 al 184 del Código Civil, con el consiguiente nombramiento de representante del ausente, se instará por parte interesada o por el Ministerio Fiscal, aportando las pruebas precisas que acrediten la concurrencia en el caso de cuantos requisitos exige el mencionado Código para tal declaración.

2. El letrado o letrada de la Administración de Justicia admitirá la solicitud y señalará día y hora para la comparecencia, que tendrá lugar en el plazo máximo de un mes, a la que citará al solicitante y al Ministerio fiscal, así como a los parientes indicados en la solicitud inicial y a quienes consten en el expediente como interesados, y ordenará publicar dos veces la resolución de admisión mediante edictos, con intervalo mínimo de ocho días, en la forma establecida en la Ley 1/2000, de 7 de enero, de Enjuiciamiento Civil, en el Tablón Judicial Edictal Único y en el tablón del Ayuntamiento de la localidad en la que el ausente hubiere tenido su último domicilio. En el edicto se hará constar que podrá intervenir en la comparecencia cualquiera que pudiera tener interés en la declaración de ausencia.

El Real Decreto-ley 6/2023 da una nueva redacción al apartado 2.

3. En estos expedientes, el Letrado de la Administración de Justicia podrá adoptar de oficio o a instancia de interesado, con intervención del Ministerio Fiscal, cuantas medidas de averiguación e investigación considere procedentes, así como todas las de protección que juzgue útiles al desaparecido o ausente.

4. Si en la comparecencia se propusiere la práctica de algún medio probatorio o actuación útil para la averiguación del paradero de la persona de que

se trate en el expediente, el Letrado de la Administración de Justicia podrá acordar su práctica posterior a la comparecencia.

Artículo 71. *Resolución y nombramiento de representante del ausente*

1. Practicadas las pruebas que se hayan estimado necesarias y finalizada la comparecencia, el Letrado de la Administración de Justicia, si por el resultado de la prueba procediera, dictará decreto de declaración legal de ausencia, nombrará al representante del ausente con arreglo a lo dispuesto en el artículo 184 del Código Civil a quien le corresponderá la pesquisa de la persona del ausente, la protección y administración de sus bienes y el cumplimiento de sus obligaciones, y dispondrá cuanto proceda con arreglo a dicho Código, según el caso de que se trate.

2. Serán aplicables a los representantes dativos del ausente, en cuanto se adapten a su especial representación, las disposiciones establecidas en los Capítulos IV y VIII sobre nombramiento de los tutores, la aceptación, excusa y remoción de su cargo, la prestación de fianza y la fijación de su retribución, así como la obtención de autorizaciones y aprobaciones para la realización de determinados actos referidos a bienes y derechos del ausente, y su rendición de cuentas una vez concluida su gestión, que se tramitarán y decidirán por el Letrado de la Administración de Justicia.

Artículo 72. *Medidas provisionales*

1. Si antes de iniciarse el expediente para la declaración de ausencia legal se hubiese adoptado alguna de las medidas reguladas en el Código Civil para los casos de desaparición, subsistirán hasta que tenga lugar dicha declaración, a no ser que el Letrado de la Administración de Justicia, a instancia del interesado o del Ministerio Fiscal, estime conveniente modificarlas.

2. Si no se hubiesen adoptado, podrá el Letrado de la Administración de Justicia acordarlas con carácter provisional, en tanto no se ultime el expediente de ausencia.

Artículo 73. *Práctica de inventario de bienes*

Aceptado el cargo por el representante, al que se le dará testimonio de la resolución para que le sirva de título justificativo, procederá a realizar el inventario de bienes muebles y descripción de los inmuebles a que se refiere el número primero del artículo 185 del Código Civil, en el que se incluirán las deudas u obligaciones pendientes del ausente. Deberá practicarse en el mismo expediente, con intervención del Ministerio Fiscal y de todos los interesados personados en el mismo.

Artículo 74. *Declaración de fallecimiento*

1. La declaración de fallecimiento a que se refiere el apartado 2.º del artículo 194 del Código Civil se instará por el Ministerio Fiscal inmediatamente después del siniestro. Si se tratara del supuesto regulado en el apartado 3.º del mismo artículo, lo hará a los ocho días del siniestro si no se hubieran identificado los restos.

Aportadas o practicadas las pruebas que se hayan estimado necesarias para acreditar la concurrencia de cuantos requisitos exigen los mencionados apartados dentro del plazo máximo de cinco días, con la colaboración, en su caso, de las Oficinas diplomáticas o consulares correspondientes, el Letrado de la Administración de Justicia competente dictará en el mismo día la resolución oportuna.

El decreto dictado por el Letrado de la Administración de Justicia declarará el fallecimiento de cuantas personas se encontraren en tal situación, expresando como fecha a partir de la cual se entiende sucedida la muerte, la del siniestro.

2. La declaración de fallecimiento a que se refieren el artículo 193 y los apartados 1, 4 y 5 del artículo 194 del Código Civil podrá instarse por los interesados o por el Ministerio Fiscal, y se tramitará conforme a lo establecido en este capítulo.

El decreto que dicte el Letrado de la Administración de Justicia en estos casos declarará, si resulta acreditado, el cese de la situación de ausencia legal, si hubiera sido decretada previamente, y el fallecimiento de la persona expresando la fecha a partir de la cual se entienda sucedida la muerte.

3. Firme la declaración de fallecimiento del ausente, se abrirá la sucesión en los bienes del mismo, procediéndose a su adjudicación por los trámites establecidos en la Ley de Enjuiciamiento Civil o extrajudicialmente, según los casos.

Artículo 75. *Hechos posteriores a la declaración de ausencia o fallecimiento*

1. Si se presentare alguna persona que dijese ser el declarado ausente o fallecido, el Letrado de la Administración de Justicia ordenará que sea iden-

tificada por los medios adecuados que podrá acordar de oficio o a instancia del interesado, convocando comparecencia a la que serán citados la persona presentada, el Ministerio Fiscal y todos los que hubieren intervenido en el expediente de declaración.

Terminada la comparecencia, el Letrado de la Administración de Justicia dictará decreto dentro de los tres días siguientes por el que se dejará sin efecto o se ratificará la resolución de declaración de ausencia o fallecimiento.

2. Si no se presentare, pero se tuvieran noticias de su supuesta existencia en paradero conocido, se notificará personalmente al presunto afectado la resolución de declaración de su ausencia o fallecimiento, requiriéndole para que en el plazo de veinte días aporte las pruebas de su identidad. Transcurrido el plazo, con independencia que hubiera presentado o no las pruebas, el Letrado de la Administración de Justicia convocará la comparecencia referida en el apartado anterior, citando a los que allí se expresa. El Letrado de la Administración de Justicia dictará la resolución que proceda dentro de los tres días siguientes.

3. Si la persona que dijese ser el desaparecido lo solicitare y aportase identificación documental que el Letrado de la Administración de Justicia considerase bastante para ello, podrá decretarse la suspensión de la actuación del representante del declarado ausente hasta la celebración de la comparecencia.

4. Si se tuviere noticia de la muerte del desaparecido después de la declaración de ausencia o de fallecimiento, el Letrado de la Administración de Justicia, previa celebración de comparecencia a la que se citará a los interesados y al Ministerio Fiscal y en la que se practicarán las pruebas pertinentes para la comprobación del fallecimiento, resolverá sobre la revocación de la resolución en los tres días siguientes.

Artículo 76. *Constancia del fallecimiento del desaparecido*

Si en cualquier momento durante la sustanciación de alguno de los expedientes a que se refieren los artículos anteriores de este Capítulo se comprobara el fallecimiento del desaparecido o ausente, se archivará el expediente y quedarán sin efecto las medidas que se hubieran adoptado.

Artículo 77. *Comunicación al Registro Civil*

Se remitirá al Registro Civil todos los testimonios necesarios para hacer constar en él cuanto se previene en el artículo 198 del Código Civil.

CAPÍTULO X. DE LA EXTRACCIÓN DE ÓRGANOS DE DONANTES VIVOS

Artículo 78. *Ámbito de aplicación y competencia*

1. Se aplicarán las normas de este Capítulo a los expedientes que tengan por objeto la constatación de la concurrencia del consentimiento libre, consciente y desinteresado del donante y demás requisitos exigidos para la extracción y trasplante de órganos de un donante vivo por la Ley 30/1979, de 27 de octubre, sobre extracción y trasplante de órganos, y las demás normas que la desarrollen.

2. Será competente para conocer de estos expedientes el Juez de Primera Instancia de la localidad donde haya de realizarse la extracción o el trasplante, a elección del solicitante.

Artículo 79. *Solicitud y tramitación del expediente*

1. El expediente se iniciará mediante solicitud del donante o comunicación del Director del Centro sanitario en que vaya a efectuarse la extracción o persona en quien delegue, que expresará las circunstancias personales y familiares del donante, el objeto de la donación, el centro sanitario en que ha de efectuarse la extracción, la identidad del médico responsable del trasplante o extracción o en el que se delegue y se acompañará el certificado médico sobre la salud mental y física del donante, emitido de conformidad con lo dispuesto en la normativa correspondiente.

Para la actuación en estos expedientes no será necesaria la intervención de Abogado o Procurador.

2. A la comparecencia se citará al médico que ha de efectuar la extracción, al médico firmante del certificado a que se refiere el apartado anterior, al médico responsable del trasplante o en quien delegue y a la persona a quien corresponda dar la autorización para la intervención, conforme al documento de autorización para la extracción de órganos concedida al centro sanitario de que se trate o en quien éste delegue.

3. El donante deberá otorgar su consentimiento expreso ante el Juez durante la comparecencia, tras oír las explicaciones del médico que ha de efectuar la extracción y las de los demás asistentes al acto. El Juez podrá asimismo requerir de éstos las explicaciones que estime oportunas sobre la concurrencia de los requisitos exigidos en la ley para el otorgamiento del consentimiento.

Artículo 80. *Resolución*

1. Si el Juez considerara que el consentimiento prestado expresamente por el donante no lo ha sido de forma libre, consciente y desinteresada, o no se cumplieran los otros requisitos establecidos legalmente, no extenderá el documento de cesión del órgano.

2. En caso contrario y si estimara que se han cumplido los requisitos legales, extenderá por escrito el documento de cesión del órgano que será firmado por el interesado, el médico que ha de efectuar la extracción y los demás asistentes. Si alguno de ellos dudara de que el consentimiento prestado haya sido de forma expresa, libre, consciente y desinteresada, podrá oponerse a la donación.

3. Del documento de cesión, en el que se hará constar la posibilidad que tiene el donante de revocar el consentimiento en cualquier momento previo a la intervención, se facilitará copia al donante.

CAPÍTULO XI. DE LOS EXPEDIENTES DE JURISDICCIÓN VOLUNTARIA RELATIVOS A DECLARACIONES JUDICIALES SOBRE HECHOS PASADOS

Capítulo añadido por la Ley 20/2022, de 19 de octubre (BOE del día 20), de Memoria Democrática. En la Exposición de Motivos se dice; "... procede destacar que la disposición final tercera, mediante la modificación de la Ley 15/2015, de 2 de julio, de la Jurisdicción Voluntaria, reintroduce la figura del entonces llamado expediente de informaciones de perpetua memoria, que ya formó parte de nuestro ordenamiento jurídico desde la Ley de Enjuiciamiento Civil de 1881 hasta la reforma de la jurisdicción voluntaria en 2015, como una vía que permite la obtención de una declaración sobre los hechos sucedidos y posibilita la identificación y exhumación de víctimas de la Guerra y la Dictadura y, a través de ella, la digna sepultura de las víctimas". Entró en vigor el día 21. Corrección de errores en BOE de 7 de febrero de 2023.

Artículo 80 bis. *Ámbito de aplicación*

1. Se aplicarán las disposiciones de este título a los expedientes que tengan por objeto la obtención de una declaración judicial sobre la realidad y las circunstancias de hechos pasados determinados, siempre que no exista controversia que deba sustanciarse en un proceso contencioso.

Podrá interesarse emisión de declaración judicial sobre hechos de cualquier naturaleza, concretos, ya acaecidos, percibidos o no por el promotor del expediente.

2. Podrá acudirse a este expediente siempre que se den las siguientes condiciones:

a) Que su objeto sea posible y lícito.

b) Que exista un principio de prueba de los hechos sobre los que se interesa la información.

c) Que de los hechos sobre los que se interesa la información no resulte perjuicio para una persona cierta y determinada.

d) Que los hechos sobre los que se interesa la información no sean objeto de un procedimiento judicial en trámite.

e) Que no exista otro procedimiento judicial legalmente indicado para la demostración de los hechos sobre los que se interesa la información.

Artículo 80 ter. *Competencia, legitimación y postulación*

1. Será competente para conocer de este expediente el Juzgado de Primera Instancia del lugar donde acaecieron los hechos a los que se refiere la declaración judicial interesada y, si fueran varios lugares, el de cualquiera de ellos a elección del solicitante.

En su defecto, será competente el Juzgado de Primera Instancia que corresponda al domicilio del solicitante.

2. Podrán promover este expediente quienes sean titulares de derechos o intereses legítimos en relación con los hechos respecto de los cuales se interesa la información.

Asimismo, ostenta legitimación activa el Ministerio Fiscal, quien actuará de oficio o a solicitud de cualquier persona.

3. No es preceptiva la defensa de Letrado ni la representación por Procurador para la promoción e intervención en este expediente. En la Oficina Judicial existirán, a disposición de los interesados, impresos normalizados para formular la solicitud.

4. El Ministerio Fiscal será siempre parte en este expediente.

Artículo 80 quater. *Tramitación y resolución*

1. El expediente se iniciará a solicitud de la persona interesada o del Ministerio Fiscal. La solicitud expresará con claridad el contenido de la declaración judicial que se interesa y contendrá un relato de las circunstancias relevantes a los efectos de la solicitud, el principio de prueba y la identificación de las personas que puedan estar interesadas.

2. Si el Letrado de la Administración de Justicia entendiese que no existe competencia objetiva o territorial para conocer del expediente, o bien advirtiese la falta de alguna de las condiciones recogidas en el apartado 2 del artículo

80 bis, dará cuenta al Juez que, previa audiencia del Ministerio Fiscal y del solicitante, decidirá por auto sobre la admisibilidad del expediente.

3. Cumplidos los requisitos de admisibilidad, el Letrado de la Administración de Justicia admitirá a trámite la solicitud y convocará a una comparecencia al promotor, al Ministerio Fiscal y a cuantas personas pudieran estar interesadas en los hechos respecto de los que se interesa la información.

En el plazo de cinco días tras la recepción de la citación, el promotor del expediente y el resto de los interesados podrán interesar la citación de las personas que, por no poderlas presentar, han de ser citadas por el Letrado de la Administración de Justicia a la vista para que declaren en calidad de testigos o peritos.

En el mismo plazo de cinco días podrán las partes pedir respuestas escritas a cargo de personas jurídicas o entidades públicas, por los trámites establecidos en el artículo 381 de la Ley 1/2000, de 7 de enero, de Enjuiciamiento Civil. La práctica de este trámite no suspenderá la celebración de la comparecencia, salvo que el Juez lo estime necesario para impedir la indefensión de una o las dos partes. En todo caso, si se recibieran con posterioridad a la misma, se dará audiencia a los interesados y al Ministerio Fiscal.

4. La comparecencia se sustanciará por los trámites previstos en la Ley de Enjuiciamiento Civil para la vista del juicio verbal, practicándose la prueba pertinente y útil que propongan las partes en el acto.

5. En el plazo de cinco días tras la celebración de la comparecencia, el Juez dictará auto por el que se acceda o se deniegue la emisión de la declaración judicial interesada.

Si accediere a la solicitud, el Juez realizará en la parte dispositiva del auto la declaración sobre hechos pasados determinados interesada por el promotor, con expresión de sus circunstancias, y se pronunciará, en su caso, en relación con las consecuencias que se deriven de la declaración. Si de la declaración se derivara la existencia de un hecho inscribible en el Registro de la Propiedad, Mercantil u otro registro público, será aplicable lo dispuesto en el artículo 22.2.

6. En cualquier momento durante la tramitación del expediente, los interesados o afectados por los hechos objeto del mismo podrán formular su oposición a la emisión de la declaración judicial interesada.

En tal caso, si estimare justificada la oposición, el Juez acordará por auto el sobreseimiento del expediente, con reserva a las partes de su derecho a ejercitar la acción correspondiente.

Si el Juez no estimare justificada la oposición, mandará por auto la continuación del expediente hasta su resolución.

Artículo 80 quinquies. *Recursos*

1. Las resoluciones interlocutorias dictadas durante la tramitación del expediente son susceptibles de recurso de reposición, en los términos previstos en la Ley de Enjuiciamiento Civil.

2. La resolución definitiva dictada según lo previsto en los apartados segundo, quinto o sexto del artículo anterior es susceptible de recurso de apelación, en los términos previstos en la Ley de Enjuiciamiento Civil.

TÍTULO III. DE LOS EXPEDIENTES DE JURISDICCIÓN VOLUNTARIA EN MATERIA DE FAMILIA

CAPÍTULO I. DE LA DISPENSA DE IMPEDIMENTO MATRIMONIAL

Artículo 81. *Competencia, legitimación y postulación*

1. El Juez de Primera Instancia del domicilio o, en su defecto, de la residencia de cualquiera de los contrayentes será competente para conocer de la solicitud de dispensa de los impedimentos de muerte dolosa del cónyuge o persona con la que hubiera estado unida por análoga relación de afectividad a la conyugal y de parentesco para contraer matrimonio del grado tercero entre colaterales, previstos en el artículo 48 del Código Civil.

2. Deberá promover este expediente el contrayente en quien concurra el impedimento para el matrimonio.

3. En la práctica de estas actuaciones no será preceptiva la intervención de Abogado ni Procurador.

Artículo 82. *Solicitud*

El expediente se iniciará mediante solicitud dirigida al Juzgado que expresará los motivos de índole particular, familiar o social en la que se basa, y a la que se acompañarán los documentos y antecedentes necesarios que acrediten la concurrencia de la justa causa exigida por el Código Civil para que proceda la dispensa y, en su caso, la proposición de prueba, cuya práctica se acordará por el Juez. Si se tratara del impedimento de parentesco, en la solicitud se expresará, con claridad el árbol genealógico de los contrayentes.

Artículo 83. *Tramitación y resolución*

1. Admitida a trámite por el Letrado de la Administración de Justicia la solicitud, citará a la comparecencia a los contrayentes y a aquellos que pudieran estar interesados, quienes serán oídos. Para la dispensa del impedimento de muerte dolosa del cónyuge anterior deberá citarse, además, al Ministerio Fiscal. En la comparecencia se practicarán las pruebas que hubieren sido propuestas y acordadas.

2. El Juez teniendo en cuenta la justificación ofrecida resolverá concediendo o denegando la dispensa del impedimento para el matrimonio.

Artículo 84. *Testimonio*

En el caso de concesión de la dispensa para el matrimonio, el Letrado de la Administración de Justicia expedirá testimonio que se entregará al solicitante para el uso que corresponda.

CAPÍTULO II. DE LA INTERVENCIÓN JUDICIAL EN RELACIÓN CON LA PATRIA POTESTAD

SECCIÓN 1.ª Disposición común

Artículo 85. *Tramitación*

1. En los expedientes a que se refiere este Capítulo, una vez admitida la solicitud por el Letrado de la Administración de Justicia, éste citará a la comparecencia al solicitante, al Ministerio Fiscal, a los progenitores, guardadores o tutores cuando proceda, a la persona con discapacidad con medidas de apoyo para el ejercicio de su capacidad jurídica, en su caso o al menor si tuviere suficiente madurez y, en todo caso, si fuere mayor de 12 años. Si el titular de la patria potestad fuese un menor no emancipado, se citará también a sus progenitores y, a falta de éstos, a su tutor. Se podrá también acordar la citación de otros interesados.

> La Ley 8/2021, de 2 de junio, sustituye el término «persona con capacidad modificada judicialmente» por «persona con discapacidad con medidas de apoyo para el ejercicio de su capacidad jurídica».

2. El Juez podrá acordar, de oficio o a instancia del solicitante, de los demás interesados o del Ministerio Fiscal, la práctica durante la comparecencia de las diligencias que considere oportunas. Si estas actuaciones tuvieran lugar

después de la comparecencia, se dará traslado del acta correspondiente a los interesados para que puedan efectuar alegaciones en el plazo de cinco días.

3. No será preceptiva la intervención de Abogado ni de Procurador para promover y actuar en estos expedientes.

SECCIÓN 2.ª De la intervención judicial en los casos de desacuerdo en el ejercicio de la patria potestad

Artículo 86. *Ámbito de aplicación, competencia y legitimación*

1. Se aplicarán las disposiciones de esta sección cuando el Juez deba intervenir en los casos de desacuerdo en el ejercicio de la patria potestad ejercitada conjuntamente por los progenitores. También serán de aplicación en los casos en que esté legalmente prevista la autorización o intervención judicial cuando el titular de la patria potestad fuere un menor de edad no emancipado y hubiere desacuerdo o imposibilidad de sus progenitores o tutor.

2. Será competente el Juzgado de Primera Instancia del domicilio o, en su defecto, de la residencia del hijo. No obstante, si el ejercicio conjunto de la patria potestad por los progenitores hubiera sido establecido por resolución judicial, será competente para conocer del expediente el Juzgado de Primera Instancia que la hubiera dictado.

3. Están legitimados para promover este expediente ambos progenitores, individual o conjuntamente. Si el titular de la patria potestad fuese un menor no emancipado, también estarán legitimados sus progenitores y, a falta de éstos, su tutor.

SECCIÓN 3.ª De las medidas de protección relativas al ejercicio inadecuado de la potestad de guarda o de administración de los bienes del menor o persona con discapacidad

La Ley 8/2021, de 2 de junio, da una nueva redacción a la sección 3.ª.

Artículo 87. *Ámbito de aplicación, competencia y legitimación*

1. Se aplicarán las disposiciones de esta Sección para adoptar medidas en relación al ejercicio inadecuado de la potestad de guarda de menores o personas con discapacidad o a la administración de sus bienes en los casos a que se refieren los artículos 158, 164, 165, 167, 200 y 249 del Código Civil o a las disposiciones análogas de la legislación civil aplicable. Y en concreto:

a) Para la adopción de las medidas de protección de los menores establecidas en el artículo 158 del Código Civil.

b) Para la adopción de las medidas previstas en el artículo 249, último párrafo, del Código Civil en relación con las personas con discapacidad.

c) Para el nombramiento de un administrador judicial para la administración de los bienes adquiridos por el hijo por sucesión en la que el padre, la madre o ambos hubieran sido justamente desheredados o no hubieran podido heredar por causa de indignidad y no se hubiera designado por el causante persona para ello, ni pudiera tampoco desempeñar dicha función el otro progenitor.

d) Para atribuir a los progenitores que carecieren de medios la parte de los frutos que en equidad proceda de los bienes adquiridos por el hijo por título gratuito cuando el disponente hubiere ordenado de manera expresa que no fueran para los mismos, así como de los adquiridos por sucesión en que el padre, la madre o ambos hubieran sido justamente desheredados o no hubieran podido heredar por causa de indignidad y de aquellos donados o dejados a los hijos especialmente para su educación o carrera.

e) Para la adopción de las medidas necesarias para asegurar y proteger los bienes de los hijos, exigir caución o fianza para continuar los progenitores con su administración o incluso nombrar un administrador cuando la administración de los progenitores ponga en peligro el patrimonio del hijo.

2. Será competente el Juzgado de Primera Instancia del domicilio o, en su defecto, de la residencia del menor o persona con discapacidad. No obstante, será competente para conocer del expediente el Juzgado de Primera Instancia que hubiera conocido del inicial:

a) Si el ejercicio conjunto de la patria potestad por los progenitores o la atribución de la guarda y custodia de los hijos hubiera sido establecido por resolución judicial, así como cuando estuvieran sujetos a tutela.

b) Cuando la medida de apoyo de la persona con discapacidad hubiera sido provista judicialmente.

3. Las medidas a que se refiere este Capítulo se adoptarán de oficio o a instancia del propio menor o persona con discapacidad, de cualquier pariente o del Ministerio Fiscal. Cuando se soliciten respecto de una persona con discapacidad, podrán adoptarse asimismo a instancia de cualquier interesado.

Artículo 88. *Resolución*

Si el Juez estimare procedente la adopción de medidas, resolverá lo que corresponda designando persona o institución que, en su caso, haya de encargarse de la custodia del menor o del apoyo a la persona con discapacidad, adoptará las medidas procedentes en el caso conforme a lo establecido en la legislación civil aplicable y podrá nombrar, si procediere, un defensor judicial.

Artículo 89. *Actuación en casos de tutela*

En los casos de tutela del menor o curatela de la persona con discapacidad, el Juez que haya conocido del expediente remitirá testimonio de la resolución definitiva al que hubiese conocido del nombramiento de tutor o del curador, respectivamente, cuando sea uno distinto.

CAPÍTULO III. DE LA INTERVENCIÓN JUDICIAL EN LOS CASOS DE DESACUERDO CONYUGAL Y EN LA ADMINISTRACIÓN DE BIENES GANANCIALES

Artículo 90. *Ámbito de aplicación, competencia, postulación y tramitación*

1. Se seguirán los trámites regulados en las normas comunes de esta Ley cuando los cónyuges, individual o conjuntamente, soliciten la intervención o autorización judicial para:

a) Fijar el domicilio conyugal o disponer sobre la vivienda habitual y objetos de uso ordinario, si hubiere desacuerdo entre los cónyuges.

b) Fijar la contribución a las cargas del matrimonio, cuando uno de los cónyuges incumpliere tal deber.

c) Realizar un acto de administración respecto de bienes comunes por ser necesario el consentimiento de ambos cónyuges, o para la realización de un acto de disposición a título oneroso sobre los mismos, por hallarse el otro cónyuge impedido para prestarlo o se negare injustificadamente a ello.

d) Conferir la administración de los bienes comunes, cuando uno de los cónyuges se hallare impedido para prestar el consentimiento o hubiere abandonado la familia o existiere separación de hecho.

e) Realizar actos de disposición sobre inmuebles, establecimientos mercantiles, objetos preciosos o valores mobiliarios, salvo el derecho de suscripción preferente, si el cónyuge tuviera la administración y, en su caso, la disposición de los bienes comunes por ministerio de la ley o por resolución judicial.

2. En los expedientes sobre atribución de la administración y disposición de los bienes comunes a uno sólo de los cónyuges, el Juez podrá acordar asimismo cautelas y limitaciones, de oficio o a instancia del Ministerio Fiscal cuando haya de intervenir en el expediente.

3. En los expedientes a que se refieren los dos apartados anteriores será competente el Juzgado de Primera Instancia del que sea o hubiera sido el último domicilio o residencia de los cónyuges.

No será preceptiva la intervención de Abogado ni de Procurador para promover y actuar en estos expedientes, salvo que la intervención judicial fuera para la realización de un acto de carácter patrimonial con un valor superior a 6.000 euros, en cuyo caso será necesario.

4. El Juez oirá en la comparecencia al solicitante, al cónyuge no solicitante, en su caso, y a los demás interesados, sin perjuicio de la práctica de las demás diligencias de prueba que estime pertinentes.

5. En estos expedientes se dará audiencia al Ministerio Fiscal cuando estén comprometidos los intereses de los menores o personas con discapacidad con medidas de apoyo para el ejercicio de su capacidad jurídica.

La Ley 8/2021, de 2 de junio, sustituye el término «persona con capacidad modificada judicialmente» por «personas con discapacidad con medidas de apoyo para el ejercicio de su capacidad jurídica».

TÍTULO IV. DE LOS EXPEDIENTES DE JURISDICCIÓN VOLUNTARIA RELATIVOS AL DERECHO SUCESORIO

CAPÍTULO I. DEL ALBACEAZGO

Artículo 91. *Ámbito de aplicación, competencia, postulación y tramitación*

1. En los casos en los que con arreglo a la legislación civil resulte necesario, será de aplicación lo previsto en este capítulo:

1.º Para los casos de renuncia del albacea a su cargo o de prórroga del plazo del albaceazgo.

2.º Para la remoción de su cargo.

3.º Para la rendición de cuentas del albacea.

4.º Para la obtención de autorización para que el albacea pueda efectuar actos de disposición sobre bienes de la herencia.

2. Para la actuación en estos expedientes no será preceptiva la intervención de Abogado ni Procurador cuando la cuantía del haber hereditario sea inferior a 6.000 euros.

3. Será competente para conocer de estos expedientes, cuya tramitación se ajustará a las normas comunes de esta Ley, el Juzgado de Primera Instancia del último domicilio o residencia habitual del causante, o de donde estuviere la mayor parte de su patrimonio, con independencia de su naturaleza de conformidad con la ley aplicable, o el del lugar en que hubiera fallecido, siempre que estuvieran en España, a elección del solicitante. En defecto de todos ellos, será competente el Juzgado de Primera Instancia del lugar del domicilio del solicitante.

4. La decisión de estos expedientes corresponderá al Juez, salvo la resolución de los supuestos previstos en el número 1.º del apartado 1 de este artículo, que corresponderá al Letrado de la Administración de Justicia.

CAPÍTULO II. DE LOS CONTADORES-PARTIDORES DATIVOS

Artículo 92. *Ámbito de aplicación, competencia, postulación y tramitación*

1. Será de aplicación lo previsto en este capítulo:

a) Para la designación del contador partidor dativo en los casos previstos en el artículo 1.057 del Código Civil.

b) Para los casos de renuncia del contador partidor nombrado o de prórroga del plazo fijado para la realización de su encargo.

c) Para la aprobación de la partición realizada por el contador-partidor cuando resulte necesario por no haber sido confirmada expresamente por todos los herederos y legatarios.

2. Para la actuación en estos expedientes no será preceptiva la intervención de Abogado ni Procurador cuando la cuantía del haber hereditario sea inferior a 6.000 euros.

3. La tramitación y decisión de estos expedientes, que se ajustará a las normas comunes de esta Ley y a lo dispuesto en el Código Civil, corresponderá al Letrado de la Administración de Justicia del Juzgado de Primera Instancia del último domicilio o residencia habitual del causante, o de donde estuviere la mayor parte de su patrimonio, con independencia de su naturaleza de conformidad con la ley aplicable, o el del lugar en que hubiera fallecido, siempre que estuvieran en España, a elección del solicitante. En defecto de todos ellos, será competente el Juzgado de Primera Instancia del lugar del domicilio del solicitante.

CAPÍTULO III. DE LA ACEPTACIÓN Y REPUDIACIÓN DE LA HERENCIA

Artículo 93. *Ámbito de aplicación*

1. Se aplicarán las disposiciones de este Capítulo en todos los casos en que, conforme a la ley, la validez de la aceptación o repudiación de la herencia necesite autorización o aprobación judicial.

2. En todo caso, precisarán autorización judicial:

a) Los progenitores que ejerzan la patria potestad para repudiar la herencia o legados en nombre de sus hijos menores de 16 años, o si aun siendo mayores de esa edad, sin llegar a la mayoría, no prestaren su consentimiento.

b) Los tutores, los curadores representativos y, en su caso, los defensores judiciales, para aceptar sin beneficio de inventario cualquier herencia o legado o para repudiar los mismos.

La Ley 8/2021, de 2 de junio, ha modificado la letra b).

c) Los acreedores del heredero que hubiere repudiado la herencia a la que hubiere sido llamado en perjuicio de aquellos, para aceptar la herencia en su nombre.

3. Asimismo, será necesaria la aprobación judicial para la eficacia de la repudiación de la herencia realizada por los legítimos representantes de las asociaciones, corporaciones y fundaciones capaces de adquirir.

Artículo 94. *Competencia, legitimación y postulación*

1. Será competente para conocer de estos expedientes, cuya tramitación se ajustará a las normas comunes de esta ley, el Juzgado de Primera Instancia del último domicilio o, en su defecto, de la última residencia del causante y, si lo hubiere tenido en país extranjero, el del lugar de su último domicilio en España o donde estuviere la mayor parte de sus bienes, a elección del solicitante.

Cuando sea llamado a la herencia un menor o persona con medidas judiciales de apoyo de personas con discapacidad, será competente para su conocimiento el Juzgado de Primera Instancia del lugar en que estos residan.

2. Podrán promover este expediente los llamados a la herencia y los acreedores del heredero que hubiera repudiado la herencia.

Si los llamados fueran menores, podrán promoverlo quienes ostenten su representación y, en su defecto, el Ministerio Fiscal.

Si se tratara de personas con discapacidad provistas de medidas de apoyo representativo para este tipo de actos podrán promoverlo los que ejerzan el apoyo.

Asimismo, podrá promoverlo el defensor judicial si no se le hubiera dado la autorización en el nombramiento.

La Ley 8/2021, de 2 de junio, ha modificado el apartado 2.

3. Será necesaria la intervención del Ministerio Fiscal en los casos establecidos en las letras a) y b) del apartado 2 del artículo 93.

4. Para la actuación en estos expedientes no será preceptiva la intervención de Abogado ni Procurador cuando la cuantía del haber hereditario sea inferior a 6.000 euros.

Artículo 95. *Resolución*

1. El Juez, teniendo en cuenta la justificación ofrecida y valorando su conveniencia a los intereses de los llamados a la herencia, resolverá concediendo o denegando la autorización o aprobación solicitada.

2. En el caso de haberse solicitado autorización o aprobación para aceptar sin beneficio de inventario o repudiar la herencia, si no fuera concedida por el Juez, sólo podrá ser aceptada a beneficio de inventario.

3. La resolución será recurrible en apelación con efectos suspensivos.

TÍTULO V. DE LOS EXPEDIENTES DE JURISDICCIÓN VOLUNTARIA RELATIVOS AL DERECHO DE OBLIGACIONES

CAPÍTULO I. DE LA FIJACIÓN DEL PLAZO PARA EL CUMPLIMIENTO DE LAS OBLIGACIONES CUANDO PROCEDA

Artículo 96. *Ámbito de aplicación*

Cuando, conforme al artículo 1128 del Código Civil o cualquier otra disposición legal, proceda que se señale judicialmente el plazo para el cumplimiento de una obligación a instancia de alguno de los sujetos de la misma, se seguirán las normas comunes de la presente Ley.

Artículo 97. *Competencia y postulación*

1. La tramitación y resolución del presente expediente corresponderá al Juez de Primera Instancia del domicilio del deudor. Si la relación trabada fuera

entre un consumidor o usuario y un empresario o profesional y éste fuera el deudor de la prestación, la competencia podrá corresponder también al Juez de Primera Instancia del domicilio del acreedor, a elección de éste.

2. Para la actuación en este expediente no será preceptiva la intervención de Abogado ni Procurador.

3. Si se suscitare oposición, el expediente se hará contencioso y el Letrado de la Administración de Justicia citará a los interesados a una vista, continuando la tramitación con arreglo a lo previsto para el juicio verbal.

CAPÍTULO II. DE LA CONSIGNACIÓN

Artículo 98. *Ámbito de aplicación, competencia y postulación*

1. Se aplicará lo dispuesto en este Capítulo en los casos en que, procediendo la consignación conforme a la ley, se realice ante el órgano judicial.

2. Será competente el Juzgado de Primera Instancia correspondiente al lugar donde deba cumplirse la obligación y, si pudiera cumplirse en distintos lugares, cualquiera de ellos a elección del solicitante. En su defecto, será competente el que corresponda al domicilio del deudor.

3. Para la actuación en el presente expediente no será preceptiva la intervención de Abogado ni Procurador.

Artículo 99. *Tramitación*

1. El que promueva la consignación judicial expresará en su solicitud los datos y circunstancias de identificación de los interesados en la obligación a que se refiera la consignación, el domicilio o los domicilios en que puedan ser citados, así como las razones de esta, todo lo relativo al objeto de la consignación, su puesta a disposición del órgano judicial y, en su caso, lo que se solicite en cuanto a su depósito.

Asimismo, deberá acreditar haber efectuado el ofrecimiento de pago, si procediera, y en todo caso el anuncio de la consignación al acreedor y demás interesados en la obligación.

Con la solicitud se habrá de efectuar la puesta a disposición de la cosa debida, sin perjuicio de que posteriormente pueda designarse como depositario al propio promotor.

2. Si la solicitud no reuniera los requisitos necesarios, el Letrado de la Administración de Justicia dictará decreto que así lo declare y mandará devolver al promotor lo consignado.

En caso contrario, admitida la solicitud por el Letrado de la Administración de Justicia, éste notificará a los interesados la existencia de la consignación, a los efectos de que en el plazo de diez días retiren la cosa debida o realicen las alegaciones que consideren oportunas. Igualmente adoptará las medidas oportunas en cuanto al depósito de la cosa debida.

3. Cuando los interesados comparecidos retirasen la cosa debida aceptando expresamente la consignación, el Letrado de la Administración de Justicia dictará decreto teniéndola por aceptada, con los efectos legales procedentes, mandando cancelar la obligación y, en su caso, la garantía, si así lo solicitara el promotor.

4. Si transcurrido el plazo no procedieran a retirar la cosa debida, no realizaran ninguna alegación o rechazaran la consignación, se dará traslado al promotor para que inste, en el plazo de cinco días, la devolución de lo consignado o el mantenimiento de la consignación.

En el caso que el promotor solicitara la devolución de lo consignado, se dará traslado de la petición al acreedor por cinco días, y si le autorizara a retirarlo, el Letrado de la Administración de Justicia dictará decreto acordando el archivo del expediente y el acreedor perderá toda preferencia que tuviere sobre la cosa y los copromotores y fiadores quedarán libres. Si la cosa fuera retirada por la exclusiva voluntad del promotor, el archivo del expediente dejará subsistente la obligación.

Cuando el promotor instara el mantenimiento de la consignación, el Letrado de la Administración de Justicia citará al promotor, al acreedor y a aquellos que pudieran estar interesados a una comparecencia a celebrar ante el Juez, en la que serán oídos y se practicarán aquellas pruebas que hubieren sido propuestas y acordadas.

5. El Juez, teniendo en cuenta la justificación ofrecida, la obligación y la concurrencia en la consignación de los requisitos que correspondan, resolverá declarando o no estar bien hecha la misma.

Si la resolución tuviere por bien hecha la consignación, ésta producirá los efectos legales procedentes, se entregará al acreedor la cosa consignada y se mandará cancelar la obligación si el promotor lo solicitare. En caso contrario, la obligación subsistirá y se devolverá al promotor lo consignado.

6. Los gastos ocasionados por la consignación serán de cuenta del acreedor si fuera aceptada o se declarase estar bien hecha. Esos gastos serán de cuenta del promotor si fuera declarada improcedente o retirase la cosa consignada.

TÍTULO VI. DE LOS EXPEDIENTES DE JURISDICCIÓN VOLUNTARIA RELATIVOS A LOS DERECHOS REALES

CAPÍTULO I. DE LA AUTORIZACIÓN JUDICIAL AL USUFRUCTUARIO PARA RECLAMAR CRÉDITOS VENCIDOS QUE FORMEN PARTE DEL USUFRUCTO

Artículo 100. *Ámbito de aplicación*

Se aplicarán las disposiciones de este Capítulo en los supuestos en los que el usufructuario pretenda reclamar y cobrar por sí los créditos vencidos que formen parte del usufructo, cuando esté dispensado de prestar fianza o no hubiese podido constituirla, o la constituida no fuese suficiente y no cuente con la autorización del propietario para hacerlo, así como para poner a interés el capital obtenido con dicha reclamación si no contara con el acuerdo del propietario.

Artículo 101. *Competencia y postulación*

1. Será competente para conocer de estos expedientes, cuya tramitación se ajustará a las normas comunes de la presente Ley, el Juzgado de Primera Instancia del último domicilio o en su defecto, de la última residencia del solicitante.

2. Para la actuación en estos expedientes no será preceptiva la intervención de Abogado ni de Procurador.

Artículo 102. *Solicitud*

El expediente se iniciará mediante solicitud del usufructuario, a la que se acompañarán los documentos o medios de prueba que acrediten su derecho, la existencia del crédito vencido que se pretenda reclamar o, en su caso, el importe cobrado al realizar el mismo y que pretenda poner a interés y la falta de la autorización del propietario. En el supuesto de que solicitara la autorización para poner a interés el capital obtenido tras cobrar el crédito vencido, deberá ofrecer garantías suficientes para conservar su integridad.

Artículo 103. *Tramitación y resolución*

1. Admitida a trámite por el Letrado de la Administración de Justicia la solicitud, convocará a la comparecencia al promotor, al propietario y a aquellos que pudieran estar interesados en el cobro del crédito, quienes serán oídos por

este orden. Posteriormente, se practicarán aquellas pruebas que hubieren sido propuestas y acordadas.

2. El Juez, teniendo en cuenta la justificación ofrecida y valorando la conveniencia del cobro del crédito que forma parte del usufructo o de la inversión del capital obtenido, resolverá concediendo o denegando la autorización solicitada.

Si la autorización otorgada fuera para cobrar un crédito vencido que forme parte del usufructo, deberá establecerse la obligación del usufructuario de informar periódicamente, dentro de los plazos otorgados, al tribunal sobre las gestiones realizadas, así como del resultado final.

Pero si la autorización lo fuera para poner a interés el capital obtenido por el cobro de ese crédito, la resolución deberá contener las garantías a establecer por el usufructuario para conservar la integridad del capital.

CAPÍTULO II. DEL EXPEDIENTE DE DESLINDE DE FINCAS NO INSCRITAS

Artículo 104. *Ámbito de aplicación*

Se aplicarán las disposiciones de este Capítulo cuando se pretenda obtener el deslinde de fincas que no estuvieran inscritas en el Registro de la Propiedad. Tratándose de fincas inscritas, se aplicará lo dispuesto en la legislación hipotecaria.

Tampoco resultarán de aplicación a los inmuebles cuya titularidad corresponda a las Administraciones Públicas, cuyo deslinde se practicará conforme a su legislación específica.

Artículo 105. *Competencia, legitimación y postulación*

1. Será competente para el conocimiento de este expediente el Letrado de la Administración de Justicia del Juzgado de Primera Instancia correspondiente al lugar donde estuviera situada la finca o la mayor parte de ella.

2. Se iniciará el expediente a instancia del titular del dominio de la finca o, de ser varios, de cualquiera de ellos, o del titular de cualquier derecho real de uso y disfrute sobre la misma.

3. En la tramitación del presente expediente será preceptiva la intervención de Abogado si el valor de la finca fuera superior a 6.000 euros.

Artículo 106. *Solicitud y tramitación*

1. El expediente se iniciará mediante escrito en el que se harán constar las circunstancias tanto de la finca que se pretende deslindar como las colindantes, así como los datos identificativos de los titulares de una y otras, incluidos los catastrales, con su domicilio si fuera conocido por el solicitante. Cuando el deslinde solicitado no se refiriera a la totalidad del perímetro de la finca, se determinará la parte a que haya de contraerse. Respecto de las fincas colindantes que aparezcan inscritas en el Registro de la Propiedad, deberá aportarse igualmente certificación registral.

El solicitante del deslinde deberá aportar, en todo caso, la certificación catastral descriptiva y gráfica de la finca objeto del deslinde y de las colindantes, así como los documentos o justificantes que sirvan de fundamento a su pretensión. Además, en caso de que el promotor manifieste que la representación gráfica catastral no coincide con la del deslinde solicitado, deberá aportar representación gráfica georreferenciada del mismo. En todo caso, la representación gráfica alternativa habrá de respetar el resto de la delimitación de las fincas afectadas que resulten de la cartografía catastral en lo no afectado por el deslinde. Dicha representación gráfica deberá estar debidamente georreferenciada y suscrita por técnico competente, de modo que permita su incorporación al Catastro una vez practicado el deslinde.

2. El Letrado de la Administración de Justicia, admitida la solicitud, comunicará el inicio del expediente a todos los interesados, quienes, en el plazo de quince días, podrán hacer las alegaciones y presentar las pruebas que estimen procedentes. Transcurrido el plazo, el Letrado de la Administración de Justicia dará traslado a dichos interesados de toda la documentación aportada y les citará al acto de deslinde a celebrar en el plazo de treinta días para buscar la avenencia entre ellos.

No se suspenderá la práctica del deslinde por la falta de asistencia de alguno de los dueños colindantes, quedando a salvo su derecho para demandar, en el juicio declarativo que corresponda, la posesión o propiedad de las que se creyese despojado en virtud del deslinde. De la misma forma, si antes de la comparecencia, el dueño de alguna de las fincas colindantes se opusiera al deslinde, archivará el expediente en relación a la parte de la finca lindante con la del opositor, reservando a las partes su derecho para que lo ejerciten en el juicio declarativo que corresponda, y continuará con el resto.

Artículo 107. *Resolución*

1. De lograrse el acuerdo, entre todos los interesados o parte de ellos, el Letrado de la Administración de Justicia hará constar en un acta todo cuanto acuerden y que el acto terminó con avenencia total o parcial respecto de alguno o algunos de los linderos, así como los términos de la misma, debiendo ser firmada por los comparecientes. Si no pudiere conseguirse acuerdo alguno, se hará constar que el acto terminó sin avenencia.

2. Finalizado el acto, el Letrado de la Administración de Justicia dictará decreto haciendo constar la avenencia, o que fue parcial respecto de alguno o algunos de los linderos, o que se celebró sin avenencia, acordándose el archivo definitivo de las actuaciones. Al decreto se incorporará el acta y, en todo caso, la certificación catastral descriptiva y gráfica y, en el supuesto de discordancia con esta, la representación gráfica alternativa aportada.

3. El Letrado de la Administración de Justicia remitirá testimonio del acta y del decreto al Catastro a los efectos de que puedan realizarse por este, en su caso, las alteraciones catastrales que correspondan, según su normativa reguladora.

TÍTULO VII. DE LOS EXPEDIENTES DE SUBASTAS VOLUNTARIAS

Artículo 108. *Ámbito de aplicación*

Se aplicarán las disposiciones de este título siempre que deba procederse, fuera de un procedimiento de apremio, a la enajenación en subasta de bienes o derechos determinados, a instancia del propio interesado.

Artículo 109. *Competencia y postulación*

1. Será competente el Juzgado de Primera Instancia que corresponda al domicilio del titular, y si fueran varios titulares, el correspondiente a cualquiera de ellos. Tratándose de bienes inmuebles será competente el del lugar donde éstos radiquen.

2. Para la actuación en este expediente no será preceptiva la intervención de Abogado y Procurador.

Artículo 110. *Solicitud*

1. Será necesario solicitud de iniciación del expediente, con la identificación y estado del bien o derecho, que deberá ir acompañada de los documentos siguientes:

a) Los que permitan acreditar la capacidad legal para contratar del solicitante.

b) Los que acrediten su poder de disposición sobre el objeto o derecho de la subasta. Cuando se trate de bienes o derechos registrables, se acompañará certificación registral de dominio y cargas.

c) El pliego de condiciones particulares con arreglo a las cuales haya de celebrarse la subasta y en donde se recogerá la valoración de los bienes o derechos a subastar.

2. En caso de existir arrendatarios u ocupantes del inmueble de cuya enajenación se trate, el solicitante deberá identificarlos en su solicitud inicial, procediéndose en tal caso, en la forma prescrita en el artículo 661 de la Ley de Enjuiciamiento Civil.

3. En la solicitud podrá pedirse al Letrado de la Administración de Justicia que acuerde la venta del bien o derecho por persona o entidad especializada. De estimarse procedente, el Letrado de la Administración de Justicia acordará dicha venta con sujeción a lo establecido en al artículo 641 de la Ley de Enjuiciamiento Civil en cuanto sea compatible con las disposiciones de este Título.

Artículo 111. *Tramitación*

1. El Letrado de la Administración de Justicia, antes de resolver sobre la solicitud, consultará el Registro Público Concursal a los efectos previstos en la legislación especial.

2. A la vista de la documentación, resolverá lo que proceda sobre la celebración de la subasta.

Si acordare su procedencia, el Letrado de la Administración de Justicia pondrá en conocimiento del Registro Público Concursal la existencia del expediente con expresa especificación del número de identificación fiscal del titular persona física o jurídica cuyo bien vaya a ser objeto de la subasta. El Registro Público Concursal notificará al Juzgado que esté conociendo del expediente la práctica de cualquier asiento que se lleve a cabo asociado al número de identificación fiscal notificado a los efectos previstos en la legislación concursal.

El Letrado de la Administración de Justicia pondrá en conocimiento del Registro Público Concursal la finalización del expediente cuando la misma se produzca.

3. Acordada su celebración, si se tratare de la subasta de un bien inmueble o derecho real inscrito en el Registro de la Propiedad o bienes muebles sujetos

a un régimen de publicidad registral similar al de aquéllos, el Letrado de la Administración de Justicia solicitará por procedimientos electrónicos certificación registral de dominio y cargas. El Registrador de la propiedad expedirá la certificación con información continuada por igual medio y hará constar por nota al margen del bien o derecho esta circunstancia. Esta nota producirá el efecto de indicar la situación de venta en subasta del bien o derecho y caducará a los seis meses de su fecha salvo que con anterioridad el Letrado de la Administración de Justicia notifique al Registrador el cierre del expediente o su suspensión, en cuyo caso el plazo se computará desde que el Letrado de la Administración de Justicia notifique su reanudación.

El Registrador notificará, inmediatamente y de forma telemática, al Letrado de la Administración de Justicia y al Portal de Subastas de la Agencia Estatal Boletín Oficial del Estado el hecho de haberse presentado otro u otros títulos que afecten o modifiquen la información inicial.

El portal de subastas recogerá la información proporcionada por el Registro de modo inmediato para su traslado a los que consulten su contenido.

4. La subasta se llevara a cabo, en todo caso, de forma electrónica en el Portal de Subastas de la Agencia Estatal Boletín Oficial del Estado, bajo la responsabilidad del Letrado de la Administración de Justicia, por lo que serán de aplicación las disposiciones de la Ley de Enjuiciamiento Civil al respecto, en cuanto sean compatibles con lo previsto en este Título.

5. La publicidad y celebración de la subasta se ajustará a lo establecido en la Ley de Enjuiciamiento Civil en todo aquello que no esté previsto en el pliego de condiciones particulares. En los edictos se expresará el pliego de condiciones.

6. Terminada la subasta, el Letrado de la Administración de Justicia, mediante decreto, aprobará el remate en favor del único o mejor postor, siempre y cuando cubra el tipo mínimo que hubiera fijado el solicitante o no se hubiere reservado expresamente el derecho a aprobarla, en cuyo caso se le dará vista del expediente para que en el término de tres días pida lo que le interese. Igual comunicación se le dará en el caso de que por algún licitador se hiciere la oferta de aceptar el remate modificando algunas de las condiciones.

Si el solicitante aprueba el remate o acepta la proposición, se resolverá teniendo por aprobado el remate en favor del licitador de la misma.

7. Cuando en la subasta no hubiere ningún postor o el solicitante no hubiera aceptado la proposición, se sobreseerá el expediente.

8. El decreto de adjudicación contendrá la descripción del bien o derecho, la identificación de los intervinientes, expresión de las condiciones de la adjudicación y los demás requisitos necesarios, en su caso, para la inscripción registral. Un testimonio de dicha resolución, que se entregará al adjudicatario, será título suficiente para la práctica de las inscripciones registrales que, en su caso, correspondan.

TÍTULO VIII. DE LOS EXPEDIENTES DE JURISDICCIÓN VOLUNTARIA EN MATERIA MERCANTIL

CAPÍTULO I. DE LA EXHIBICIÓN DE LIBROS DE LAS PERSONAS OBLIGADAS A LLEVAR CONTABILIDAD

Artículo 112. *Ámbito de aplicación*

La exhibición de libros, documentos y soportes contables de la persona obligada a llevarlos, en los casos en los que proceda conforme a la ley y con el alcance que éstas determinen, se podrá solicitar mediante este expediente, siempre que no exista norma especial aplicable al caso.

Artículo 113. *Competencia y postulación*

1. La competencia corresponderá al Juzgado de lo Mercantil del domicilio de la persona obligada a la exhibición, o del establecimiento a cuya contabilidad se refieran los libros y documentos de cuya exhibición se trate.

2. En la tramitación de estos expedientes será preceptiva la intervención de Abogado y Procurador.

Artículo 114. *Tramitación*

1. La solicitud se tramitará con arreglo a las normas comunes reguladas en esta Ley, debiendo constar el derecho o interés legítimo del solicitante y especificando los asientos que deben ser examinados o su contenido en la forma más exacta posible, así como el objeto y finalidad de la solicitud.

Admitida la solicitud por el Letrado de la Administración de Justicia, éste citará a una comparecencia ante el Juez a quienes hayan de intervenir en el expediente. El Juez resolverá sobre la solicitud motivadamente en la propia comparecencia, documentándose con posterioridad por el Letrado de la Administración de Justicia, o en los cinco días siguientes a su finalización mediante auto.

2. Si se estimare la solicitud, se ordenará que se pongan de manifiesto los libros y documentos que proceda examinar, especificando el alcance de la exhibición, requiriendo a tal fin a la persona obligada y señalando día y hora para la exhibición. Si se solicitase por el requerido algún horario concreto con el fin de no perturbar sus actividades, el Juez acordará lo que proceda, oídos los interesados. De manera motivada, y con carácter excepcional, el Juez podrá reclamar que se presenten en el Juzgado los libros o su soporte informático, siempre que se especifiquen los asientos que deben ser examinados.

Artículo 115. *Forma de realizar la exhibición*

1. La persona obligada a la exhibición tiene el deber de colaborar y facilitar el acceso a la documentación requerida para que el solicitante pueda proceder a su examen.

2. La exhibición se realizará ante el Letrado de la Administración de Justicia en el domicilio o establecimiento de la persona obligada a llevar los libros, o mediante su aportación en soporte informático si así se hubiera acordado, y el solicitante podrá examinar los libros, documentos o soportes especificados por sí o con la colaboración de los expertos que haya designado en su solicitud y que el Juez haya autorizado, levantándose por el Letrado de la Administración de Justicia acta de lo actuado.

Artículo 116. *Multas coercitivas*

1. Si la persona obligada a la exhibición se negara injustificadamente, obstaculizara o quebrantara el deber de colaborar y facilitar el acceso a la documentación solicitada, será requerida por el Letrado de la Administración de Justicia, a instancia del solicitante, para que lo haga y se abstenga de reiterar el quebrantamiento, con apercibimiento de la imposición de multa y de incurrir en un delito de desobediencia a la autoridad judicial.

2. Si el incumplimiento persistiere, el Letrado de la Administración de Justicia, tras oír al requerido, para asegurar el cumplimiento de la orden, podrá imponer mediante decreto y respetando el principio de proporcionalidad, multas coercitivas de hasta 300 euros al día, que se ingresarán en el Tesoro Público.

Para determinar la cuantía de la multa el Letrado de la Administración de Justicia deberá tener en cuenta las circunstancias del hecho de que se trate, así como los perjuicios que al otro interesado se hubieren podido causar.

CAPÍTULO II. DE LA CONVOCATORIA DE JUNTAS GENERALES

Artículo 117. *Ámbito de aplicación*

El expediente previsto en este capítulo se aplicará en todos los casos en que las leyes permitan solicitar la convocatoria de una junta general, sea ordinaria o extraordinaria.

Artículo 118. *Competencia, legitimación y postulación*

1. Será competente el Juzgado de lo Mercantil del domicilio social de la entidad a la que se haga referencia.

2. Podrá solicitar la convocatoria quien resulte legitimado para ello por las correspondientes leyes.

3. Para la actuación en este expediente será preceptiva la intervención de Abogado y Procurador.

Artículo 119. *Tramitación*

1. El expediente se iniciará mediante escrito solicitando la convocatoria de la junta, en donde se hará constar la concurrencia de los requisitos exigidos legalmente en cada caso, acompañando los estatutos, los documentos que justifiquen la legitimación y el cumplimiento de dichos requisitos.

2. Si la junta fuera ordinaria, la solicitud deberá fundamentarse en que no se ha reunido dentro de los plazos legalmente establecidos. Si la junta solicitada fuera extraordinaria, se expresarán los motivos de la solicitud y el orden del día que se solicita.

3. También se podrá solicitar en el escrito que se designe un presidente y secretario para la junta distintos de los que corresponda estatutariamente.

4. Admitida la solicitud, el Letrado de la Administración de Justicia señalará día y hora para la comparecencia, a la que se citará al órgano de administración.

5. Si accediere a lo solicitado, convocará la junta general en el plazo de un mes desde que hubiera sido formulada la solicitud, indicando lugar, día y hora para la celebración, así como el orden del día, y designará al presidente y secretario de la misma. El lugar establecido deberá ser el fijado en los Estatutos, y si no lo estuviera deberá estar dentro del término municipal donde radique el domicilio de la sociedad.

Si se solicitare simultáneamente la celebración de una junta ordinaria y extraordinaria podrá acordarse que se celebren conjuntamente.

Contra el decreto por el que se acuerde la convocatoria de la junta general no cabrá recurso alguno.

6. Una vez obtenida la aceptación de quien haya sido designado para presidirla, la resolución convocando a la junta deberá ser notificada al solicitante y al administrador.

En caso de no aceptación de la persona designada, el Letrado de la Administración de Justicia nombrará a otra que la sustituya.

CAPÍTULO III. DEL NOMBRAMIENTO Y REVOCACIÓN DE LIQUIDADOR, AUDITOR O INTERVENTOR DE UNA ENTIDAD

Artículo 120. *Ámbito de aplicación*

En todos aquellos casos en que la ley prevea la posibilidad de solicitar al Letrado de la Administración de Justicia el nombramiento de liquidador, auditor o interventor, se seguirá el expediente previsto en este Capítulo.

Para la revocación o cese de los nombramientos, cuando sea necesario que se realice por el Letrado de la Administración de Justicia, se seguirá el mismo expediente.

Artículo 121. *Competencia, legitimación y postulación*

1. La competencia para el nombramiento de liquidador, auditor e interventor corresponderá al Juzgado de lo Mercantil del domicilio social de la entidad a la que se haga referencia.

2. Podrá solicitar el nombramiento de liquidador, auditor o interventor quien resulte legitimado para ello por las correspondientes leyes.

3. En la tramitación de estos expedientes será preceptiva la intervención de Abogado y Procurador.

Artículo 122. *Tramitación*

1. El expediente se iniciará mediante escrito en que se solicitará el nombramiento de liquidador, auditor e interventor y se hará constar la concurrencia de los requisitos exigidos legalmente en cada caso, acompañando los documentos en que se apoye la solicitud.

2. Examinada la solicitud y la documentación aportada, el Letrado de la Administración de Justicia convocará a una comparecencia, citando a los inte-

resados que, conforme a la ley, hayan de intervenir en el expediente. Los administradores que no hubieran promovido el expediente serán citados a dicha comparecencia y se les dará traslado del escrito de solicitud.

Artículo 123. *Resolución y aceptación del cargo*

1. El Letrado de la Administración de Justicia resolverá el expediente por medio de decreto, que dictará en el plazo de cinco días a contar desde la terminación de la comparecencia.

2. La decisión se notificará a los nombrados para su aceptación del cargo. Aceptado el nombramiento, se les proveerá de la acreditación correspondiente.

3. El testimonio de la resolución se remitirá al Registro Mercantil que corresponda para su inscripción.

CAPÍTULO IV. DE LA REDUCCIÓN DE CAPITAL SOCIAL Y DE LA AMORTIZACIÓN O ENAJENACIÓN DE LAS PARTICIPACIONES O ACCIONES

Artículo 124. *Ámbito de aplicación, competencia y postulación*

1. En todos aquellos casos en que la ley prevea la posibilidad de solicitar al Letrado de la Administración de Justicia la reducción de capital social o la amortización o enajenación de las participaciones o acciones de una sociedad, se seguirá el expediente general previsto en esta ley.

2. La competencia corresponderá al Juzgado de lo Mercantil del domicilio social de la entidad a la que se haga referencia.

3. En la tramitación de estos expedientes será preceptiva la intervención de Abogado y Procurador.

CAPÍTULO V. DE LA DISOLUCIÓN JUDICIAL DE SOCIEDADES

Artículo 125. *Ámbito de aplicación*

Se aplicará el expediente regulado en este Capítulo a la disolución judicial de una sociedad en los casos en que proceda conforme a la ley.

Artículo 126. *Competencia, legitimación y postulación*

1. La competencia para proceder a la disolución judicial de una sociedad corresponderá al Juzgado de lo Mercantil de su domicilio social.

2. Están legitimados para instar la disolución judicial de la sociedad los administradores, los socios y cualquier interesado.

3. En la tramitación de estos expedientes será preceptiva la intervención de Abogado y Procurador.

Artículo 127. *Tramitación*

1. El expediente se iniciará mediante escrito en que se hará constar la concurrencia de los requisitos exigidos legalmente para proceder a la disolución judicial de la sociedad, acompañando los documentos en que se apoye la solicitud.

Cuando la solicitud se presente por un sujeto legitimado distinto de los administradores, se deberá acreditar que se ha procedido a notificar a la sociedad la solicitud de disolución.

2. El Letrado de la Administración de Justicia dará traslado del escrito a los administradores, si no hubieran promovido el expediente, y convocará una comparecencia citando a éstos y a los demás interesados que, conforme a la ley, hayan de intervenir en el expediente.

Artículo 128. *Resolución*

1. El Juez resolverá el expediente por medio de auto en el plazo de cinco días a contar desde la terminación de la comparecencia.

2. En el supuesto de que el Juez declare disuelta la sociedad, el auto incluirá la designación de las personas que vayan a desempeñar el cargo de liquidadores, y un testimonio del mismo se remitirá al Registro Mercantil que corresponda para su inscripción.

CAPÍTULO VI. DE LA CONVOCATORIA DE LA ASAMBLEA GENERAL DE OBLIGACIONISTAS

Artículo 129. *Ámbito de aplicación*

El expediente previsto en este capítulo se aplicará en todos los casos en que las leyes permitan solicitar la convocatoria de una asamblea general de obligacionistas.

Artículo 130. *Competencia, legitimación y postulación*

1. Será competente el Juzgado de lo Mercantil del domicilio social de la entidad emisora de las obligaciones.

2. Podrá solicitar la convocatoria quien resulte legitimado para ello de acuerdo con el ordenamiento jurídico.

3. Para la actuación en este expediente será preceptiva la intervención de Abogado y Procurador.

Artículo 131. *Tramitación*

1. El expediente se iniciará mediante escrito solicitando la convocatoria de la asamblea, en donde se hará constar la concurrencia de los requisitos exigidos legalmente en cada caso, acompañando los estatutos sociales y, en su caso, el reglamento del sindicato, los documentos que justifiquen la legitimación y el cumplimiento de dichos requisitos.

Admitida la solicitud, el Letrado de la Administración de Justicia señalará día y hora para la comparecencia, a la que citará al comisario designado en la escritura de emisión y a los promotores de la asamblea.

2. Celebrada la comparecencia, dictará decreto en el que, si procede, convocará la asamblea general de obligacionistas para la constitución del Sindicato de Obligacionistas, pudiendo designar un nuevo comisario en sustitución del que no hubiera cumplido con su obligación de convocar la asamblea.

Contra el decreto por el que se acuerde la convocatoria de la asamblea general no cabrá recurso alguno.

3. El Letrado de la Administración de Justicia convocará la asamblea en el plazo de un mes desde que hubiera sido formulada la solicitud, indicando lugar, día y hora para la celebración, así como el orden del día, de conformidad con el reglamento del sindicato y el contenido de la solicitud.

CAPÍTULO VII. DEL ROBO, HURTO, EXTRAVÍO O DESTRUCCIÓN DE TÍTULO VALOR O REPRESENTACIÓN DE PARTES DE SOCIO

Artículo 132. *Ámbito de aplicación*

Se aplicarán las disposiciones de este capítulo cuando se solicite la adopción de las medidas previstas en la legislación mercantil en los casos de robo, hurto, extravío o destrucción de títulos valor o de representación de partes de socio.

Artículo 133. *Competencia, legitimación y postulación*

1. Será competente el Juzgado de lo Mercantil del lugar de pago cuando se trate de un título de crédito; del lugar de depósito en el caso de títulos de depósito, o el del lugar del domicilio de la entidad emisora cuando los títulos fueran valores mobiliarios, según proceda.

2. Estarán legitimados para iniciar el expediente regulado en este capítulo los poseedores legítimos de los títulos que hubieren sido desposeídos de los mismos, así como los que hubieren sufrido su destrucción o extravío.

3. Para la actuación en este expediente será preceptiva la intervención de Abogado y Procurador.

Artículo 134. *Denuncia del hecho en el caso de valores admitidos a negociación en mercados secundarios oficiales*

1. Podrá el legitimado según el artículo anterior, si su valor estuviere admitido a negociación en alguna Bolsa u otro mercado secundario oficial, dirigirse a la Sociedad Rectora del mercado secundario oficial correspondiente al domicilio de la entidad emisora para denunciar el robo, hurto, destrucción o extravío del título.

2. La Sociedad Rectora del mercado secundario oficial correspondiente lo comunicará a las restantes Sociedades Rectoras, que lo publicarán en el tablón de anuncios para impedir la transmisión del título o títulos afectados. Igualmente, se publicará la denuncia en el Tablón Judicial Edictal Único y, si lo solicitara el denunciante, en un periódico de gran circulación a su elección.

El Real Decreto-ley 6/2023 da una nueva redacción al apartado 2.

3. El denunciante deberá solicitar la iniciación del expediente regulado en este capítulo en el plazo máximo de nueve días a contar desde la formalización de la denuncia.

4. Si no se notificase a la Sociedad Rectora del mercado secundario oficial la incoación del expediente, levantará la interdicción de los valores, lo comunicará a las Sociedades Rectoras de las restantes Bolsas o mercados oficiales y lo hará público mediante su fijación en el tablón de anuncios.

Artículo 135. *Tramitación*

1. El expediente se iniciará mediante un escrito en el que el interesado justificará su legitimación para promoverlo. Si se hubiere denunciado la desposesión del valor ante la Sociedad Rectora del mercado secundario oficial correspondiente, deberá hacerse constar, expresando la fecha de la presentación de la denuncia.

2. Incoado el expediente, el Letrado de la Administración de Justicia lo comunicará al emisor de los valores y, si se tratara de un título admitido a

negociación, a la Sociedad Rectora del mercado secundario oficial correspondiente, a los efectos previstos en el artículo anterior.

3. El Letrado de la Administración de Justicia acordará el anuncio de la incoación del expediente en el «Boletín Oficial del Estado» y en un periódico de gran circulación en su provincia y dispondrá la citación de quien pueda estar interesado en el expediente.

4. Celebrada la comparecencia, el Letrado de la Administración de Justicia dictará decreto en el que se pronunciará acerca de la prohibición de negociar o transmitir los valores, de la suspensión del pago del capital, intereses o dividendos, o bien del depósito de las mercancías, según proceda en atención al título de que se trate y, en su caso, ratificará la prohibición de negociación acordada por la Sociedad Rectora del mercado secundario oficial correspondiente.

5. Sin perjuicio de lo dispuesto en el apartado anterior, cuando se tratase de un título de tradición, no procederá el depósito de las mercancías si fueran de imposible, difícil o muy costosa conservación o corrieran el peligro de sufrir grave deterioro o de disminuir considerablemente de valor. En ese caso, el Letrado de la Administración de Justicia instará al porteador o al depositario, previa audiencia del tenedor del título, que entregue las mercancías al solicitante si éste hubiera prestado caución suficiente por el valor de las mercancías depositadas, más la eventual indemnización de los daños y perjuicios al tenedor del título si se acreditara posteriormente que el solicitante no tenía derecho a la entrega.

6. A petición del solicitante, el Letrado de la Administración de Justicia podrá nombrar un administrador para el ejercicio de los derechos de asistencia y de voto a las juntas generales y especiales de accionistas correspondientes a los títulos que fueran valores mobiliarios, así como para la impugnación de los acuerdos sociales. La retribución del nombrado correrá a cargo del solicitante.

7. Transcurrido el plazo de seis meses sin que se haya suscitado controversia, el Letrado de la Administración de Justicia autorizará al que promovió el expediente a cobrar los rendimientos que produzca el título, comunicándoselo, a instancia de éste, al emisor para que pueda proceder a su pago.

El Letrado de la Administración de Justicia podrá, si lo considera oportuno, exigir al perceptor de los rendimientos una fianza que garantice, en su caso, la devolución de los mismos.

8. Transcurrido el plazo de un año sin mediar oposición, el Letrado de la Administración de Justicia ordenará al emisor la expedición de nuevos títulos que se entregarán al solicitante.

9. En ningún caso procederá la anulación del título o títulos, si el tenedor actual que formule oposición los hubiera adquirido de buena fe conforme a la ley de circulación del propio título.

En caso de que no fuera procedente la anulación del título o títulos, quien hubiera sido tenedor legítimo en el momento de la pérdida de la posesión tendrá las acciones civiles o penales que correspondan contra aquella persona que hubiera adquirido de mala fe la posesión del documento.

CAPÍTULO VIII. DEL NOMBRAMIENTO DE PERITO EN LOS CONTRATOS DE SEGURO

Artículo 136. *Ámbito de aplicación*

Se aplicará el expediente regulado en este capítulo cuando en el contrato de seguro, conforme a su legislación específica, no haya acuerdo entre los peritos nombrados por el asegurador y el asegurado para determinar los daños producidos y aquéllos no estén conformes con la designación de un tercero.

Artículo 137. *Competencia, legitimación y postulación*

1. Será competente para el conocimiento de este expediente el Juzgado de lo Mercantil del lugar del domicilio del asegurado.

2. Podrán promover este expediente cualquiera de las partes del contrato de seguro o ambas conjuntamente.

3. En la tramitación de este expediente no será preceptiva la intervención de Abogado y Procurador.

Artículo 138. *Tramitación*

1. Se iniciará el expediente mediante escrito presentado por cualquiera de los interesados en el que se hará constar el hecho de la discordia de los peritos designados por los interesados para valorar los daños sufridos, solicitando el nombramiento de un tercer perito. Al escrito se acompañará la póliza de seguro y los dictámenes de los peritos.

2. Admitida a trámite la solicitud, se convocará a una comparecencia, en la que el Letrado de la Administración de Justicia instará a los interesados a que se pongan de acuerdo en el nombramiento de otro perito y, si no hubiere acuerdo, procederá a nombrarlo con arreglo a las normas de la Ley de Enjuiciamiento Civil.

3. Verificado el nombramiento, se hará saber al designado para que manifieste si acepta o no el cargo, lo que podrá realizar alegando justa causa.

4. Aceptado el cargo, se le proveerá del consiguiente nombramiento, debiendo emitir el dictamen en el plazo de treinta días, el cual se incorporará al expediente, dándose por finalizado el mismo.

TÍTULO IX. DE LA CONCILIACIÓN

Artículo 139. *Procedencia de la conciliación*

1. Se podrá intentar la conciliación con arreglo a las previsiones de este Título para alcanzar un acuerdo con el fin de evitar un pleito. La utilización de este expediente para finalidades distintas de la prevista en el párrafo anterior y que suponga un manifiesto abuso de derecho o entrañe fraude de ley o procesal tendrá como consecuencia la inadmisión de plano de la petición.

2. No se admitirán a trámite las peticiones de conciliación que se formulen en relación con:

1.º Los juicios en que estén interesados los menores y las personas con discapacidad con medidas de apoyo para el ejercicio de su capacidad jurídica para la libre administración de sus bienes.

> La Ley 8/2021, de 2 de junio, sustituye la expresión «personas con capacidad modificada judicialmente para la libre administración de sus bienes» se sustituye por «personas con discapacidad con medidas de apoyo para el ejercicio de su capacidad jurídica».

2.º Los juicios en que estén interesados el Estado, las Comunidades Autónomas y las demás Administraciones públicas, Corporaciones o Instituciones de igual naturaleza.

3.º El proceso de reclamación de responsabilidad civil contra Jueces y Magistrados.

4.º En general, los que se promuevan sobre materias no susceptibles de transacción ni compromiso.

Artículo 140. *Competencia*

1. Será competente para conocer de los actos de conciliación el Juez de Paz o el Letrado de la Administración de Justicia del Juzgado de Primera Instancia o del Juzgado de lo Mercantil, cuando se trate de materias de su competencia, del domicilio del requerido. Si no lo tuviera en territorio nacional, el de su última residencia en España. No obstante lo anterior, si la cuantía de la

petición fuera inferior a 6.000 euros y no se tratara de cuestiones atribuidas a los Juzgados de lo Mercantil la competencia corresponderá, en su caso a los Jueces de Paz.

Si el requerido fuere persona jurídica, será asimismo competente el del lugar del domicilio del solicitante, siempre que en dicho lugar tenga el requerido delegación, sucursal, establecimiento u oficina abierta al público o representante autorizado para actuar en nombre de la entidad, debiendo acreditar dicha circunstancia.

Si tras la realización de las correspondientes averiguaciones sobre el domicilio o residencia, éstas fueran infructuosas o el requerido de conciliación fuera localizado en otro partido judicial, el Letrado de la Administración de Justicia dictará decreto o el Juez de Paz auto dando por terminado el expediente, haciendo constar tal circunstancia y reservando al solicitante de la conciliación el derecho a promover de nuevo el expediente ante el Juzgado competente.

2. Si se suscitaren cuestiones de competencia del Juzgado o de recusación del Letrado de la Administración de Justicia o Juez de Paz ante quien se celebre el acto de conciliación, se tendrá por intentada la comparecencia sin más trámites.

Artículo 141. *Solicitud*

1. El que intente la conciliación presentará ante el órgano competente solicitud por escrito en la que se consignarán los datos y circunstancias de identificación del solicitante y del requerido o requeridos de conciliación, el domicilio o los domicilios en que pueden ser citados, el objeto de la conciliación que se pretenda y la fecha, determinando con claridad y precisión cuál es el objeto de la avenencia.

El solicitante podrá igualmente formular su solicitud de conciliación cumplimentando unos impresos normalizados que, a tal efecto, se hallarán a su disposición en el órgano correspondiente.

2. Podrán acompañarse a la solicitud aquellos documentos que el solicitante considere oportunos.

3. En los expedientes de conciliación no será preceptiva la intervención de Abogado ni Procurador.

Artículo 142. *Admisión, señalamiento y citación*

1. El Letrado de la Administración de Justicia o Juez de Paz, en los cinco días hábiles siguientes a aquel en que se presente la solicitud, dictará resolución sobre su admisión y citará a los interesados, señalando el día y hora en que haya de tener lugar el acto de conciliación.

2. Entre la citación y el acto de conciliación deberán mediar al menos cinco días. En ningún caso podrá demorarse la celebración del acto de conciliación más de diez días desde la admisión de la solicitud.

Artículo 143. *Efectos de la admisión*

La presentación con ulterior admisión de la solicitud de conciliación interrumpirá la prescripción, tanto adquisitiva como extintiva, en los términos y con los efectos establecidos en la ley, desde el momento de su presentación.

El plazo para la prescripción volverá a computarse desde que recaiga decreto del Letrado de la Administración de Justicia o auto del Juez de Paz poniendo término al expediente.

Artículo 144. *Comparecencia al acto de conciliación*

1. Las partes deberán comparecer por sí mismas o por medio de Procurador, siendo de aplicación las normas sobre representación recogidas en el Título I del Libro I de la Ley de Enjuiciamiento Civil.

2. Si no compareciere el solicitante ni alegare justa causa para no concurrir, se le tendrá por desistido y se archivará el expediente. El requerido podrá reclamar al solicitante la indemnización de los daños y perjuicios que su comparecencia le haya originado, si el solicitante no acreditare que su incomparecencia se debió a justa causa. De la reclamación se dará traslado por cinco días al solicitante, y resolverá el Letrado de la Administración de Justicia o el Juez de Paz, sin ulterior recurso, fijando, en su caso, la indemnización que corresponda.

3. Si el requerido de conciliación no compareciere ni alegare justa causa para no concurrir, se pondrá fin al acto, teniéndose la conciliación por intentada a todos los efectos legales. Si, siendo varios los requeridos, concurriese sólo alguno de ellos, se celebrará con él el acto y se tendrá por intentada la conciliación en cuanto a los restantes.

4. Si el Letrado de la Administración de Justicia o el Juez de Paz, en su caso, considerase acreditada la justa causa alegada por el solicitante o reque-

rido para no concurrir, se señalará nuevo día y hora para la celebración del acto de conciliación en el plazo de los cinco días siguientes a la decisión de suspender el acto.

Artículo 145. *Celebración del acto de conciliación*

1. En el acto de conciliación expondrá su reclamación el solicitante, manifestando los fundamentos en que la apoye; contestará el requerido lo que crea conveniente y podrán los intervinientes exhibir o aportar cualquier documento en que funden sus alegaciones. Si no hubiera avenencia entre los interesados, el Letrado de la Administración de Justicia o el Juez de Paz procurará avenirlos, permitiéndoles replicar y contrarreplicar, si quisieren y ello pudiere facilitar el acuerdo.

2. Si se alegare alguna cuestión que pueda impedir la válida prosecución del acto de conciliación se dará por terminado el acto y se tendrá por intentada la conciliación sin más trámites.

3. Si hubiere conformidad entre los interesados en todo o en parte del objeto de la conciliación, se hará constar detalladamente en un acta todo cuanto acuerden y que el acto terminó con avenencia así como los términos de la misma, debiendo ser firmada por los comparecientes. Si no pudiere conseguirse acuerdo alguno, se hará constar que el acto terminó sin avenencia.

4. El desarrollo de la comparecencia se registrará, si fuera posible, en soporte apto para la grabación y reproducción del sonido y de la imagen, de conformidad con lo dispuesto en la Ley de Enjuiciamiento Civil. Finalizado el acto, el Letrado de la Administración de Justicia dictará decreto o el Juez de Paz dictará auto haciendo constar la avenencia o, en su caso, que se intentó sin efecto o que se celebró sin avenencia, acordándose el archivo definitivo de las actuaciones.

Artículo 146. *Testimonio y gastos*

Las partes podrán solicitar testimonio del acta que ponga fin al acto de conciliación. Los gastos que ocasionare el acto de conciliación serán de cuenta del que lo hubiere promovido.

Artículo 147. *Ejecución*

1. A los efectos previstos en el artículo 517.2.9º de la Ley de Enjuiciamiento Civil, el testimonio del acta junto con el del decreto del Letrado de

la Administración de Justicia o del auto del Juez de Paz haciendo constar la avenencia de las partes en el acto de conciliación, llevará aparejada ejecución.

A otros efectos, lo convenido tendrá el valor y eficacia de un convenio consignado en documento público y solemne.

2. Será competente para la ejecución el mismo Juzgado que tramitó la conciliación cuando se trate de asuntos de la competencia del propio Juzgado. En los demás casos será competente para la ejecución el Juzgado de Primera Instancia a quien hubiere correspondido conocer de la demanda.

3. La ejecución se llevará a cabo conforme a lo establecido en la Ley de Enjuiciamiento Civil para la ejecución de sentencias y convenios judicialmente aprobados.

Artículo 148. *Acción de nulidad*

1. Contra lo convenido en el acto de conciliación sólo podrá ejercitarse la acción de nulidad por las causas que invalidan los contratos.

2. La demanda ejercitando dicha acción deberá interponerse en un plazo de quince días desde que se celebró la conciliación ante el tribunal competente y se sustanciará por los trámites del juicio que corresponda a su materia o cuantía.

3. Acreditado el ejercicio de la acción de nulidad, quedará en suspenso la ejecución de lo convenido en acto de conciliación hasta que se resuelva definitivamente sobre la acción ejercitada.

DISPOSICIONES ADICIONALES

Primera. *Referencias contenidas en la legislación*

1. Las referencias que efectúen leyes de fecha anterior a la presente a las competencias del Juez en relación con los asuntos de jurisdicción voluntaria, se entenderán hechas al Juez o al Letrado de la Administración de Justicia con arreglo a lo dispuesto en el apartado 3 del artículo 2 de esta Ley.

Asimismo, las referencias que figuren en normas de fecha anterior a esta Ley relativas a la Ley de Enjuiciamiento Civil en cuanto a asuntos de jurisdicción voluntaria, se entenderán hechas a la presente Ley.

2. Las referencias que figuren en normas de fecha anterior a esta Ley a separación o divorcio judicial se entenderán hechas a separación o divorcio legal. En el mismo sentido las referencias existentes a «separación de hecho

por mutuo acuerdo que conste fehacientemente» deberán entenderse a la separación notarial.

3. Las referencias realizadas en esta Ley al Código Civil o a la legislación civil deberá entenderse realizada también a las leyes civiles forales o especiales allí donde existan.

Segunda. *Régimen jurídico aplicable al acogimiento de menores*

1. El expediente para la constitución del acogimiento de menores se regirá por las disposiciones comunes establecidas en la presente ley, con las siguientes especialidades:

a) Cuando requiera decisión judicial, será promovido por el Ministerio Fiscal o por la Entidad Pública correspondiente, debiendo contener la propuesta presentada por ésta las menciones establecidas en la legislación civil.

El Juez recabará el consentimiento de la Entidad Pública, si no fuera la promotora del expediente; de las personas que reciban al menor; y de éste, si fuere mayor de 12 años, así como de los progenitores que no estuvieren privados de la patria potestad ni suspendidos en su ejercicio o, en su caso, del tutor.

Los progenitores no podrán alegar en el expediente si hubo o no causa de desamparo o si, de haberla, ha mediado después la rehabilitación.

Obtenidos los consentimientos y realizadas las audiencias con la debida reserva, dictará la resolución que proceda en interés del menor en el plazo de cinco días.

b) Cuando no haya podido conocerse el domicilio o paradero de los progenitores o tutores, agotados los medios previstos por el apartado 1 del artículo 156 de la Ley de Enjuiciamiento Civil, o si citados personalmente no comparecieran, se prescindirá del trámite y el Juez resolverá sobre el acogimiento.

c) Si los progenitores comunican al Tribunal que esté conociendo del correspondiente expediente que pretenden impugnar la declaración de desamparo mediante la formulación de demanda, o promover el procedimiento a efectos de rehabilitación, el Letrado de la Administración de Justicia, con suspensión del expediente, señalará el plazo de veinte días para la presentación de la demanda. Presentada la demanda, el Tribunal podrá suspender el expediente hasta que recaiga resolución en dicho procedimiento. Si no se presentara la demanda en el plazo fijado, por el Letrado de la Administración de Justicia se continuará con la tramitación del expediente.

2. El expediente de cesación del acogimiento acordado judicialmente se iniciará de oficio o a petición del menor, de su representante legal, de la Entidad Pública, del Ministerio Fiscal o de las personas que lo tengan acogido.

Tras oír a la Entidad Pública, al menor, a su representante legal y a los que lo tengan acogido, y previo informe del Ministerio Fiscal, el Juez resolverá lo que estime procedente dentro de los cinco días siguientes.

3. El expediente para adoptar medidas en cuantos asuntos se planteen respecto a las relaciones de los menores en régimen de acogimiento con sus progenitores, sus abuelos y demás parientes y allegados será tramitado ante el Juzgado de Primera Instancia de la sede de la Entidad Pública que tenga encomendada la protección del menor. No obstante, si el acogimiento hubiera sido establecido por resolución judicial, será competente para conocer del expediente el Juzgado de Primera Instancia que lo hubiera acordado.

Están legitimados para promover este expediente el menor, ambos progenitores, individual o conjuntamente, sus abuelos y demás parientes y allegados.

Si el Juez estimara procedente la adopción de medidas, la resolución establecerá el régimen de estancia, relación y comunicación del menor con el solicitante o solicitantes, así como las demás medidas que se refieran a sus relaciones y sean procedentes en el caso.

4. Este régimen será de aplicación hasta la entrada en vigor de las leyes de modificación del sistema de protección a la infancia y a la adolescencia.

Tercera. *Inscripción en los registros públicos de documentos públicos extranjeros*

1. Un documento público extranjero no dictado por un órgano judicial es título para inscribir el hecho o acto de que da fe siempre que cumpla los siguientes requisitos:

a) Que el documento ha sido otorgado por autoridad extranjera competente conforme a la legislación de su Estado.

b) Que la autoridad extranjera haya intervenido en la confección del documento desarrollando funciones equivalentes a las que desempeñan las autoridades españolas en la materia de que se trate y surta los mismos o más próximos efectos en el país de origen.

c) Que el hecho o acto contenido en el documento sea válido conforme al ordenamiento designado por las normas españolas de Derecho internacional privado.

d) Que la inscripción del documento extranjero no resulte manifiestamente incompatible con el orden público español.

2. El régimen jurídico contemplado en el presente artículo para las resoluciones dictadas por autoridades no judiciales extranjeras será aplicable a las resoluciones pronunciadas por órganos judiciales extranjeros en materias cuya competencia corresponda, según esta ley, al conocimiento de autoridades españolas no judiciales.

Cuarta. *Aranceles notariales y registrales*

El Gobierno aprobará en el plazo de tres meses a contar desde su publicación en el «Boletín Oficial del Estado» los aranceles correspondientes a la intervención de los Notarios y Registradores de la Propiedad y Mercantiles respecto de los asuntos, actas, escrituras públicas, expedientes, hechos y actos inscribibles para los que resulten competentes conforme a lo dispuesto en esta Ley.

En todo caso, el arancel de los expedientes de designación notarial de peritos prevista en la normativa del contrato de seguro se percibirá sin atención a la cuantía posible del negocio peritado.

Quinta. *Modificaciones y desarrollos reglamentarios*

El Gobierno llevará a cabo las modificaciones y desarrollos reglamentarios que sean precisos para la aplicación de la presente Ley.

Sexta. *No incremento del gasto*

Las medidas incluidas en esta norma no podrán suponer incremento de dotaciones, ni de retribuciones, ni de otros gastos de personal.

DISPOSICIONES TRANSITORIAS

Primera. *Expedientes en tramitación*

Los expedientes afectados por esta Ley que se encontraran en tramitación al tiempo de su entrada en vigor se continuarán tramitando conforme a la legislación anterior.

Segunda. *Herencias abintestato a favor de la Administración pública*

1. Las declaraciones de heredero abintestato a favor de la Administración que se encuentren en tramitación a la entrada en vigor de la presente ley se

seguirán tramitando, hasta su resolución, conforme a la legislación anterior, por los órganos judiciales que estuvieran conociendo de ellas.

2. El reparto del caudal relicto en las herencias abintestato a favor de la Administración General del Estado se realizará de acuerdo con la legislación anterior cuando a la entrada en vigor de esta Ley se hubiera publicado en el «Boletín Oficial del Estado» la correspondiente convocatoria.

Tercera. *Expedientes de subastas voluntarias*

Las subastas voluntarias que se celebren hasta el 15 de octubre de 2015 se regirán por las disposiciones de la Ley de Enjuiciamiento Civil aprobada por Real Decreto de 3 de febrero de 1881.

Cuarta. *Expedientes de adopción y matrimoniales*

1. Las adopciones que se inicien hasta la entrada en vigor de la Ley de modificación del sistema de protección a la infancia y a la adolescencia, se regirán por las disposiciones de la Ley de Enjuiciamiento Civil aprobada por Real Decreto de 3 de febrero de 1881.

2. Los expedientes matrimoniales que se inicien antes de la completa entrada en vigor de la Ley 20/2011, de 21 de julio, del Registro Civil se seguirán tramitando por el Encargado del Registro Civil conforme a las disposiciones del Código Civil y de la Ley del Registro Civil de 8 de junio de 1957.

La ley 4/2017, de 28 de junio, da una nueva redacción al apartado 2.

Resuelto favorablemente el expediente matrimonial por el Encargado del Registro Civil, el matrimonio se podrá celebrar, a elección de los contrayentes; ante:

1.º El Juez Encargado del Registro Civil y los Jueces de Paz por delegación de aquél.

2.º El Alcalde del municipio donde se celebre el matrimonio o concejal en quien éste delegue.

3.º El Letrado de la Administración de Justicia o Notario libremente elegido por ambos contrayentes que sea competente en el lugar de celebración.

4.º El funcionario diplomático o consular Encargado del Registro Civil en el extranjero.

La prestación del consentimiento deberá realizarse en la forma prevista en el Código Civil y en la Ley del Registro Civil de 8 de junio de 1957, con las especialidades que se establecen en esta disposición.

El matrimonio celebrado ante el Encargado del Registro Civil, Juez de Paz, Alcalde o Concejal en quien este delegue o ante el Letrado de la Administración de Justicia se hará constar en acta; el que se celebre ante Notario constará en escritura pública. En ambos casos deberá ser firmada, además de por aquel ante el que se celebra, por los contrayentes y dos testigos.

Extendida el acta o autorizada la escritura pública, se entregará a cada uno de los contrayentes copia acreditativa de la celebración del matrimonio y se remitirá por el autorizante, en el mismo día y por medios telemáticos, testimonio o copia autorizada electrónica del documento al Registro Civil para su inscripción, previa calificación del Encargado del Registro Civil.

Quinta. *Matrimonios celebrados por las confesiones religiosas evangélicas, judías e islámicas y por las que hayan obtenido el reconocimiento de notorio arraigo en España*

1. Hasta la entrada en vigor de la disposición final quinta de esta ley, al matrimonio religioso evangélico, será de aplicación lo dispuesto en el artículo 7 del Acuerdo de Cooperación del Estado con la Federación de Entidades Religiosas Evangélicas de España, aprobado por la Ley 24/1992, de 10 de noviembre, salvo el apartado 5, del artículo 7, que quedará redactado de la forma siguiente:

«5. Una vez celebrado el matrimonio, el ministro de culto oficiante extenderá certificación expresiva de la celebración del mismo, con los requisitos necesarios para su inscripción y las menciones de identidad de los testigos y de las circunstancias del expediente previo que necesariamente incluirán el nombre y apellidos del Encargado del Registro Civil o funcionario diplomático o consular que la hubiera extendido. Esta certificación se remitirá por medios electrónicos, en la forma que reglamentariamente se determine, junto con la certificación acreditativa de la condición de ministro de culto, dentro del plazo de cinco días al Encargado del Registro Civil competente para su inscripción. Igualmente extenderá en las dos copias de la resolución diligencia expresiva de la celebración del matrimonio entregando una a los contrayentes y conservará la otra como acta de la celebración en el archivo del oficiante o de la entidad religiosa a la que representa como ministro de culto.»

2. Hasta la entrada en vigor de la disposición final sexta de esta ley, al matrimonio religioso judío, será de aplicación lo dispuesto en el artículo 7 del Acuerdo de Cooperación del Estado con la Federación de Comunidades Israelitas de España, aprobado por la Ley 25/1992, de 10 de noviembre, salvo el apartado 5 del artículo 7, que queda redactado de la forma siguiente:

«5. Una vez celebrado el matrimonio, el ministro de culto oficiante extenderá certificación expresiva de la celebración del mismo, con los requisitos necesarios para su inscripción y las menciones de identidad de los testigos y de las circunstancias del expediente que necesariamente incluirán el nombre y apellidos del Encargado del Registro Civil o funcionario diplomático o consular que la hubiera extendido. Esta certificación se remitirá por medios electrónicos, en la forma que reglamentariamente se determine, junto con la certificación acreditativa de la condición de ministro de culto, dentro del plazo de cinco días al Encargado del Registro Civil competente para su inscripción. Igualmente extenderá en las dos copias de la resolución previa de capacidad matrimonial diligencia expresiva de la celebración del matrimonio entregando una a los contrayentes y conservará la otra como acta de la celebración en el archivo del oficiante o de la entidad religiosa que representa como ministro de culto.»

3. Hasta la entrada en vigor de la disposición final séptima de esta ley, al matrimonio religioso islámico, será de aplicación lo dispuesto en el artículo 7 del Acuerdo de Cooperación del Estado con la Comisión Islámica de España, aprobado por la Ley 26/1992, de 10 de noviembre, salvo el apartado 3 del artículo 7, que queda redactado de la forma siguiente:

«3. Una vez celebrado el matrimonio, el representante de la Comunidad Islámica en que se hubiera contraído aquel extenderá certificación expresiva de la celebración del mismo, con los requisitos necesarios para su inscripción y las menciones de las circunstancias del expediente que necesariamente incluirán el nombre y apellidos del Encargado del Registro Civil o funcionario diplomático o consular que la hubiera extendido. Esta certificación se remitirá por medios electrónicos, en la forma que reglamentariamente se determine, junto con la certificación acreditativa de la capacidad del representante de la Comunidad Islámica para celebrar matrimonios, de conformidad con lo previsto en el apartado 1 del artículo 3, dentro del plazo de cinco días al Encargado del Registro Civil competente para su inscripción. Igualmente extenderá en las dos copias de la resolución previa de capacidad matrimonial diligencia expresiva de la celebración del matrimonio, entregando una a los contrayentes y conservará la otra como acta de la celebración en el archivo de la Comunidad.»

4. Hasta la entrada en vigor del artículo 58 bis de la Ley 20/2011, de 22 de julio, del Registro Civil, la celebración del matrimonio en la forma religiosa prevista por las iglesias, confesiones, comunidades religiosas o federaciones de las mismas que, inscritas en el Registro de Entidades Religiosas, hayan obtenido el reconocimiento de notorio arraigo en España, requerirán la resolución previa de capacidad matrimonial. Cumplido este trámite, el Encargado del Registro Civil o funcionario diplomático o consular que haya intervenido expedirá dos copias de la resolución que incluirá, en todo caso, certificación acreditativa del juicio de la capacidad matrimonial de los contrayentes, que éstos deberán entregar al ministro de culto encargado de la celebración del matrimonio.

El consentimiento deberá prestarse ante un ministro de culto y dos testigos mayores de edad. En estos casos, el consentimiento deberá prestarse antes de que hayan transcurrido seis meses desde la expedición del certificado de capacidad matrimonial.

A estos efectos se consideran ministros de culto a las personas físicas dedicadas, con carácter estable, a las funciones de culto o asistencia religiosa y que acrediten el cumplimiento de estos requisitos mediante certificación expedida por la iglesia, confesión o comunidad religiosa que haya obtenido el reconocimiento de notorio arraigo en España con la conformidad de la Federación que, en su caso, hubiera solicitado dicho reconocimiento.

Una vez celebrado el matrimonio, el oficiante extenderá certificación expresiva de la celebración del mismo, con los requisitos necesarios para su inscripción y las menciones de identidad de los testigos y de las circunstancias del acta previa que necesariamente incluirán el nombre y apellidos del Encargado del Registro Civil o funcionario diplomático o consular que la hubiera extendido. Esta certificación se remitirá por medios electrónicos, en la forma que reglamentariamente se determine, junto con la certificación acreditativa de la condición de ministro de culto, dentro del plazo de cinco días al Encargado del Registro Civil competente para su inscripción. Igualmente extenderá en las dos copias de la resolución previa de capacidad matrimonial diligencia expresiva de la celebración del matrimonio entregando una a los contrayentes y conservará la otra como acta de la celebración en el archivo del oficiante o de la entidad religiosa a la que representa como ministro de culto.

DISPOSICIÓN DEROGATORIA

Única. *Derogación de normas*

1. Quedan derogados los artículos 4, 10, 11, 63, 460 a 480, 977 a 1000, 1811 a 1879, 1901 a 1918, 1943 a 2174 de la Ley de Enjuiciamiento Civil aprobada por Real Decreto de 3 de febrero de 1881.

2. Se deroga el artículo 316 del Código Civil.

3. Se derogan los artículos 84 a 87 de la Ley 19/1985, de 16 de julio, Cambiaria y del Cheque.

4. Asimismo, se consideran derogadas, conforme al apartado 2 del artículo 2 del Código Civil, cuantas normas se opongan o sean incompatibles con lo dispuesto en la presente Ley.

DISPOSICIONES FINALES

Primera. *Modificación de determinados artículos del Código Civil*

El Código Civil queda modificado como sigue:

Uno. El artículo 47 queda redactado del siguiente modo:

«Artículo 47. Tampoco pueden contraer matrimonio entre sí:

1. (...)

2. (...)

3. Los condenados por haber tenido participación en la muerte dolosa del cónyuge o persona con la que hubiera estado unida por análoga relación de afectividad a la conyugal.»

Dos. Se modifica el artículo 48:

«El Juez podrá dispensar, con justa causa y a instancia de parte, mediante resolución previa dictada en expediente de jurisdicción voluntaria, los impedimentos de muerte dolosa del cónyuge o persona con la que hubiera estado unida por análoga relación de afectividad a la conyugal y de parentesco de grado tercero entre colaterales. La dispensa ulterior convalida, desde su celebración, el matrimonio cuya nulidad no haya sido instada judicialmente por alguna de las partes.»

Tres. El artículo 49 queda redactado de la forma siguiente:

«Cualquier español podrá contraer matrimonio dentro o fuera de España:

1.º En la forma regulada en este Código.

2.º En la forma religiosa legalmente prevista.

También podrá contraer matrimonio fuera de España con arreglo a la forma establecida por la ley del lugar de celebración.»

Cuatro. Se modifica la rúbrica de la sección segunda del Capítulo III del Título IV del Libro I, que pasa a tener la siguiente redacción:

«Sección segunda. De la celebración del matrimonio»

Cinco. El artículo 51 queda redactado del siguiente modo:

«Artículo 51.

1. La competencia para constatar mediante acta o expediente el cumplimiento de los requisitos de capacidad de ambos contrayentes y la inexistencia de impedimentos o su dispensa, o cualquier género de obstáculos para contraer matrimonio corresponderá al Letrado de la Administración de Justicia, Notario o Encargado del Registro Civil del lugar del domicilio de uno de los contrayentes o al funcionario diplomático o consular Encargado del Registro Civil si residiesen en el extranjero.

2. Será competente para celebrar el matrimonio:

1.º El Juez de Paz o Alcalde del municipio donde se celebre el matrimonio o concejal en quien éste delegue.

2.º El Letrado de la Administración de Justicia o Notario libremente elegido por ambos contrayentes que sea competente en el lugar de celebración.

3.º El funcionario diplomático o consular Encargado del Registro Civil en el extranjero.»

Seis. El artículo 52 queda redactado del siguiente modo:

«Podrán celebrar el matrimonio del que se halle en peligro de muerte:

1.º El Juez de Paz, Alcalde o Concejal en quien delegue, Letrado de la Administración de Justicia, Notario o funcionario a que se refiere el artículo 51.

2.º El Oficial o Jefe superior inmediato respecto de los militares en campaña.

3.º El Capitán o Comandante respecto de los matrimonios que se celebren a bordo de nave o aeronave.

El matrimonio en peligro de muerte no requerirá para su celebración la previa tramitación del acta o expediente matrimonial, pero sí la presencia, en su celebración, de dos testigos mayores de edad y, cuando el peligro de muerte derive de enfermedad o estado físico de alguno de los contrayentes, dictamen médico sobre su capacidad para la prestación del consentimiento y la gravedad de la situación, salvo imposibilidad acreditada, sin perjuicio de lo establecido en el artículo 65.»

Siete. El artículo 53 queda redactado del siguiente modo:

«La validez del matrimonio no quedará afectada por la incompetencia o falta de nombramiento del Juez de Paz, Alcalde, Concejal, Letrado de la Administración de Justicia, Notario o funcionario ante quien se celebre, siempre que al menos uno de los cónyuges hubiera procedido de buena fe y aquellos ejercieran sus funciones públicamente.»

Ocho. El artículo 55 queda redactado del siguiente modo:

«Uno de los contrayentes podrá contraer matrimonio por apoderado, a quien tendrá que haber concedido poder especial en forma auténtica, siendo siempre necesaria la asistencia personal del otro contrayente.

En el poder se determinará la persona con quien ha de celebrarse el matrimonio, con expresión de las circunstancias personales precisas para establecer su identidad, debiendo apreciar su validez el Letrado de la Administración de Justicia, Notario, Encargado del Registro Civil o funcionario que tramite el acta o expediente matrimonial previo al matrimonio.

El poder se extinguirá por la revocación del poderdante, por la renuncia del apoderado o por la muerte de cualquiera de ellos. En caso de revocación por el poderdante bastará su manifestación en forma auténtica antes de la celebración del matrimonio. La revocación se notificará de inmediato al Letrado de la Administración de Justicia, Notario, Encargado del Registro Civil o funcionario que tramite el acta o expediente previo al matrimonio, y si ya estuviera finalizado a quien vaya a celebrarlo.»

Nueve. El artículo 56 queda redactado del siguiente modo:

«Quienes deseen contraer matrimonio acreditarán previamente en acta o expediente tramitado conforme a la legislación del Registro Civil, que reúnen los requisitos de capacidad y la inexistencia de impedimentos o su dispensa, de acuerdo con lo previsto en este Código.

El Letrado de la Administración de Justicia, Notario, Encargado del Registro Civil o funcionario que tramite el acta o expediente, cuando sea necesario, podrá recabar de las Administraciones o entidades de iniciativa social de promoción y protección de los derechos de las personas con discapacidad, la provisión de apoyos humanos, técnicos y materiales que faciliten la emisión, interceptación y recepción del consentimiento del o los contrayentes. Solo en el caso excepcional de que alguno de los contrayentes presentare una condición de salud que, de modo evidente, categórico y sustancial, pueda impedirle prestar el consentimiento matrimonial pese a las medidas de apoyo, se recabará dictamen médico sobre su aptitud para prestar el consentimiento.»

La Ley 4/2017, de 28 de junio, ha dado nueva redacción a este artículo 56.

Diez. El artículo 57 queda redactado del siguiente modo:

«El matrimonio tramitado por el Letrado de la Administración de Justicia o por funcionario consular o diplomático podrá celebrarse ante el mismo u otro distinto, o ante el Juez de Paz, Alcalde o Concejal en quien éste delegue, a elección de los contrayentes. Si se hubiere tramitado por el Encargado del Registro Civil, el matrimonio deberá celebrarse ante el Juez de Paz, Alcalde o Concejal en quien éste delegue, que designen los contrayentes.

Finalmente, si fuera el Notario quien hubiera extendido el acta matrimonial, los contrayentes podrán otorgar el consentimiento, a su elección, ante el mismo Notario u otro distinto del que hubiera tramitado el acta previa, el Juez de Paz, Alcalde o Concejal en quien éste delegue.»

Once. El artículo 58 queda redactado del siguiente modo:

«El Juez de Paz, Alcalde, Concejal, Letrado de la Administración de Justicia, Notario o funcionario, después de leídos los artículos 66, 67 y 68, preguntará a cada uno de los contrayentes si consiente en contraer matrimonio con el otro y si efectivamente lo contrae en dicho acto y, respondiendo ambos afirmativamente, declarará que los mismos quedan unidos en matrimonio y extenderá el acta o autorizará la escritura correspondiente.»

Doce. El artículo 60 queda redactado del siguiente modo:

«1. El matrimonio celebrado según las normas del Derecho canónico o en cualquiera de otras formas religiosas previstas en los acuerdos de cooperación entre el Estado y las confesiones religiosas produce efectos civiles.

2. Igualmente, se reconocen efectos civiles al matrimonio celebrado en la forma religiosa prevista por las iglesias, confesiones, comunidades religiosas o federaciones de las mismas que, inscritas en el Registro de Entidades Religiosas, hayan obtenido el reconocimiento de notorio arraigo en España.

En este supuesto, el reconocimiento de efectos civiles requerirá el cumplimiento de los siguientes requisitos:

a) La tramitación de un acta o expediente previo de capacidad matrimonial con arreglo a la normativa del Registro Civil.

b) La libre manifestación del consentimiento ante un ministro de culto debidamente acreditado y dos testigos mayores de edad.

La condición de ministro de culto será acreditada mediante certificación expedida por la iglesia, confesión o comunidad religiosa que haya obtenido el reconocimiento de notorio arraigo en España, con la conformidad de la federación que, en su caso, hubiere solicitado dicho reconocimiento.

3. Para el pleno reconocimiento de los efectos civiles del matrimonio celebrado en forma religiosa se estará a lo dispuesto en el Capítulo siguiente.»

Trece. El artículo 62 queda redactado del siguiente modo:

«La celebración del matrimonio se hará constar mediante acta o escritura pública que será firmada por aquél ante quien se celebre, los contrayentes y dos testigos.

Extendida el acta o autorizada la escritura pública, se remitirá por el autorizante copia acreditativa de la celebración del matrimonio al Registro Civil competente, para su inscripción, previa calificación por el Encargado del mismo.»

Catorce. El artículo 63 queda redactado del siguiente modo:

«La inscripción del matrimonio celebrado en España en forma religiosa se practicará con la simple presentación de la certificación de la iglesia, o confesión, comunidad religiosa o federación respectiva, que habrá de expresar las circunstancias exigidas por la legislación del Registro Civil.

Se denegará la práctica del asiento cuando de los documentos presentados o de los asientos del Registro conste que el matrimonio no reúne los requisitos que para su validez se exigen en este Título.»

Quince. El artículo 65 queda redactado del siguiente modo:

«En los casos en que el matrimonio se hubiere celebrado sin haberse tramitado el correspondiente expediente o acta previa, si éste fuera necesario, el Letrado de la Administración de Justicia, Notario, o el funcionario diplomático o consular Encargado del Registro Civil que lo haya celebrado, antes de realizar las actuaciones que procedan para su inscripción, deberá comprobar si concurren los requisitos legales para su validez, mediante la tramitación del acta o expediente al que se refiere este artículo.

Si la celebración del matrimonio hubiera sido realizada ante autoridad o persona competente distinta de las indicadas en el párrafo anterior, el acta de aquélla se remitirá al Encargado del Registro Civil del lugar de celebración para que proceda a la comprobación de los requisitos de validez, mediante el expediente correspondiente. Efectuada esa comprobación, el Encargado del Registro Civil procederá a su inscripción.»

Dieciséis. Se modifica el número 3.º del artículo 73 que queda redactado del siguiente modo:

«3.º El que se contraiga sin la intervención del Juez de Paz, Alcalde o Concejal, Letrado de la Administración de Justicia, Notario o funcionario ante quien deba celebrarse, o sin la de los testigos.»

Diecisiete. El párrafo primero del artículo 81 queda redactado del siguiente modo:

«Se decretará judicialmente la separación cuando existan hijos menores no emancipados o con la capacidad modificada judicialmente que dependan de sus progenitores, cualquiera que sea la forma de celebración del matrimonio.»

Dieciocho. El artículo 82 queda redactado del siguiente modo:

«1. Los cónyuges podrán acordar su separación de mutuo acuerdo transcurridos tres meses desde la celebración del matrimonio mediante la formulación de un convenio regulador ante el Letrado de la Administración de Justicia o en escritura pública ante Notario, en el que, junto a la voluntad inequívoca de separarse, determinarán las medidas que hayan de regular los efectos derivados de la separación en los términos establecidos en el artículo 90. Los funcionarios diplomáticos o consulares, en ejercicio de las funciones notariales que tienen atribuidas, no podrán autorizar la escritura pública de separación.

Los cónyuges deberán intervenir en el otorgamiento de modo personal, sin perjuicio de que deban estar asistidos por Letrado en ejercicio, prestando su consentimiento ante el Letrado de la Administración de Justicia o Notario. Igualmente los hijos mayores o menores emancipados deberán otorgar el consentimiento ante el Letrado de la Administración de Justicia o Notario respecto de las medidas que les afecten por carecer de ingresos propios y convivir en el domicilio familiar.

2. No será de aplicación lo dispuesto en este artículo cuando existan hijos menores no emancipados o con la capacidad modificada judicialmente que dependan de sus progenitores.»

Diecinueve. El artículo 83 queda redactado del siguiente modo:

«La sentencia o decreto de separación o el otorgamiento de la escritura pública del convenio regulador que la determine producen la suspensión de la vida común de los casados y cesa la posibilidad de vincular bienes del otro cónyuge en el ejercicio de la potestad doméstica.

Los efectos de la separación matrimonial se producirán desde la firmeza de la sentencia o decreto que así la declare o desde la manifestación del consentimiento de ambos cónyuges otorgado en escritura pública conforme a lo dispuesto en el artículo 82. Se remitirá testimonio de la sentencia o decreto, o copia de la escritura pública al Registro Civil para su inscripción, sin que, hasta que esta tenga lugar, se produzcan plenos efectos frente a terceros de buena fe.»

Veinte. El artículo 84 queda redactado del siguiente modo:

«La reconciliación pone término al procedimiento de separación y deja sin efecto ulterior lo resuelto en él, pero ambos cónyuges separadamente deberán ponerlo en conocimiento del Juez que entienda o haya entendido en el litigio. Ello no obstante, mediante resolución judicial, serán mantenidas o modificadas las medidas adoptadas en relación a los hijos, cuando exista causa que lo justifique.

Cuando la separación hubiere tenido lugar sin intervención judicial, en la forma prevista en el artículo 82, la reconciliación deberá formalizase en escritura pública o acta de manifestaciones.

La reconciliación deberá inscribirse, para su eficacia frente a terceros, en el Registro Civil correspondiente.»

Veintiuno. El artículo 87 queda redactado del siguiente modo:

«Los cónyuges también podrán acordar su divorcio de mutuo acuerdo mediante la formulación de un convenio regulador ante el Letrado de la Administración de Justicia o en escritura pública ante Notario, en la forma y con el contenido regulado en el artículo 82, debiendo concurrir los mismos requisitos y circunstancias exigidas en él. Los funcionarios diplomáticos o consulares, en ejercicio de las funciones notariales que tienen atribuidas, no podrán autorizar la escritura pública de divorcio.»

Veintidós. El artículo 89 queda redactado del siguiente modo:

«Los efectos de la disolución del matrimonio por divorcio se producirán desde la firmeza de la sentencia o decreto que así lo declare o desde la manifestación del consentimiento de ambos cónyuges otorgado en escritura pública conforme a lo dispuesto en el artículo 87. No perjudicará a terceros de buena fe sino a partir de su respectiva inscripción en el Registro Civil.»

Veintitrés. Se modifica el artículo 90, que queda redactado de la siguiente manera:

«1. El convenio regulador a que se refieren los artículos 81, 82, 83, 86 y 87 deberá contener, al menos y siempre que fueran aplicables, los siguientes extremos:

a) El cuidado de los hijos sujetos a la patria potestad de ambos, el ejercicio de ésta y, en su caso, el régimen de comunicación y estancia de los hijos con el progenitor que no viva habitualmente con ellos.

b) Si se considera necesario, el régimen de visitas y comunicación de los nietos con sus abuelos, teniendo en cuenta, siempre, el interés de aquéllos.

c) La atribución del uso de la vivienda y ajuar familiar.

d) La contribución a las cargas del matrimonio y alimentos, así como sus bases de actualización y garantías en su caso.

e) La liquidación, cuando proceda, del régimen económico del matrimonio.

f) La pensión que conforme al artículo 97 correspondiere satisfacer, en su caso, a uno de los cónyuges.

2. Los acuerdos de los cónyuges adoptados para regular las consecuencias de la nulidad, separación y divorcio presentados ante el órgano judicial serán aprobados por el Juez salvo si son dañosos para los hijos o gravemente perjudiciales para uno de los cónyuges.

Si las partes proponen un régimen de visitas y comunicación de los nietos con los abuelos, el Juez podrá aprobarlo previa audiencia de los abuelos en la que estos presten su consentimiento. La denegación de los acuerdos habrá de hacerse mediante resolución motivada y en este caso los cónyuges deberán someter, a la consideración del Juez, nueva propuesta para su aprobación, si procede.

Cuando los cónyuges formalizasen los acuerdos ante el Letrado de la Administración de Justicia o Notario y éstos considerasen que, a su juicio, alguno de ellos pudiera ser dañoso o gravemente perjudicial para uno de los cónyuges o para los hijos mayores o menores emancipados afectados, lo advertirán a los otorgantes y darán por terminado el expediente. En este caso, los cónyuges sólo podrán acudir ante el Juez para la aprobación de la propuesta de convenio regulador.

Desde la aprobación del convenio regulador o el otorgamiento de la escritura pública, podrán hacerse efectivos los acuerdos por la vía de apremio.

3. Las medidas que el Juez adopte en defecto de acuerdo o las convenidas por los cónyuges judicialmente, podrán ser modificadas judicialmente o por nuevo convenio aprobado por el Juez, cuando así lo aconsejen las nuevas necesidades de los hijos o el cambio de las circunstancias de los cónyuges. Las medidas que hubieran sido convenidas ante el Letrado de la Administración de

Justicia o en escritura pública podrán ser modificadas por un nuevo acuerdo, sujeto a los mismos requisitos exigidos en este Código.

4. El Juez o las partes podrán establecer las garantías reales o personales que requiera el cumplimiento del convenio.»

Veinticuatro. Se modifica el primer párrafo del artículo 95, que pasa a quedar redactado de la siguiente manera:

«La sentencia firme, el decreto firme o la escritura pública que formalicen el convenio regulador, en su caso, producirán, respecto de los bienes del matrimonio, la disolución o extinción del régimen económico matrimonial y aprobará su liquidación si hubiera mutuo acuerdo entre los cónyuges al respecto.

Si la sentencia de nulidad declarara la mala fe de uno solo de los cónyuges, el que hubiere obrado de buena fe podrá optar por aplicar en la liquidación del régimen económico matrimonial las disposiciones relativas al régimen de participación y el de mala fe no tendrá derecho a participar en las ganancias obtenidas por su consorte.»

Veinticinco. El último párrafo del artículo 97 queda redactado del siguiente modo:

«En la resolución judicial o en el convenio regulador formalizado ante el Letrado de la Administración de Justicia o el Notario se fijarán la periodicidad, la forma de pago, las bases para actualizar la pensión, la duración o el momento de cese y las garantías para su efectividad.»

Veintiséis. El artículo 99 queda redactado del siguiente modo:

«En cualquier momento podrá convenirse la sustitución de la pensión fijada judicialmente o por convenio regulador formalizado conforme al artículo 97 por la constitución de una renta vitalicia, el usufructo de determinados bienes o la entrega de un capital en bienes o en dinero.»

Veintisiete. El artículo 100, queda redactado del siguiente modo:

«Fijada la pensión y las bases de su actualización en la sentencia de separación o de divorcio, sólo podrá ser modificada por alteraciones en la fortuna de uno u otro cónyuge que así lo aconsejen.

La pensión y las bases de actualización fijadas en el convenio regulador formalizado ante el Letrado de la Administración de Justicia o Notario podrán modificarse mediante nuevo convenio, sujeto a los mismos requisitos exigidos en este Código.»

Veintiocho. El apartado 2 del artículo 107 queda redactado del siguiente modo:

«2. La separación y el divorcio legal se regirán por las normas de la Unión Europea o españolas de Derecho internacional privado.»

Veintinueve. El párrafo segundo del artículo 156 queda redactado del siguiente modo:

«En caso de desacuerdo, cualquiera de los dos podrá acudir al Juez, quien, después de oír a ambos y al hijo si tuviera suficiente madurez y, en todo caso, si fuera mayor de doce años, atribuirá la facultad de decidir al padre o a la madre. Si los desacuerdos fueran reiterados o concurriera cualquier otra causa que entorpezca gravemente el ejercicio de la patria potestad, podrá atribuirla total o parcialmente a uno de los padres o distribuir entre ellos sus funciones. Esta medida tendrá vigencia durante el plazo que se fije, que no podrá nunca exceder de dos años.»

Treinta. El último párrafo del artículo 158 queda redactado de la forma siguiente:

«Todas estas medidas podrán adoptarse dentro de cualquier proceso civil o penal o bien en un expediente de jurisdicción voluntaria.»

Treinta y uno. El artículo 167 queda redactado de la forma siguiente:

«Cuando la administración de los progenitores ponga en peligro el patrimonio del hijo, el Juez, a petición del propio hijo, del Ministerio Fiscal o de cualquier pariente del menor, podrá adoptar las medidas que estime necesarias para la seguridad y recaudo de los bienes, exigir caución o fianza para la continuación en la administración o incluso nombrar un Administrador.»

Treinta y dos. El párrafo primero del apartado 3 del artículo 173 queda redactado de la forma siguiente:

«3. Si los progenitores o el tutor no consienten o se oponen al mismo, el acogimiento sólo podrá ser acordado por el Juez, en interés del menor, conforme a los trámites de la Ley de Jurisdicción Voluntaria. La propuesta de la Entidad Pública contendrá los mismos extremos referidos en el número anterior.»

Treinta y tres. Se modifica el primer párrafo del apartado 2 del artículo 176, que queda redactado del siguiente modo:

«2. Para iniciar el expediente de adopción es necesaria la propuesta previa de la Entidad Pública a favor del adoptante o adoptantes que dicha Entidad Pública haya declarado idóneos para el ejercicio de la patria potestad. La declaración de idoneidad deberá ser previa a la propuesta.»

Treinta y cuatro. El apartado 2 del artículo 177 pasa a tener la siguiente redacción:

«2. Deberán asentir a la adopción:

1.º El cónyuge del adoptante o la persona a la que esté unida por análoga relación de afectividad a la conyugal, siempre que no sea también adoptante, salvo que medie separación legal.

2.º Los progenitores del adoptando que no se hallare emancipado, a menos que estuvieran privados de la patria potestad por sentencia firme o incursos en causa legal para tal privación. Esta situación sólo podrá apreciarse en el procedimiento judicial contradictorio regulado en la Ley de Enjuiciamiento Civil.

No será necesario el asentimiento cuando los que deban prestarlo se encuentren imposibilitados para ello, imposibilidad que se apreciará motivadamente en la resolución judicial que constituya la adopción.

El asentimiento de la madre no podrá prestarse hasta que hayan transcurrido treinta días desde el parto.»

Treinta y cinco. El artículo 181 queda redactado de la forma siguiente:

«En todo caso, desaparecida una persona de su domicilio o del lugar de su última residencia, sin haberse tenido en ella más noticias, podrá el Letrado de la Administración de Justicia, a instancia de parte interesada o del Ministerio Fiscal, nombrar un defensor que ampare y represente al desaparecido en juicio o en los negocios que no admitan demora sin perjuicio grave. Se exceptúan los casos en que aquél estuviese legítimamente representado voluntariamente conforme al artículo 183.

El cónyuge presente mayor de edad no separado legalmente será el representante y defensor nato del desaparecido; y por su falta, el pariente más próximo hasta el cuarto grado, también mayor de edad. En defecto de parientes, no presencia de los mismos o urgencia notoria, el Letrado de la Administración de Justicia nombrará persona solvente y de buenos antecedentes, previa audiencia del Ministerio fiscal.

También podrá adoptar, según su prudente arbitrio, las medidas necesarias a la conservación del patrimonio.»

Treinta y seis. El último párrafo del artículo 183 queda redactado de la forma siguiente:

«La muerte o renuncia justificada del mandatario, o la caducidad del mandato, determina la ausencia legal, si al producirse aquéllas se ignorase el paradero del desaparecido y hubiere transcurrido un año desde que se tuvieron las últimas noticias, y, en su defecto, desde su desaparición. Inscrita en el

Registro Civil la declaración de ausencia, quedan extinguidos de derecho todos los mandatos generales o especiales otorgados por el ausente.»

Treinta y siete. El artículo 184 queda redactado de la forma siguiente:

«Salvo motivo grave apreciado por el Letrado de la Administración de Justicia, corresponde la representación del declarado ausente, la pesquisa de su persona, la protección y administración de sus bienes y el cumplimiento de sus obligaciones:

1.º Al cónyuge presente mayor de edad no separado legalmente o de hecho.

2.º Al hijo mayor de edad; si hubiese varios, serán preferidos los que convivían con el ausente y el mayor al menor.

3.º Al ascendiente más próximo de menos edad de una u otra línea.

4.º A los hermanos mayores de edad que hayan convivido familiarmente con el ausente, con preferencia del mayor sobre el menor.

En defecto de las personas expresadas, corresponde en toda su extensión a la persona solvente de buenos antecedentes que el Letrado de la Administración de Justicia, oído el Ministerio fiscal, designe a su prudente arbitrio.»

Treinta y ocho. El artículo 185 queda redactado de la forma siguiente:

«El representante del declarado ausente quedará atenido a las obligaciones siguientes:

1.ª Inventariar los bienes muebles y describir los inmuebles de su representado.

2.ª Prestar la garantía que el Letrado de la Administración de Justicia prudencialmente fije. Quedan exceptuados los comprendidos en los números 1.º, 2.º y 3.º del artículo precedente.

3.ª Conservar y defender el patrimonio del ausente y obtener de sus bienes los rendimientos normales de que fueren susceptibles.

4.ª Ajustarse a las normas que en orden a la posesión y administración de los bienes del ausente se establecen en la Ley Procesal Civil.

Serán aplicables a los representantes dativos del ausente, en cuanto se adapten a su especial representación, los preceptos que regulan el ejercicio de la tutela y las causas de inhabilidad, remoción y excusa de los tutores.»

Treinta y nueve. El artículo 186 queda redactado de la forma siguiente:

«Los representantes legítimos del declarado ausente comprendidos en los números 1.º, 2.º y 3.º del artículo 184 disfrutarán de la posesión temporal del patrimonio del ausente y harán suyos los productos líquidos en la cuantía que el Letrado de la Administración de Justicia señale, habida consideración al importe de los frutos, rentas y aprovechamientos, número de hijos del ausente y obligaciones alimenticias para con los mismos, cuidados y actuaciones que la representación requiera, afecciones que graven al patrimonio y demás circunstancias de la propia índole.

Los representantes legítimos comprendidos en el número 4º del expresado artículo disfrutarán, también, de la posesión temporal y harán suyos los frutos, rentas y aprovechamientos en la cuantía que el Letrado de la Administración de Justicia señale, sin que en ningún caso puedan retener más de los dos tercios de los productos líquidos, reservándose el tercio restante para el ausente, o, en su caso, para sus herederos o causahabientes.

Los poseedores temporales de los bienes del ausente no podrán venderlos, gravarlos, hipotecarlos o darlos en prenda, sino en caso de necesidad o utilidad evidente, reconocida y declarada por el Letrado de la Administración de Justicia, quien, al autorizar dichos actos, determinará el empleo de la cantidad obtenida.»

Cuarenta. El artículo 187 queda redactado de la forma siguiente:

«Si durante el disfrute de la posesión temporal o del ejercicio de la representación dativa alguno probase su derecho preferente a dicha posesión, será excluido el poseedor actual, pero aquél no tendrá derecho a los productos sino a partir del día de la presentación de la demanda.

Si apareciese el ausente, deberá restituírsele su patrimonio, pero no los productos percibidos, salvo mala fe interviniente, en cuyo caso la restitución comprenderá también los frutos percibidos y los debidos percibir a contar del día en que aquélla se produjo, según la declaración del Letrado de la Administración de Justicia.»

Cuarenta y uno. Los apartados 2.º, 3.º y 4.º del artículo 194 quedan redactados del siguiente modo:

«2.º De los que resulte acreditado que se encontraban a bordo de una nave cuyo naufragio o desaparición por inmersión en el mar se haya comprobado, o a bordo de una aeronave cuyo siniestro se haya verificado y haya evidencias racionales de ausencia de supervivientes.

3.º De los que no se tuvieren noticias después de que resulte acreditado que se encontraban a bordo de una nave cuyo naufragio o desaparición por inmersión en el mar se haya comprobado o a bordo de una aeronave cuyo siniestro se haya verificado, o, en caso de haberse encontrado restos humanos en tales supuestos, y no hubieren podido ser identificados, luego que hayan transcurrido ocho días.

4.º De los que se encuentren a bordo de una nave que se presuma naufragada o desaparecida por inmersión en el mar, por no llegar a su destino, o si careciendo de punto fijo de arribo, no retornase y haya evidencias racionales de ausencia de supervivientes, luego que en cualquiera de los casos haya transcurrido un mes contado desde las últimas noticias recibidas o, por falta de éstas, desde la fecha de salida de la nave del puerto inicial del viaje.

5.º De los que se encuentren a bordo de una aeronave que se presuma siniestrada al realizar el viaje sobre mares, zonas desérticas o inhabitadas, por no llegar a su destino, o si careciendo de punto fijo de arribo, no retornase, y haya evidencias racionales de ausencia de supervivientes, luego que en cualquiera de los casos haya transcurrido un mes contado desde las últimas noticias de las personas o de la aeronave y, en su defecto, desde la fecha de inicio del viaje. Si éste se hiciere por etapas, el plazo indicado se computará desde el punto de despegue del que se recibieron las últimas noticias.»

Cuarenta y dos. El artículo 196 queda redactado de la forma siguiente:

«Firme la declaración de fallecimiento del ausente, se abrirá la sucesión en los bienes del mismo, procediéndose a su adjudicación conforme a lo dispuesto legalmente.

Los herederos no podrán disponer a título gratuito hasta cinco años después de la declaración del fallecimiento.

Hasta que transcurra este mismo plazo no serán entregados los legados, si los hubiese, ni tendrán derecho a exigirlos los legatarios, salvo las mandas piadosas en sufragio del alma del testador o los legados en favor de Instituciones de beneficencia.

Será obligación ineludible de los sucesores, aunque por tratarse de uno solo no fuese necesaria partición, la de formar notarialmente un inventario detallado de los bienes muebles y una descripción de los inmuebles.»

Cuarenta y tres. Se modifica la rúbrica del Capítulo III del Título VIII del Libro primero:

«De la inscripción en el Registro Civil»

Cuarenta y cuatro. El artículo 198 queda redactado de la forma siguiente:

«En el Registro Civil se harán constar las declaraciones de desaparición, ausencia legal y de fallecimiento, así como las representaciones legítimas y dativas acordadas, y su extinción.

Asimismo se anotarán los inventarios de bienes muebles y descripción de inmuebles que en este Título se ordenan; los decretos de concesión y las escrituras de transmisiones y gravámenes que efectúen los representantes legítimos o dativos de los ausentes; y la escritura de descripción o inventario de los bienes, así como de las escrituras de partición y adjudicación realizadas a virtud de la declaración de fallecimiento o de las actas de protocolización de los cuadernos particionales en sus respectivos casos.»

Cuarenta y cinco. El artículo 219 queda redactado de la forma siguiente:

«La inscripción de las resoluciones a que se refiere el artículo anterior, se practicará en virtud de testimonio remitido al Encargado del Registro Civil.»

Cuarenta y seis. El artículo 249 queda redactado de la forma siguiente:

«Durante la tramitación del expediente de remoción, se podrá suspender en sus funciones al tutor y nombrar al tutelado un defensor judicial.»

Cuarenta y siete. El artículo 256 queda redactado de la forma siguiente:

«Mientras se resuelva acerca de la excusa, el que la haya propuesto estará obligado a ejercer la función.

No haciéndolo así, se procederá a nombrar un defensor que le sustituya, quedando el sustituido responsable de todos los gastos ocasionados por la excusa si ésta fuera rechazada.»

Cuarenta y ocho. El artículo 259 queda redactado de la forma siguiente:

«El Letrado de la Administración de Justicia dará posesión de su cargo al tutor nombrado.»

Cuarenta y nueve. El artículo 263 queda redactado de la forma siguiente:

«El Letrado de la Administración de Justicia podrá prorrogar este plazo en resolución motivada si concurriere causa para ello.»

Cincuenta. El artículo 264 queda redactado de la forma siguiente:

«El inventario se formará ante el Letrado de la Administración de Justicia con intervención del Ministerio Fiscal y con citación de las personas que aquél estime conveniente.»

Cincuenta y uno. El artículo 265 queda redactado de la forma siguiente:

«El dinero, alhajas, objetos preciosos y valores mobiliarios o documentos que, a juicio del Letrado de la Administración de Justicia, no deban quedar en poder del tutor serán depositados en un establecimiento destinado a este efecto.

Los gastos que las anteriores medidas ocasionen correrán a cargo de los bienes del tutelado.»

Cincuenta y dos. El artículo 299 bis queda redactado de la forma siguiente:

«Cuando se tenga conocimiento de que una persona debe ser sometida a tutela o curatela y en tanto no recaiga resolución judicial que ponga fin al procedimiento, asumirá su representación y defensa el Ministerio Fiscal. En tal caso, cuando además del cuidado de la persona hubiera de procederse al de los bienes, el Letrado de la Administración de Justicia podrá designar un defensor judicial que administre los mismos, quien deberá rendirle cuentas de su gestión una vez concluida.»

Cincuenta y tres. El artículo 300 queda redactado de la forma siguiente:

«En expediente de jurisdicción voluntaria, de oficio o a petición del Ministerio Fiscal, del propio menor o de cualquier persona capaz de comparecer en juicio, se nombrará defensor a quien se estime más idóneo para el cargo.»

Cincuenta y cuatro. El artículo 302 queda redactado de la forma siguiente:

«El defensor judicial tendrá las atribuciones que se le hayan concedido, debiendo rendir cuentas de su gestión una vez concluida.»

Cincuenta y cinco. El artículo 314 se redacta como sigue:

«La emancipación tiene lugar:

1.º Por la mayor edad.

2.º Por concesión de los que ejerzan la patria potestad.

3.º Por concesión judicial.»

Cincuenta y seis. El artículo 681 queda redactado de la forma siguiente:

«Artículo 681. No podrán ser testigos en los testamentos:

Primero. Los menores de edad, salvo lo dispuesto en el artículo 701.

Segundo. Sin contenido.

Tercero. Los que no entiendan el idioma del testador.

Cuarto. Los que no presenten el discernimiento necesario para desarrollar la labor testifical.

Quinto. El cónyuge o los parientes dentro del cuarto grado de consanguinidad o segundo de afinidad del Notario autorizante y quienes tengan con éste relación de trabajo.»

Cincuenta y siete. El artículo 689 queda redactado de la forma siguiente:

«El testamento ológrafo deberá protocolizarse, presentándolo, en los cinco años siguientes al fallecimiento del testador, ante Notario. Este extenderá el acta de protocolización de conformidad con la legislación notarial.»

Cincuenta y ocho. El artículo 690 queda redactado de la forma siguiente:

«La persona que tenga en su poder un testamento ológrafo deberá presentarlo ante Notario competente en los diez días siguientes a aquel en que tenga conocimiento del fallecimiento del testador. El incumplimiento de este deber le hará responsable de los daños y perjuicios que haya causado.

También podrá presentarlo cualquiera que tenga interés en el testamento como heredero, legatario, albacea o en cualquier otro concepto.»

Cincuenta y nueve. El artículo 691 queda redactado de la forma siguiente:

«Presentado el testamento ológrafo y acreditado el fallecimiento del testador, se procederá a su adveración conforme a la legislación notarial.»

Sesenta. El artículo 692 queda redactado de la forma siguiente:

«Adverado el testamento y acreditada la identidad de su autor, se procederá a su protocolización.»

Sesenta y uno. El artículo 693 queda redactado de la forma siguiente:

«El Notario, si considera acreditada la autenticidad del testamento, autorizará el acta de protocolización, en la que hará constar las actuaciones realizadas y, en su caso, las observaciones manifestadas.

Si el testamento no fuera adverado, por no acreditarse suficientemente la identidad del otorgante, se procederá al archivo del expediente sin protocolizar aquel.

Autorizada o no la protocolización del testamento ológrafo, los interesados no conformes podrán ejercer sus derechos en el juicio que corresponda.»

Sesenta y dos. Se modifica el segundo párrafo del artículo 703, que queda redactado del siguiente modo:

«Cuando el testador falleciere en dicho plazo, también quedará ineficaz el testamento si dentro de los tres meses siguientes al fallecimiento no se acude al Notario competente para que lo eleve a escritura pública, ya se haya otorgado por escrito, ya verbalmente.»

Sesenta y tres. Se modifica el artículo 704, que queda redactado del siguiente modo:

«Los testamentos otorgados sin autorización del Notario serán ineficaces si no se elevan a escritura pública y se protocolizan en la forma prevenida en la legislación notarial.»

Sesenta y cuatro. El artículo 712 queda redactado de la forma siguiente:

«1. La persona que tenga en su poder un testamento cerrado deberá presentarlo ante Notario competente en los diez días siguientes a aquel en que tenga conocimiento del fallecimiento del testador.

2. El Notario autorizante de un testamento cerrado, constituido en depositario del mismo por el testador, deberá comunicar, en los diez días siguientes a que tenga conocimiento de su fallecimiento, la existencia del testamento al cónyuge sobreviviente, a los descendientes y a los ascendientes del testador y, en defecto de éstos, a los parientes colaterales hasta el cuarto grado.

3. En los dos supuestos anteriores, de no conocer la identidad o domicilio de estas personas, o si se ignorase su existencia, el Notario deberá dar la publicidad que determine la legislación notarial.

El incumplimiento de este deber, así como el de la presentación del testamento por quien lo tenga en su poder o por el Notario, le hará responsable de los daños y perjuicios causados.»

Sesenta y cinco. El párrafo primero del artículo 713 queda redactado de la forma siguiente:

«El que con dolo deje de presentar el testamento cerrado que obre en su poder dentro del plazo fijado en el artículo anterior, además de la responsabilidad que en él se determina, perderá todo derecho a la herencia, si lo tuviere como heredero abintestato o como heredero o legatario por testamento.»

Sesenta y seis. El artículo 714 queda redactado de la forma siguiente:

«Para la apertura y protocolización del testamento cerrado se observará lo previsto en la legislación notarial.»

Sesenta y siete. El artículo 718 queda redactado de la forma siguiente:

«Los testamentos otorgados con arreglo a los dos artículos anteriores deberán ser remitidos con la mayor brevedad posible al Cuartel General y, por este, al Ministerio de Defensa.

El Ministerio, si hubiese fallecido el testador, remitirá el testamento al Colegio Notarial correspondiente al último domicilio del difunto, y de no ser conocido éste, lo remitirá al Colegio Notarial de Madrid.

El Colegio Notarial remitirá el testamento al Notario correspondiente al último domicilio del testador. Recibido por el Notario deberá comunicar, en los diez días siguientes, su existencia a los herederos y demás interesados en la sucesión, para que comparezcan ante él al objeto de protocolizarlo de acuerdo con lo dispuesto legalmente.»

Sesenta y ocho. Los apartados 1, 2 y 3 del artículo 756 quedan redactados de la forma siguiente:

«1. El que fuera condenado por sentencia firme por haber atentado contra la vida, o a pena grave por haber causado lesiones o por haber ejercido habitualmente violencia física o psíquica en el ámbito familiar al causante, su cónyuge, persona a la que esté unida por análoga relación de afectividad o alguno de sus descendientes o ascendientes.

2. El que fuera condenado por sentencia firme por delitos contra la libertad, la integridad moral y la libertad e indemnidad sexual, si el ofendido es el causante, su cónyuge, la persona a la que esté unida por análoga relación de afectividad o alguno de sus descendientes o ascendientes.

Asimismo el condenado por sentencia firme a pena grave por haber cometido un delito contra los derechos y deberes familiares respecto de la herencia de la persona agraviada.

También el privado por resolución firme de la patria potestad, o removido del ejercicio de la tutela o acogimiento familiar de un menor o persona con la capacidad modificada judicialmente por causa que le sea imputable, respecto de la herencia del mismo.

3. El que hubiese acusado al causante de delito para el que la ley señala pena grave, si es condenado por denuncia falsa.»

Sesenta y nueve. El artículo 834 queda redactado de la forma siguiente:

«El cónyuge que al morir su consorte no se hallase separado de éste legalmente o de hecho, si concurre a la herencia con hijos o descendientes, tendrá derecho al usufructo del tercio destinado a mejora.»

Setenta. El artículo 835 queda redactado de la forma siguiente:

«Si entre los cónyuges separados hubiera mediado reconciliación notificada al Juzgado que conoció de la separación o al Notario que otorgó la escritura pública de separación de conformidad con el artículo 84 de este Código, el sobreviviente conservará sus derechos.»

Setenta y uno. El artículo 843 queda redactado de la forma siguiente:

«Salvo confirmación expresa de todos los hijos o descendientes la partición a que se refieren los dos artículos anteriores requerirá aprobación por el Letrado de la Administración de Justicia o Notario.»

Setenta y dos. El artículo 899 queda redactado de la forma siguiente:

«El albacea que acepta el cargo se constituye en la obligación de desempeñarlo; pero lo podrá renunciar alegando causa justa al criterio del Letrado de la Administración de Justicia o del Notario.»

Setenta y tres. El artículo 905 queda redactado de la forma siguiente:

«Si el testador quisiera ampliar el plazo legal, deberá señalar expresamente el de la prórroga. Si no lo hubiese señalado, se entenderá prorrogado el plazo por un año. Si, transcurrida esta prórroga, no se hubiese cumplido todavía la voluntad del testador, podrá el Letrado de la Administración de Justicia o el Notario conceder otra por el tiempo que fuere necesario, atendidas las circunstancias del caso.»

Setenta y cuatro. El artículo 910 queda redactado de la forma siguiente:

«Termina el albaceazgo por la muerte, imposibilidad, renuncia o remoción del albacea, y por el lapso del término señalado por el testador, por la ley y, en su caso, por los interesados. La remoción deberá ser apreciada por el Juez.»

Setenta y cinco. El artículo 945 queda redactado de la forma siguiente:

«No tendrá lugar el llamamiento a que se refiere el artículo anterior si el cónyuge estuviere separado legalmente o de hecho.»

Setenta y seis. El artículo 956 queda redactado de la forma siguiente:

«A falta de personas que tengan derecho a heredar conforme a lo dispuesto en las precedentes Secciones, heredará el Estado quien, realizada la liquidación del caudal hereditario, ingresará la cantidad resultante en el Tesoro Público, salvo que, por la naturaleza de los bienes heredados, el Consejo de Ministros acuerde darles, total o parcialmente, otra aplicación. Dos terceras partes del valor de ese caudal relicto será destinado a fines de interés social, añadiéndose a la asignación tributaria que para estos fines se realice en los Presupuestos Generales del Estado.»

Setenta y siete. El artículo 957 queda redactado de la forma siguiente:

«Los derechos y obligaciones del Estado serán los mismos que los de los demás herederos, pero se entenderá siempre aceptada la herencia a beneficio de inventario, sin necesidad de declaración alguna sobre ello, a los efectos que enumera el artículo 1023.»

Setenta y ocho. El artículo 958 queda redactado de la forma siguiente:

«Para que el Estado pueda tomar posesión de los bienes y derechos hereditarios habrá de preceder declaración administrativa de heredero, adjudicándose los bienes por falta de herederos legítimos.»

Setenta y nueve. El artículo 1005 queda redactado de la forma siguiente:

«Cualquier interesado que acredite su interés en que el heredero acepte o repudie la herencia podrá acudir al Notario para que éste comunique al llamado que tiene un plazo de treinta días naturales para aceptar pura o simplemente, o a beneficio de inventario, o repudiar la herencia. El Notario le indicará, además, que si no manifestare su voluntad en dicho plazo se entenderá aceptada la herencia pura y simplemente.»

Ochenta. El artículo 1008 queda redactado de la forma siguiente:

«La repudiación de la herencia deberá hacerse ante Notario en instrumento público.»

Ochenta y uno. El artículo 1011 queda redactado de la forma siguiente:

«La declaración de hacer uso del beneficio de inventario deberá hacerse ante Notario.»

Ochenta y dos. El artículo 1014 queda redactado de la forma siguiente:

«El heredero que tenga en su poder la herencia o parte de ella y quiera utilizar el beneficio de inventario o el derecho de deliberar, deberá comunicarlo ante Notario y pedir en el plazo de treinta días a contar desde aquél en que supiere ser tal heredero la formación de inventario notarial con citación a los acreedores y legatarios para que acudan a presenciarlo si les conviniere.»

Ochenta y tres. El artículo 1015 queda redactado de la forma siguiente:

«Cuando el heredero no tenga en su poder la herencia o parte de ella, ni haya practicado gestión alguna como tal heredero, el plazo expresado en el artículo anterior se contará desde el día siguiente a aquel en que expire el plazo que se le hubiese fijado para aceptar o repudiar la herencia conforme al artículo 1005, o desde el día en que la hubiese aceptado o hubiera gestionado como heredero.»

Ochenta y cuatro. El artículo 1017 queda redactado de la forma siguiente:

«El inventario se principiará dentro de los treinta días siguientes a la citación de los acreedores y legatarios, y concluirá dentro de otros sesenta.

Si por hallarse los bienes a larga distancia o ser muy cuantiosos, o por otra causa justa, parecieren insuficientes dichos sesenta días, podrá el Notario prorrogar este término por el tiempo que estime necesario, sin que pueda exceder de un año.»

Ochenta y cinco. El artículo 1019 queda redactado de la forma siguiente:

«El heredero que se hubiese reservado el derecho de deliberar, deberá manifestar al Notario, dentro de treinta días contados desde el siguiente a aquel en que se hubiese concluido el inventario, si repudia o acepta la herencia y si hace uso o no del beneficio de inventario.

Pasados los treinta días sin hacer dicha manifestación, se entenderá que la acepta pura y simplemente.»

Ochenta y seis. El artículo 1020 queda redactado de la forma siguiente:

«Durante la formación del inventario y hasta la aceptación de la herencia, a instancia de parte, el Notario podrá adoptar las provisiones necesarias para la administración y custodia de los bienes hereditarios con arreglo a lo que se prescribe en este Código y en la legislación notarial.»

Ochenta y siete. El artículo 1024 queda redactado de la forma siguiente:

«El heredero perderá el beneficio de inventario:

1.º Si a sabiendas dejare de incluir en el inventario alguno de los bienes, derechos o acciones de la herencia.

2.º Si antes de completar el pago de las deudas y legados enajenase bienes de la herencia sin autorización de todos los interesados, o no diese al precio de lo vendido la aplicación determinada al concederle la autorización.

No obstante, podrá disponer de valores negociables que coticen en un mercado secundario a través de la enajenación en dicho mercado, y de los demás bienes mediante su venta en subasta pública notarial previamente notificada a todos los interesados, especificando en ambos casos la aplicación que se dará al precio obtenido.»

Ochenta y ocho. El artículo 1030 queda redactado de la forma siguiente:

«Cuando para el pago de los créditos y legados sea necesaria la venta de bienes hereditarios, se realizará ésta en la forma establecida en el párrafo segundo del número 2.º del artículo 1024 de este Código, salvo si todos los herederos, acreedores y legatarios acordaren otra cosa.»

Ochenta y nueve. Se modifica el primer párrafo del artículo 1033, que queda redactado del siguiente modo:

«Los gastos del inventario y las demás actuaciones a que dé lugar la administración de la herencia aceptada a beneficio de inventario y la defensa de sus derechos, serán de cargo de la misma herencia. Exceptúanse aquellos gastos imputables al heredero que hubiese sido condenado personalmente por su dolo o mala fe.

Lo mismo se entenderá respecto de las gastos causados para hacer uso del derecho de deliberar, si el heredero repudia la herencia.»

Noventa. El artículo 1057 queda redactado de la forma siguiente:

«El testador podrá encomendar por acto "inter vivos" o "mortis causa" para después de su muerte la simple facultad de hacer la partición a cualquier persona que no sea uno de los coherederos.

No habiendo testamento, contador-partidor en él designado o vacante el cargo, el Letrado de la Administración de Justicia o el Notario, a petición de herederos y legatarios que representen, al menos, el 50 por 100 del haber hereditario, y con citación de los demás interesados, si su domicilio fuere conocido, podrá nombrar un contador-partidor dativo, según las reglas que la Ley de Enjuiciamiento Civil y del Notariado establecen para la designación de peritos. La partición así realizada requerirá aprobación del Letrado de la Administración de Justicia o del Notario, salvo confirmación expresa de todos los herederos y legatarios.

Lo dispuesto en este artículo y en el anterior se observará aunque entre los coherederos haya alguno sujeto a patria potestad, tutela o curatela; pero el contador-partidor deberá en estos casos inventariar los bienes de la herencia, con citación de los representantes legales o curadores de dichas personas.»

Noventa y uno. El artículo 1060 queda redactado de la forma siguiente:

«Cuando los menores o personas con capacidad modificada judicialmente estén legalmente representados en la partición, no será necesaria la intervención ni la autorización judicial, pero el tutor necesitará aprobación judicial de la partición efectuada. El defensor judicial designado para representar a un menor o persona con capacidad modificada judicialmente en una partición, deberá obtener la aprobación del Juez, si el Letrado de la Administración de Justicia no hubiera dispuesto otra cosa al hacer el nombramiento.»

Noventa y dos. El artículo 1176 queda redactado de la forma siguiente:

«Si el acreedor a quien se hiciere el ofrecimiento de pago conforme a las disposiciones que regulan éste, se negare, de manera expresa o de hecho, sin razón a admitirlo, a otorgar el documento justificativo de haberse efectuado o a la cancelación de la garantía, si la hubiere, el deudor quedará libre de responsabilidad mediante la consignación de la cosa debida.

La consignación por sí sola producirá el mismo efecto cuando se haga estando el acreedor ausente en el lugar en donde el pago deba realizarse, o cuando esté impedido para recibirlo en el momento en que deba hacerse, y cuando varias personas pretendan tener derecho a cobrar, sea el acreedor desconocido, o se haya extraviado el título que lleve incorporada la obligación.

En todo caso, procederá la consignación en todos aquellos supuestos en que el cumplimiento de la obligación se haga más gravoso al deudor por causas no imputables al mismo.»

Noventa y tres. El artículo 1178 queda redactado de la forma siguiente:

«La consignación se hará por el deudor o por un tercero, poniendo las cosas debidas a disposición del Juzgado o del Notario, en los términos previstos en la Ley de Jurisdicción Voluntaria o en la legislación notarial.»

Noventa y cuatro. El artículo 1180 queda redactado de la forma siguiente:

«La aceptación de la consignación por el acreedor o la declaración judicial de que está bien hecha, extinguirá la obligación y el deudor podrá pedir que se mande cancelar la obligación y la garantía, en su caso.

Mientras tanto, el deudor podrá retirar la cosa o cantidad consignada, dejando subsistente la obligación.»

Noventa y cinco. El artículo 1377 queda redactado de la forma siguiente:

«Para realizar actos de disposición a título oneroso sobre bienes gananciales se requerirá el consentimiento de ambos cónyuges.

Si uno lo negare o estuviere impedido para prestarlo, podrá el Juez autorizar uno o varios actos dispositivos cuando lo considere de interés para la familia. Excepcionalmente acordará las limitaciones o cautelas que estime convenientes.»

Noventa y seis. El artículo 1389 queda redactado de la forma siguiente:

«El cónyuge en quien recaiga la administración en virtud de lo dispuesto en los dos artículos anteriores tendrá para ello plenas facultades, salvo que el Juez, cuando lo considere de interés para la familia, establezca cautelas o limitaciones.

En todo caso, para realizar actos de disposición sobre inmuebles, establecimientos mercantiles, objetos preciosos o valores mobiliarios, salvo el derecho de suscripción preferente, necesitará autorización judicial.»

Noventa y siete. El artículo 1392 queda redactado de la forma siguiente:

«La sociedad de gananciales concluirá de pleno derecho:

1.º Cuando se disuelva el matrimonio.

2.º Cuando sea declarado nulo.

3.º Cuando se acuerde la separación legal de los cónyuges.

4.º Cuando los cónyuges convengan un régimen económico distinto en la forma prevenida en este Código.»

Noventa y ocho. El artículo 1442 queda redactado de la forma siguiente:

«Declarado un cónyuge en concurso, serán de aplicación las disposiciones de la legislación concursal.»

Segunda. *Modificación del Código de Comercio*

El artículo 40 queda redactado de la forma siguiente:

«1. Sin perjuicio de lo establecido en otras leyes que obliguen a someter las cuentas anuales a la auditoría de una persona que tenga la condición legal de auditor de cuentas, y de lo dispuesto en los artículos 32 y 33 de este Código, todo empresario vendrá obligado a someter a auditoría las cuentas anuales ordinarias o consolidadas, en su caso, de su empresa, cuando así lo acuerde el Letrado de la Administración de Justicia o el Registrador mercantil del domicilio social del empresario si acogen la petición fundada de quien acredite un interés legítimo. Antes de estimar la solicitud, el Letrado de la Administración de Justicia o el Registrador mercantil deberán exigir al solicitante que adelante los fondos necesarios para el pago de la retribución del auditor.

La sociedad únicamente podrá oponerse al nombramiento aportando prueba documental de que no procede el mismo o negando la legitimación del solicitante.

La solicitud ante el Registrador mercantil se tramitará de acuerdo a lo previsto en el Reglamento del Registro Mercantil. La designación de auditor se sujetará al turno reglamentario que establece el Reglamento de Registro Mercantil.

Si se instara ante el Letrado de la Administración de Justicia, se seguirán los trámites establecidos en la legislación de la jurisdicción voluntaria.

La resolución que se dicte sobre la procedencia o improcedencia de la auditoría será recurrible ante el Juez de lo Mercantil.

2. El mismo día en que emita, el auditor entregará el informe al empresario y al solicitante y presentará copia a quien le hubiera designado. Si el informe contuviera opinión denegada o desfavorable, el Letrado de la Administración de Justicia o el Registrador mercantil acordará que el empresario satisfaga al solicitante las cantidades que hubiera anticipado. Si el informe contuviera una opinión con reservas o salvedades, se dictará resolución determinando en quién deberá recaer y en qué proporción el coste de la auditoría. Si el informe fuera con opinión favorable, el coste de la auditoría será de cargo del solicitante.

3. El Letrado de la Administración de Justicia o el Registrador mercantil desestimará la solicitud de auditoría cuando, antes de la fecha de la solicitud, constara inscrito en el Registro mercantil nombramiento de auditor para la verificación de las cuentas de ese mismo ejercicio o, en el caso de las sociedades mercantiles y demás personas jurídicas obligadas, no hubiese finalizado el plazo legal para efectuar el nombramiento de auditor por el órgano competente.

4. La emisión del informe de auditoría no impedirá el ejercicio del derecho de acceso a la contabilidad por aquellos a los que la Ley atribuya ese derecho.»

Tercera. *Modificación de determinados artículos de la Ley 1/2000, de Enjuiciamiento Civil*

La Ley de Enjuiciamiento Civil queda modificada como sigue:

Uno. El apartado 1 del artículo 8 queda redactado de la forma siguiente:

«1. Cuando la persona física se encuentre en el caso del apartado 2 del artículo anterior y no hubiere persona que legalmente la represente o asista para comparecer en juicio, el Letrado de la Administración de Justicia le nombrará un defensor judicial mediante decreto, que asumirá su representación y defensa hasta que se designe a aquella persona.»

Dos. El apartado 1 del artículo 395 queda redactado de la forma siguiente:

«1. Si el demandado se allanare a la demanda antes de contestarla, no procederá la imposición de costas salvo que el tribunal, razonándolo debidamente, aprecie mala fe en el demandado.

Se entenderá que, en todo caso, existe mala fe, si antes de presentada la demanda se hubiese formulado al demandado requerimiento fehaciente y justificado de pago, o si se hubiera iniciado procedimiento de mediación o dirigido contra él solicitud de conciliación.»

Tres. El apartado 1 del artículo 525 queda redactado de la forma siguiente:

«1. No serán en ningún caso susceptibles de ejecución provisional:

1.ª Las sentencias dictadas en los procesos sobre paternidad, maternidad, filiación, nulidad de matrimonio, separación y divorcio, capacidad y estado civil, así como sobre las medidas relativas a la restitución o retorno de menores en los supuestos de sustracción internacional y derechos honoríficos, salvo los pronunciamientos que regulen las obligaciones y relaciones patrimoniales relacionadas con lo que sea objeto principal del proceso.

2.ª Las sentencias que condenen a emitir una declaración de voluntad.

3.ª Las sentencias que declaren la nulidad o caducidad de títulos de propiedad industrial.»

Cuatro. El artículo 608 queda redactado de la siguiente manera:

«Artículo 608. Ejecución por condena a prestación alimenticia.

Lo dispuesto en el artículo anterior no será de aplicación cuando se proceda por ejecución de sentencia que condene al pago de alimentos, en todos los casos en que la obligación de satisfacerlos nazca directamente de la Ley, incluyendo los pronunciamientos de las sentencias dictadas en procesos de nulidad, separación o divorcio sobre alimentos debidos al cónyuge o a los hijos o de los decretos o escrituras públicas que formalicen el convenio regulador que los establezcan. En estos casos, así como en los de las medidas cautelares correspondientes, el tribunal fijará la cantidad que puede ser embargada.»

Cinco. El artículo 748 queda redactado de la siguiente manera:

«Las disposiciones del presente Título serán aplicables a los siguientes procesos:

1.º Los que versen sobre la capacidad de las personas y los de declaración de prodigalidad.

2.º Los de filiación, paternidad y maternidad.

3.º Los de nulidad del matrimonio, separación y divorcio y los de modificación de medidas adoptadas en ellos.

4.º Los que versen exclusivamente sobre guarda y custodia de hijos menores o sobre alimentos reclamados por un progenitor contra el otro en nombre de los hijos menores.

5.º Los de reconocimiento de eficacia civil de resoluciones o decisiones eclesiásticas en materia matrimonial.

6.º Los que versen sobre las medidas relativas a la restitución de menores en los supuestos de sustracción internacional.

7.º Los que tengan por objeto la oposición a las resoluciones administrativas en materia de protección de menores.

8.º Los que versen sobre la necesidad de asentimiento en la adopción.»

Seis. El apartado primero del artículo 749 queda redactado de la siguiente manera:

«1. En los procesos sobre la capacidad de las personas, en los de nulidad matrimonial, en los de sustracción internacional de menores y en los de determinación e impugnación de la filiación será siempre parte el Ministerio Fiscal, aunque no haya sido promotor de los mismos ni deba, conforme a la Ley, asumir la defensa de alguna de las partes. El Ministerio Fiscal velará durante todo el proceso por la salvaguarda del interés superior de la persona afectada.»

Siete. El párrafo segundo del artículo 758 queda redactado de la forma siguiente:

«Si no lo hicieren, serán defendidos por el Ministerio Fiscal, siempre que no haya sido éste el promotor del procedimiento. En otro caso, el Letrado de la Administración de Justicia les designará un defensor judicial, a no ser que estuviere ya nombrado.»

Ocho. Los apartados 1 y 2 del artículo 769 quedan redactados de la forma siguiente:

«1. Salvo que expresamente se disponga otra cosa, será tribunal competente para conocer de los procedimientos a que se refiere este capítulo el Juzgado de Primera Instancia del lugar del domicilio conyugal. En el caso de residir los cónyuges en distintos partidos judiciales, será tribunal competente, a elección del demandante, el del último domicilio del matrimonio o el de residencia del demandado.

Los que no tuvieren domicilio ni residencia fijos podrán ser demandados en el lugar en que se hallen o en el de su última residencia, a elección del demandante y, si tampoco pudiere determinarse así la competencia, corresponderá ésta al tribunal del domicilio del actor.

2. En el procedimiento de separación o divorcio de mutuo acuerdo a que se refiere el artículo 777, será competente el Juzgado del último domicilio común o el del domicilio de cualquiera de los solicitantes.»

Nueve. Se modifica el apartado 4 y se añade un apartado 10 al artículo 777, en los siguientes términos:

«4. Ratificada por ambos cónyuges la solicitud, si la documentación aportada fuera insuficiente, el Juez o el Letrado de la Administración de Justicia que fuere competente concederá a los solicitantes un plazo de diez días para que la completen. Durante este plazo se practicará, en su caso, la prueba que los cónyuges hubieren propuesto y la demás que el tribunal considere necesaria para acreditar la concurrencia de las circunstancias en cada caso exigidas por el Código Civil y para apreciar la procedencia de aprobar la propuesta de convenio regulador.»

«10. Si la competencia fuera del Letrado de la Administración de Justicia por no existir hijos menores no emancipados o con la capacidad modificada judicialmente que dependan de sus progenitores, inmediatamente después de la ratificación de los cónyuges ante el Letrado de la Administración de Justicia, este dictará decreto pronunciándose, sobre el convenio regulador.

El decreto que formalice la propuesta del convenio regulador declarará la separación o divorcio de los cónyuges.

Si considerase que, a su juicio, alguno de los acuerdos del convenio pudiera ser dañoso o gravemente perjudicial para uno de los cónyuges o para los hijos mayores o menores emancipados afectados, lo advertirá a los otorgantes y dará por terminado el procedimiento. En este caso, los cónyuges sólo podrán acudir ante el Juez para la aprobación de la propuesta de convenio regulador.

El decreto no será recurrible.

La modificación del convenio regulador formalizada por el Letrado de la Administración de Justicia se sustanciará conforme a lo dispuesto en este artículo cuando concurran los requisitos necesarios para ello.»

Diez. Se añade un Capítulo IV bis en el Título I del Libro IV, integrado por los nuevos artículos 778 quáter a 778 sexies, con el siguiente título:

«CAPÍTULO IV BIS

Medidas relativas a la restitución o retorno de menores en los supuestos de sustracción internacional»

Once. Se añade un artículo 778 quáter, con la siguiente redacción:

«Artículo 778 quáter. Ámbito de aplicación. Normas generales.

1. En los supuestos en que, siendo aplicables un convenio internacional o las disposiciones de la Unión Europea, se pretenda la restitución de un menor o su retorno al lugar de procedencia por haber sido objeto de un traslado o retención ilícito y se encuentre en España, se procederá de acuerdo con lo previsto en este Capítulo. No será de aplicación a los supuestos en los que el menor procediera de un Estado que no forma parte de la Unión Europea ni sea parte de algún convenio internacional.

2. En estos procesos, será competente el Juzgado de Primera Instancia de la capital de la provincia, de Ceuta o Melilla, con competencias en materia de derecho de familia, en cuya circunscripción se halle el menor que haya sido objeto de un traslado o retención ilícitos, si lo hubiere y, en su defecto, al que por turno de reparto corresponda. El Tribunal examinará de oficio su competencia.

3. Podrán promover el procedimiento la persona, institución u organismo que tenga atribuida la guarda y custodia o un régimen de estancia o visitas, relación o comunicación del menor, la Autoridad Central española encargada del cumplimiento de las obligaciones impuestas por el correspondiente convenio, en su caso, y, en representación de ésta, la persona que designe dicha autoridad.

4. Las partes deberán actuar con asistencia de Abogado y representadas por Procurador. La intervención de la Abogacía del Estado, cuando proceda a instancia de la Autoridad Central española, cesará desde el momento en que el solicitante de la restitución o del retorno comparezca en el proceso con su propio Abogado y Procurador.

5. El procedimiento tendrá carácter urgente y preferente. Deberá realizarse, en ambas instancias, si las hubiere, en el inexcusable plazo total de seis

semanas desde la fecha de la presentación de la solicitud instando la restitución o el retorno del menor, salvo que existan circunstancias excepcionales que lo hagan imposible.

6. En ningún caso se ordenará la suspensión de las actuaciones civiles por la existencia de prejudicialidad penal que venga motivada por el ejercicio de acciones penales en materia de sustracción de menores.

7. En este tipo de procesos y con la finalidad de facilitar las comunicaciones judiciales directas entre órganos jurisdiccionales de distintos países, si ello fuera posible y el Juez lo considerase necesario, podrá recurrirse al auxilio de las Autoridades Centrales implicadas, de las Redes de Cooperación Judicial Internacional existentes, de los miembros de la Red Internacional de Jueces de la Conferencia de La Haya y de los Jueces de enlace.

8. El Juez podrá acordar a lo largo de todo el proceso, de oficio, a petición de quien promueva el procedimiento o del Ministerio Fiscal, las medidas cautelares oportunas y de aseguramiento del menor que estime pertinentes conforme al artículo 773, además de las previstas en el artículo 158 del Código Civil.

Del mismo modo podrá acordar que durante la tramitación del proceso se garanticen los derechos de estancia o visita, relación y comunicación del menor con el demandante, incluso de forma supervisada, si ello fuera conveniente a los intereses del menor.»

Doce. Se añade un artículo 778 quinquies, con la siguiente redacción:

«Artículo 778 quinquies. Procedimiento.

1. El procedimiento se iniciará mediante demanda en la que se instará la restitución del menor o su retorno al lugar de procedencia e incluirá toda la información exigida por la normativa internacional aplicable y, en todo caso, la relativa a la identidad del demandante, del menor y de la persona que se considere que ha sustraído o retenido al menor, así como los motivos en que se basa para reclamar su restitución o retorno. Deberá igualmente aportar toda la información que disponga relativa a la localización del menor y a la identidad de la persona con la que se supone se encuentra.

A la demanda deberá acompañarse la documentación requerida, en su caso, por el correspondiente convenio o norma internacional y cualquier otra en la que el solicitante funde su petición.

2. El Letrado de la Administración de Justicia resolverá sobre la admisión de la demanda en el plazo de las 24 horas siguientes y, si entendiera que ésta

no resulta admisible, dará cuenta al Juez para que resuelva lo que proceda dentro de dicho plazo.

En la misma resolución en la que sea admitida la demanda, el Letrado de la Administración de Justicia requerirá a la persona a quien se impute la sustracción o retención ilícita del menor para que, en la fecha que se determine, que no podrá exceder de los tres días siguientes, comparezca con el menor y manifieste si accede a su restitución o retorno, o se opone a ella, alegando en tal caso alguna de las causas establecidas en el correspondiente convenio o norma internacional aplicable.

El requerimiento se practicará con los apercibimientos legales y con entrega al requerido del texto del correspondiente convenio o norma internacional aplicable.

3. Cuando el menor no fuera hallado en el lugar indicado en la demanda, y si, tras la realización de las correspondientes averiguaciones por el Letrado de la Administración de Justicia sobre su domicilio o residencia, éstas son infructuosas, se archivará provisionalmente el procedimiento hasta ser encontrado.

Si el menor fuera hallado en otra provincia, el Letrado de la Administración de Justicia, previa audiencia del Ministerio Fiscal y de las partes personadas por el plazo de un día, dará cuenta al Juez para que resuelva al día siguiente lo que proceda mediante auto, remitiendo, en su caso, las actuaciones al Tribunal que considere territorialmente competente y emplazando a las partes para que comparezcan ante el mismo dentro del plazo de los tres días siguientes.

4. Llegado el día, si el requerido compareciere y accediere a la restitución del menor, o a su retorno al lugar de procedencia, según corresponda, el Letrado de la Administración de Justicia levantará acta y el Juez dictará auto el mismo día acordando la conclusión del proceso y la restitución o el retorno del menor, pronunciándose en cuanto a los gastos, incluidos los de viaje, y las costas del proceso.

El demandado podrá comparecer en cualquier momento, antes de la finalización del procedimiento, y acceder a la entrega del menor, o a su retorno al lugar de procedencia, siendo de aplicación lo dispuesto en este apartado.

5. Si no compareciese, o si comparecido no lo hiciera en forma, ni presentara oposición ni procediera, en este caso, a la entrega o retorno del menor, el Letrado de la Administración de Justicia en el mismo día le declarará en rebeldía y dispondrá la continuación del procedimiento sin el mismo, citando únicamente al demandante y al Ministerio Fiscal a una vista ante el Juez que

tendrá lugar en un plazo no superior a los cinco días siguientes, a celebrar conforme a lo dispuesto en el apartado sexto de este artículo. Dicha resolución, no obstante, deberá ser notificada al demandado, tras lo cual no se llevará a cabo ninguna otra, excepto la de la resolución que ponga fin al proceso.

El Juez podrá decretar las medidas cautelares que estime pertinentes en relación con el menor, caso de no haberse adoptado ya con anterioridad, conforme al artículo 773.

6. Si en la primera comparecencia el requerido formulase oposición a la restitución o retorno del menor al amparo de las causas establecidas en el correspondiente convenio o norma internacional aplicable, lo que deberá realizar por escrito, el Letrado de la Administración de Justicia en el mismo día dará traslado de la oposición y citará a todos los interesados y al Ministerio Fiscal a una vista que se celebrará dentro del improrrogable plazo de los cinco días siguientes.

7. La celebración de la vista no se suspenderá por incomparecencia del demandante. Si fuera el demandado que se hubiera opuesto quien no compareciere, el Juez le tendrá por desistido de la oposición y continuará la vista.

Durante la celebración de la misma se oirá a las partes que comparezcan para que expongan lo que estimen procedente, en concreto, a la persona que solicitó la restitución o retorno, al Ministerio Fiscal y a la parte demandada, incluso si compareciere en este trámite por vez primera.

Se practicarán, en su caso, las pruebas útiles y pertinentes que las partes o el Ministerio Fiscal propongan y las que el Juez acuerde de oficio sobre los hechos que sean relevantes para la decisión sobre la ilicitud o no del traslado o retención y las medidas a adoptar, dentro del plazo improrrogable de seis días. El Juez podrá también recabar, de oficio, a instancia de parte o del Ministerio Fiscal, los informes que estime pertinentes cuya realización será urgente y preferente a cualquier otro proceso.

8. Antes de adoptar cualquier decisión relativa a la procedencia o improcedencia de la restitución del menor o su retorno al lugar de procedencia, el Juez, en cualquier momento del proceso y en presencia del Ministerio Fiscal, oirá separadamente al menor, a menos que la audiencia del mismo no se considere conveniente atendiendo a la edad o grado de madurez del mismo, lo que se hará constar en resolución motivada.

En la exploración del menor se garantizará que el mismo pueda ser oído en condiciones idóneas para la salvaguarda de sus intereses, sin interferencias de otras personas, y recabando excepcionalmente el auxilio de especialistas cuando ello fuera necesario. Esta actuación podrá realizarse a través de videoconferencia u otro sistema similar.

9. Celebrada la vista y, en su caso, practicadas las pruebas pertinentes, dentro de los tres días siguientes a su finalización, el Juez dictará sentencia en la que se pronunciará únicamente sobre si el traslado o la retención son ilícitos y acordará si procede o no la restitución del menor a la persona, institución u organismo que tenga atribuida la guarda y custodia o su retorno al lugar de procedencia para permitir al solicitante el ejercicio del régimen de estancia, comunicación o relación con el menor, teniendo en cuenta el interés superior de éste y los términos del correspondiente convenio o de las disposiciones de la Unión Europea en la materia, según el caso. La resolución que acuerde la restitución del menor o su retorno establecerá detalladamente la forma el plazo de ejecución, pudiendo adoptar las medidas necesarias para evitar un nuevo traslado o retención ilícito del menor tras la notificación de la sentencia.

10. Si se acordare la restitución o retorno del menor, en la resolución se establecerá que la persona que hubiere trasladado o retenido al menor abone las costas procesales, incluidas aquellas en que haya incurrido el solicitante, los gastos de viaje y los que ocasione la restitución o retorno del menor al Estado donde estuviera su residencia habitual con anterioridad a la sustracción.

En los demás casos se declararán de oficio las costas del proceso.

11. Contra la resolución que se dicte sólo cabrá recurso de apelación con efectos suspensivos, que tendrá tramitación preferente, debiendo ser resuelto en el improrrogable plazo de veinte días.

En la tramitación del recurso de apelación se seguirán las siguientes especialidades:

a) Se interpondrá en el plazo de tres días contados desde el día siguiente a la notificación de la resolución, debiendo el órgano judicial acordar su admisión o no dentro de las 24 horas siguientes a la presentación.

b) Admitido el recurso, las demás partes tendrán tres días para presentar escrito de oposición al recurso o, en su caso, de impugnación. En este último supuesto, igualmente el apelante principal dispondrá del plazo de tres días para manifestar lo que tenga por conveniente.

c) Tras ello, el Letrado de la Administración de Justicia ordenará la remisión de los autos en el mismo día al Tribunal competente para resolver la apelación, ante el cual deberán comparecer las partes en el plazo de 24 horas.

d) Recibidos los autos, el Tribunal acordará lo que proceda sobre su admisión en el plazo de 24 horas. Si hubiere de practicarse prueba o si se acordase la celebración de vista, el Letrado de la Administración de Justicia señalará día para dentro de los tres días siguientes.

e) La resolución deberá ser dictada dentro de los tres días siguientes a la terminación de la vista o, en defecto de ésta, a contar desde el día siguiente a aquel en que se hubieran recibido los autos en el Tribunal competente para la apelación.

12. En cualquier momento del proceso, ambas partes podrán solicitar la suspensión del mismo de conformidad con lo previsto en el artículo 19.4, para someterse a mediación. También el Juez podrá en cualquier momento, de oficio o a petición de cualquiera de las partes, proponer una solución de mediación si, atendiendo a las circunstancias concurrentes, estima posible que lleguen a un acuerdo, sin que ello deba suponer un retraso injustificado del proceso. En tales casos, el Letrado de la Administración de Justicia acordará la suspensión por el tiempo necesario para tramitar la mediación. La Entidad Publica que tenga las funciones de protección del menor puede intervenir como mediadora si así se solicitase de oficio, por las partes o por el Ministerio Fiscal.

La duración del procedimiento de mediación será lo más breve posible y sus actuaciones se concentrarán en el mínimo número de sesiones, sin que en ningún caso pueda la suspensión del proceso para mediación exceder del plazo legalmente previsto en este Capítulo.

El procedimiento judicial se reanudará si lo solicita cualquiera de las partes o, en caso de alcanzarse un acuerdo en la mediación, que deberá ser aprobado por el Juez teniendo en cuenta la normativa vigente y el interés superior del niño.

13. En la ejecución de la sentencia en la que se acuerde la restitución del menor o su retorno al Estado de procedencia, la Autoridad Central prestará la necesaria asistencia al Juzgado para garantizar que se realice sin peligro, adoptando en cada caso las medidas administrativas precisas.

Si el progenitor que hubiera sido condenado a la restitución del menor o a su retorno se opusiere, impidiera u obstaculizara su cumplimiento, el Juez deberá adoptar las medidas necesarias para la ejecución de la sentencia de forma inmediata, pudiendo ayudarse de la asistencia de los servicios sociales y de las Fuerzas y Cuerpos de Seguridad.»

Trece. Se añade un artículo 778 sexies, con la siguiente redacción:

«Artículo 778 sexies. Declaración de ilicitud de un traslado o retención internacional.

Cuando un menor con residencia habitual en España sea objeto de un traslado o retención internacional, conforme a lo establecido en el correspondiente convenio o norma internacional aplicable, cualquier persona interesada, al margen del proceso que se inicie para pedir su restitución internacional, podrá dirigirse en España a la autoridad judicial competente para conocer del fondo del asunto con la finalidad de obtener una resolución que especifique que el traslado o la retención lo han sido ilícitos, a cuyo efecto podrán utilizarse los cauces procesales disponibles en el Título I del Libro IV para la adopción de medidas definitivas o provisionales en España, e incluso las medidas del artículo 158.

La autoridad competente en España para emitir una decisión o una certificación del artículo 15 del Convenio de la Haya de 25 de octubre de 1980 sobre los aspectos civiles de la sustracción internacional de menores, que acredite que el traslado o retención del menor era ilícito en el sentido previsto en el artículo 3 del Convenio, cuando ello sea posible, lo será la última autoridad judicial que haya conocido en España de cualquier proceso sobre responsabilidad parental afectante al menor. En defecto de ello, será competente el Juzgado de Primera Instancia del último domicilio del menor en España. La Autoridad Central española hará todo lo posible por prestar asistencia al solicitante para que obtenga una decisión o certificación de esa clase.»

Catorce. El apartado 1 del artículo 782 queda redactado de la forma siguiente:

«1. Cualquier coheredero o legatario de parte alícuota podrá reclamar judicialmente la división de la herencia, siempre que esta no deba efectuarla un comisario o contador-partidor designado por el testador, por acuerdo entre los coherederos o por el Letrado de la Administración de Justicia o el Notario.»

Quince. El artículo 790 queda redactado de la forma siguiente:

«1. Siempre que el Tribunal tenga noticia del fallecimiento de una persona y no conste la existencia de testamento, ni de ascendientes, descendientes o cónyuge del finado o persona que se halle en una situación de hecho asimilable, ni de colaterales dentro del cuarto grado, adoptará de oficio las medidas más indispensables para el enterramiento del difunto si fuere necesario y para la seguridad de los bienes, libros, papeles, correspondencia y efectos del difunto susceptibles de sustracción u ocultación.

De la misma forma procederá cuando las personas de que habla el párrafo anterior estuvieren ausentes o cuando alguno de ellos sea menor o tenga capacidad modificada judicialmente y no tenga representante legal.

2. En los casos a que se refiere este artículo, luego que comparezcan los parientes, o se nombre representante legal a los menores o personas con capacidad modificada judicialmente, se les hará entrega de los bienes y efectos pertenecientes al difunto, cesando la intervención judicial, salvo lo dispuesto en el artículo siguiente, debiendo acudir al Notario a fin de que proceda a la incoación del expediente de declaración de herederos.»

Dieciséis. Se modifica el apartado 2 y se añade un nuevo apartado 3 al artículo 791:

«2. Si, en efecto, resultare haber fallecido sin testar y sin parientes llamados por la ley a la sucesión, mandará el Tribunal, por medio de auto, que se proceda:

1.º A ocupar los libros, papeles y correspondencia del difunto.

2.º A inventariar y depositar los bienes, disponiendo lo que proceda sobre su administración, con arreglo a lo establecido en esta Ley. El Tribunal podrá nombrar a una persona, con cargo al caudal hereditario, que efectúe y garantice el inventario y su depósito.

En la misma resolución ordenará de oficio la comunicación a la Delegación de Economía y Hacienda correspondiente por si resultare procedente la declaración de heredero abintestato a favor del Estado, con traslado del resultado de las diligencias realizadas y de la documentación recabada al amparo del apartado 1.

3. Desde el momento en que la Administración General del Estado o la Administración de una Comunidad Autónoma comunique al Tribunal que ha iniciado un procedimiento para su declaración como heredero abintestato, éste acordará que recaiga sobre ella la designación para la administración de los bienes. En este caso, no se exigirá a la Administración Pública que preste caución y realizará los informes periciales cuando sean necesarios mediante servicios técnicos propios.

La Administración deberá comunicar al Tribunal la resolución que ponga fin al procedimiento. Si dicha resolución concluyera que no procede efectuar la declaración de heredero abintestato a favor de la Administración, ésta no podrá continuar haciéndose cargo del caudal hereditario, solicitando al Tribunal que designe nuevo administrador judicial en el plazo de un mes desde aquella comunicación. Transcurrido este plazo de un mes, en todo caso, la Administración cesará en el cargo de administrador.

Cuando esa resolución declare a la Administración heredera abintestato, el órgano judicial que estuviese conociendo de la intervención del caudal hereditario adoptará, antes de un mes, las provisiones conducentes a la entrega de los bienes y derechos integrantes del caudal hereditario.»

Diecisiete. El apartado 1 del artículo 792 queda redactado de la forma siguiente:

«1. Las actuaciones a que se refiere el apartado 2 del artículo anterior podrán acordarse a instancia de parte en los siguientes casos:

1.º Por el cónyuge o cualquiera de los parientes que se crea con derecho a la sucesión legítima, siempre que acrediten haber promovido la declaración de herederos abintestato ante Notario o se formule la solicitud de intervención judicial del caudal hereditario al tiempo de promover la declaración notarial de herederos.

2.º Por cualquier coheredero o legatario de parte alícuota, al tiempo de solicitar la división judicial de la herencia, salvo que la intervención hubiera sido expresamente prohibida por disposición testamentaria.

3.º Por la Administración Pública que haya iniciado un procedimiento para su declaración como heredero abintestato.»

Dieciocho. El apartado 1 del artículo 802 queda redactado de la siguiente forma:

«1. El administrador depositará sin dilación a disposición del Juzgado las cantidades que recaude en el desempeño de su cargo, reteniendo únicamente las que fueren necesarias para atender los gastos de pleitos o notariales, pago de contribuciones y demás atenciones ordinarias.»

Diecinueve. La disposición final vigésima segunda queda redactada de la forma siguiente:

«Disposición final vigésima segunda. Medidas para facilitar la aplicación en España del Reglamento (CE) n.º 2201/2003 del Consejo, de 27 de noviembre de 2003, relativo a la competencia, el reconocimiento y la ejecución de resoluciones judiciales en materia matrimonial y de responsabilidad parental.

1. La certificación relativa a las resoluciones judiciales en materia matrimonial y en materia de responsabilidad parental, prevista en el artículo 39 del Reglamento (CE) n.º 2201/2003, se expedirá por el Letrado de la Administración de Justicia de forma separada y mediante diligencia, cumplimentando

el formulario correspondiente que figura en los Anexos I y II del Reglamento citado.

2. La certificación judicial relativa a las resoluciones judiciales sobre el derecho de visita, previstas en el apartado 1 del artículo 41 del Reglamento (CE) n.º 2201/2003, se expedirá por el juez de forma separada y mediante providencia, cumplimentando el formulario que figura en el Anexo III de dicho Reglamento.

3. La certificación judicial relativa a las resoluciones judiciales sobre la restitución del menor, previstas en el apartado 1 del artículo 42 del Reglamento (CE) n.º 2201/2003, se expedirá por el juez de forma separada y mediante providencia, cumplimentando el formulario que figura en el Anexo IV del Reglamento citado.

4. El procedimiento para la rectificación de errores en la certificación judicial, previsto en el artículo 43.1 del Reglamento (CE) n.º 2001/2003, se resolverá de la forma establecida en los tres primeros apartados del artículo 267 de la Ley Orgánica 6/1985, de 1 de julio, del Poder Judicial. No cabrá recurso alguno contra la resolución en que se resuelva sobre la aclaración o rectificación de la certificación judicial a que se refieren los dos anteriores apartados.

5. La denegación de la expedición de la certificación a la que se refieren los apartados 1, 2 y 3 de este artículo se adoptará de forma separada y mediante decreto en el caso del apartado 1 y mediante Auto en el caso de los apartados 2 y 3, y podrá impugnarse por los trámites del recurso directo de revisión en el caso del apartado 1 y por los trámites del recurso de reposición en el caso de los apartados 2 y 3.

6. La transmisión a la que se refiere el artículo 11.6 del Reglamento (CE) n.º 2201/2003, incluirá una copia de la resolución judicial de no restitución con arreglo al artículo 13 del Convenio de La Haya de 25 de octubre de 1980, y una copia de la grabación original del acta de la vista en soporte apto para la grabación y reproducción del sonido y de la imagen, así como de aquellos documentos que el órgano jurisdiccional estime oportuno adjuntar en cada caso como acreditativos del cumplimiento de las exigencias de los artículos 10 y 11 del Reglamento.

7. La reclamación a la que se refiere el artículo 11.7 del Reglamento (CE) n.º 2201/2003, se sustanciará con arreglo al procedimiento previsto en la vigente Ley de Enjuiciamiento Civil para los procesos que versen exclusivamente sobre guarda y custodia de hijos menores, si bien la competencia judicial para

conocer del mismo se determinará con arreglo a lo previsto para el proceso que regula las medidas relativas a la restitución de menores en los supuestos de sustracción internacional.»

Cuarta. *Modificación de la Ley 20/2011, de 21 de julio, de Registro Civil*

Uno. Los apartados 1, 2, 5, 6, 7, 8, 9, 10 y 12 del artículo 58 quedan redactados de la forma siguiente:

«1. El matrimonio en forma civil se celebrará ante el Juez de Paz, Alcalde o Concejal en quien éste delegue, Letrado de la Administración de Justicia, Notario, o funcionario diplomático o consular Encargado del Registro Civil.

2. La celebración del matrimonio requerirá la previa tramitación o instrucción de un acta o expediente a instancia de los contrayentes para acreditar el cumplimiento de los requisitos de capacidad y la inexistencia de impedimentos o su dispensa, o cualquier otro obstáculo, de acuerdo con lo previsto en el Código Civil. La tramitación del acta competerá al Notario del lugar del domicilio de cualquiera de los contrayentes. La instrucción del expediente corresponderá al Letrado de la Administración de Justicia o Encargado del Registro Civil del domicilio de uno de los contrayentes.

5. El Letrado de la Administración de Justicia, Notario o Encargado del Registro Civil oirá a ambos contrayentes reservadamente y por separado para cerciorarse de su capacidad y de la inexistencia de cualquier impedimento.

Asimismo, se podrán solicitar los informes y practicar las diligencias pertinentes, sean o no propuestas por los requirentes, para acreditar el estado, capacidad o domicilio de los contrayentes o cualesquiera otros extremos necesarios para apreciar la validez de su consentimiento y la veracidad del matrimonio.

El Letrado de la Administración de Justicia, Notario, Encargado del Registro Civil o funcionario que tramite el acta o expediente, cuando sea necesario, podrá recabar de las Administraciones o entidades de iniciativa social de promoción y protección de los derechos de las personas con discapacidad, la provisión de apoyos humanos, técnicos y materiales que faciliten la emisión, interpretación y recepción del consentimiento del o los contrayentes. Solo en el caso excepcional de que alguno de los contrayentes presentare una condición de salud que, de modo evidente, categórico y sustancial, pueda impedirle prestar el consentimiento matrimonial pese a las medidas de apoyo, se recabará dictamen médico sobre su aptitud para prestar el consentimiento.

De la realización de todas estas actuaciones se dejará constancia en el acta o expediente, archivándose junto con los documentos previos a la inscripción de matrimonio.

Pasado un año desde la publicación de los anuncios o de las diligencias sustitutorias sin que se haya contraído el matrimonio, no podrá celebrarse este sin nueva publicación o diligencias.

La Ley 4/2017, de 28 de junio, ha dado nueva redacción al número 5 del apartado uno de la disposición final cuarta.

6. Realizadas las anteriores diligencias, el Letrado de la Administración de Justicia, Notario o Encargado del Registro Civil que haya intervenido finalizará el acta o dictará resolución haciendo constar la concurrencia o no en los contrayentes de los requisitos necesarios para contraer matrimonio, así como la determinación del régimen económico matrimonial que resulte aplicable y, en su caso, la vecindad civil de los contrayentes, entregando copia a éstos. La actuación o resolución deberá ser motivada y expresar, en su caso, con claridad la falta de capacidad o el impedimento que concurra.

7. Si el juicio del Letrado de la Administración de Justicia, Notario o Encargado del Registro Civil fuera desfavorable se procederá al cierre del acta o expediente y los interesados podrán recurrir ante la Dirección General de los Registros y del Notariado, sometiéndose al régimen de recursos previsto por esta Ley.

8. Resuelto favorablemente el expediente por el Letrado de la Administración de Justicia, el matrimonio se podrá celebrar ante el mismo u otro Letrado de la Administración de Justicia, Juez de Paz, Alcalde o Concejal en quien éste delegue, a elección de los contrayentes. Si se hubiere tramitado por el Encargado del Registro Civil, el matrimonio deberá celebrarse ante el Juez de Paz, Alcalde o Concejal en quien éste delegue, que designen los contrayentes. Finalmente, si fuera el Notario quien hubiera extendido el acta matrimonial, los contrayentes podrán otorgar el consentimiento, a su elección, ante el mismo Notario u otro distinto del que hubiera tramitado el acta previa, el Juez de Paz, Alcalde o Concejal en quien éste delegue. La prestación del consentimiento deberá realizarse en la forma prevista en el Código Civil.

El matrimonio celebrado ante Juez de Paz, Alcalde o Concejal en quien este delegue o ante el Letrado de la Administración de Justicia se hará constar en acta; el que se celebre ante Notario constará en escritura pública. En ambos casos deberá ser firmada, además de por aquel ante el que se celebra, por los contrayentes y dos testigos.

Extendida el acta o autorizada la escritura pública, se entregará a cada uno de los contrayentes copia acreditativa de la celebración del matrimonio y se remitirá por el autorizante, en el mismo día y por medios telemáticos, testimonio o copia autorizada electrónica del documento al Registro Civil para su inscripción, previa calificación del Encargado del Registro Civil.

9. La celebración del matrimonio fuera de España corresponderá al funcionario consular o diplomático Encargado del Registro Civil en el extranjero. Si uno o los dos contrayentes residieran en el extranjero, la tramitación del expediente previo podrá corresponder al funcionario diplomático o consular Encargado del registro civil competente en la demarcación consular donde residan. El matrimonio así tramitado podrá celebrarse ante el mismo funcionario u otro distinto, o ante el Juez de Paz, Alcalde o Concejal en quien éste delegue, a elección de los contrayentes.

10. Cuando el matrimonio se hubiere celebrado sin haberse tramitado el correspondiente expediente o acta previa, si éste fuera necesario, el Letrado de la Administración de Justicia, Notario, o el funcionario Encargado del Registro Civil que lo haya celebrado, antes de realizar las actuaciones que procedan para su inscripción, deberá comprobar si concurren los requisitos legales para su validez, mediante la tramitación del acta o expediente al que se refiere este artículo.

Si la celebración del matrimonio hubiera sido realizada ante autoridad o persona competente distinta de las indicadas en el párrafo anterior, el acta de aquélla se remitirá al Encargado del Registro Civil del lugar de celebración para que se proceda a la comprobación de los requisitos de validez, mediante el expediente correspondiente. Efectuada esa comprobación, el Encargado del Registro Civil procederá a su inscripción.

El salto del apartado 10 al 12 no es una errata de esta edición. Está así en la publicación oficial de la Ley.

12. Si los contrayentes hubieran manifestado su propósito de contraer matrimonio en el extranjero, con arreglo a la forma establecida por la ley del lugar de celebración o en forma religiosa y se exigiera la presentación de un certificado de capacidad matrimonial, lo expedirá el Letrado de la Administración de Justicia, Notario, Encargado del Registro Civil o funcionario consular

o diplomático del lugar del domicilio de cualquiera de los contrayentes, previo expediente instruido o acta que contenga el juicio del autorizante acreditativo de la capacidad matrimonial de los contrayentes.»

Dos. Se introduce el artículo 58 bis con el siguiente contendio:

Artículo 58 bis. *Matrimonio celebrado en forma religiosa*

«1. Para la celebración del matrimonio en la forma religiosa prevista en el Acuerdo entre el Estado español y la Santa Sede sobre Asuntos Jurídicos y en los Acuerdos de cooperación del Estado con las confesiones religiosas se estará a lo dispuesto en los mismos.

2. En los supuestos de celebración del matrimonio en la forma religiosa prevista por las iglesias, confesiones, comunidades religiosas o federaciones de las mismas que, inscritas en el Registro de Entidades Religiosas, hayan obtenido el reconocimiento de notorio arraigo en España, requerirán la tramitación de un acta o expediente previo de capacidad matrimonial conforme al artículo anterior. Cumplido este trámite, el Letrado de la Administración de Justicia, Notario, Encargado del Registro Civil o funcionario diplomático o consular Encargado del Registro Civil que haya intervenido expedirá dos copias del acta o resolución, que incluirá, en su caso, el juicio acreditativo de la capacidad matrimonial de los contrayentes, que éstos deberán entregar al ministro de culto encargado de la celebración del matrimonio.

El consentimiento deberá prestarse ante un ministro de culto y dos testigos mayores de edad. En estos casos, el consentimiento deberá prestarse antes de que hayan transcurrido seis meses desde la fecha del acta o resolución que contenga el juicio de capacidad matrimonial. A estos efectos se consideran ministros de culto a las personas físicas dedicadas, con carácter estable, a las funciones de culto o asistencia religiosa y que acrediten el cumplimiento de estos requisitos mediante certificación expedida por la iglesia, confesión o comunidad religiosa que haya obtenido el reconocimiento de notorio arraigo en España, con la conformidad de la federación que en su caso hubiera solicitado dicho reconocimiento.

Una vez celebrado el matrimonio, el oficiante extenderá certificación expresiva de la celebración del mismo, con los requisitos necesarios para su inscripción y las menciones de identidad de los testigos y de las circunstancias del expediente o acta previa que necesariamente incluirán el nombre y apellidos del Letrado de la Administración de Justicia, Notario, Encargado del Registro Civil o funcionario diplomático o consular que la hubiera extendido, la fecha y número de protocolo en su caso. Esta certificación se remitirá por medios electrónicos, en la forma que reglamentariamente se determine, junto con la certificación acreditativa de la condición de ministro de culto, dentro del plazo de cinco días al Encargado del Registro Civil competente para su inscripción. Igualmente extenderá en las dos copias del acta o resolución previa de capacidad matrimonial diligencia expresiva de la celebración del matrimonio entregando una a los contrayentes y conservará la otra como acta de la celebración en el archivo del oficiante o de la entidad religiosa a la que representa como ministro de culto.»

Tres. El artículo 59 pasa a tener la siguiente redacción:

«Artículo 59. Inscripción del matrimonio.

1. El matrimonio cuyos requisitos se hayan constatado y celebrado según el procedimiento previsto en el artículo 58 se inscribirá en los registros individuales de los contrayentes.

2. El matrimonio celebrado ante autoridad extranjera accederá al Registro Civil español mediante la inscripción de la certificación correspondiente, siempre que tenga eficacia con arreglo a lo previsto en la presente Ley.

3. El matrimonio celebrado en España en forma religiosa accederá al Registro Civil mediante la inscripción de la certificación emitida por el ministro de culto, conforme a lo previsto en el artículo 63 del Código Civil.

4. Practicada la inscripción, el Encargado del Registro Civil pondrá a disposición de cada uno de los contrayentes certificación de la inscripción del matrimonio.

5. La inscripción hace fe del matrimonio y de la fecha y lugar en que se contrae y produce el pleno reconocimiento de los efectos civiles del mismo frente a terceros de buena fe.»

Cuatro. Se modifica el artículo 60:

«Artículo 60. Inscripción del régimen económico del matrimonio.

1. Junto a la inscripción de matrimonio se inscribirá el régimen económico matrimonial legal o pactado que rija el matrimonio y los pactos, resoluciones judiciales o demás hechos que puedan afectar al mismo.

2. Cuando no se presenten escrituras de capitulaciones se inscribirá como régimen económico matrimonial legal el que fuera supletorio de conformidad con la legislación aplicable. Para hacer constar en el Registro Civil expresamente el régimen económico legal aplicable a un matrimonio ya inscrito

cuando aquél no constase con anterioridad y no se aporten escrituras de capitulaciones será necesaria la tramitación de un acta de notoriedad.

Otorgada ante Notario escritura de capitulaciones matrimoniales, deberá éste remitir en el mismo día copia autorizada electrónica de la escritura pública al Encargado del Registro Civil correspondiente para su constancia en la inscripción de matrimonio. Si el matrimonio no se hubiera celebrado a la fecha de recepción de la escritura de capitulaciones matrimoniales, el Encargado del Registro procederá a su anotación en el registro individual de cada contrayente.

3. En las inscripciones que en cualquier otro Registro produzcan las capitulaciones y demás hechos que afecten al régimen económico matrimonial, se expresarán los datos de su inscripción en el Registro Civil.

4. Sin perjuicio de lo previsto en el artículo 1333 del Código Civil, en ningún caso el tercero de buena fe resultará perjudicado sino desde la fecha de la inscripción del régimen económico matrimonial o de sus modificaciones.»

Cinco. El artículo 61 queda redactado del siguiente modo:

«Artículo 61. Inscripción de la separación, nulidad y divorcio.

El Letrado de la Administración de Justicia del Juzgado o Tribunal que hubiera dictado la resolución judicial firme de separación, nulidad o divorcio deberá remitir en el mismo día o al siguiente hábil y por medios electrónicos testimonio o copia electrónica de la misma a la Oficina General del Registro Civil, la cual practicará de forma inmediata la correspondiente inscripción. Las resoluciones judiciales que resuelvan sobre la nulidad, separación y divorcio podrán ser objeto de anotación hasta que adquieran firmeza.

La misma obligación tendrá el Notario que hubiera autorizado la escritura pública formalizando un convenio regulador de separación o divorcio.

Las resoluciones judiciales o las escrituras públicas que modifiquen las inicialmente adoptadas o convenidas también deberán ser inscritas en el Registro Civil.

Las resoluciones sobre disolución de matrimonio canónico, dictadas por autoridad eclesiástica reconocida, se inscribirán si cumplen los requisitos que prevé el ordenamiento jurídico.»

Seis. Artículo 67. Supuestos especiales de inscripción de la defunción.

«1. Cuando el cadáver hubiera desaparecido o se hubiera inhumado antes de la inscripción, será necesaria resolución del Letrado de la Administración de Justicia declarando el fallecimiento u orden de la autoridad judicial en la que se acredite legalmente el fallecimiento.»

Siete. El apartado 1 del artículo 74 queda redactado del siguiente modo:

«1. Tienen acceso al registro individual la representación del ausente y la designación de defensor judicial en el caso previsto en el artículo 299 bis del Código Civil.»

Ocho. Se añade un nuevo apartado 3 al artículo 78:

«3. En las inscripciones de la declaración de ausencia y fallecimiento se hará constar cuanto se previene en el artículo 198 del Código Civil.»

Nueve. El apartado 2 de la disposición final segunda queda redactado como sigue:

«2. Las referencias que se encuentren en cualquier norma al Juez, Alcalde o funcionario que haga sus veces competentes para autorizar el matrimonio civil, deben entenderse referidas al Letrado de la Administración de Justicia, Notario, Encargado del Registro Civil o funcionario diplomático o consular Encargado del Registro Civil para acreditar el cumplimiento de los requisitos de capacidad y la inexistencia de impedimentos o su dispensa; y al Juez de Paz, Alcalde o Concejal en quien éste delegue, Letrado de la Administración de Justicia, Notario, o funcionario diplomático o consular Encargado del Registro Civil para la celebración ante ellos del matrimonio en forma civil.»

Diez. La disposición final quinta de la Ley del Registro Civil queda redactada como sigue:

«Disposición final quinta. Tasas municipales.

Se añade un apartado 5 al artículo 20 del texto refundido de la Ley Reguladora de las Haciendas Locales, aprobado por Real Decreto Legislativo 2/2004, de 5 de marzo, con la siguiente redacción:

5. Los Ayuntamientos podrán establecer una tasa para la celebración de los matrimonios en forma civil.»

Once. Se añade una disposición final quinta bis, con la siguiente redacción:

«Disposición final quinta bis. Aranceles notariales.

El Gobierno aprobará los aranceles correspondientes a la intervención de los Notarios en la tramitación de las actas matrimoniales previas y por la celebración de matrimonios en forma civil con la autorización de las escrituras públicas correspondientes.»

Doce. La disposición final décima queda redactada del siguiente modo:

«Disposición final décima. Entrada en vigor.

La presente ley entrará en vigor el 30 de junio de 2020, excepto las disposiciones adicionales séptima y octava y las disposiciones finales tercera y sexta, que entrarán en vigor el día siguiente al de su publicación en el «Boletín Oficial del Estado», y excepto los artículos 49.2 y 53 del mismo texto legal, que entrarán en vigor el día 30 de junio de 2017.

Lo dispuesto en el párrafo anterior se entiende sin perjuicio de la entrada en vigor el 15 de octubre de 2015 de los artículos 44, 45, 46, 47, 49.1 y 4, 64, 66, 67.3 y disposición adicional novena, en la redacción dada por el artículo segundo de la Ley 19/2015, de 13 de julio, de medidas de reforma administrativa en el ámbito de la Administración de Justicia y del Registro Civil.

Hasta la completa entrada en vigor de esta ley, el Gobierno adoptará las medidas y los cambios normativos necesarios que afecten a la organización y funcionamiento de los Registros Civiles.

Modificada por la Ley 5/2018, de 11 de junio, de modificación de la Ley 1/2000, de 7 de enero, de Enjuiciamiento Civil, en relación a la ocupación ilegal de viviendas.

Quinta. *Modificación de Ley 24/1992, de 10 noviembre, por la que se aprueba el acuerdo de cooperación del Estado con la Federación de Entidades Religiosas Evangélicas de España*

Los apartados 2 y 5 del artículo 7 quedan redactados de la forma siguiente:

«2. Las personas que deseen contraer matrimonio en la forma prevista en el párrafo anterior promoverán acta o expediente previo al matrimonio ante el Letrado de la Administración de Justicia, Notario, Encargado del Registro Civil o funcionario diplomático o consular Encargado del Registro Civil correspondiente conforme a la Ley del Registro Civil.

5. Una vez celebrado el matrimonio, el ministro de culto oficiante extenderá certificación expresiva de la celebración del mismo, con los requisitos necesarios para su inscripción y las menciones de identidad de los testigos y de las circunstancias del acta o expediente previo que necesariamente incluirán el nombre y apellidos del Letrado de la Administración de Justicia, Notario, Encargado del Registro Civil o funcionario diplomático o consular que la hubiera extendido, la fecha y número de protocolo en su caso. Esta certificación se remitirá por medios electrónicos, en la forma que reglamentariamente se determine, junto con la certificación acreditativa de la condición de ministro de culto, dentro del plazo de cinco días al Encargado del Registro Civil competente para su inscripción. Igualmente extenderá en las dos copias del acta

o resolución diligencia expresiva de la celebración del matrimonio entregando una a los contrayentes y conservará la otra como acta de la celebración en el archivo del oficiante o de la entidad religiosa a la que representa como ministro de culto.»

Sexta. *Modificación de la Ley 25/1992, de 10 de noviembre, por la que se aprueba el Acuerdo de Cooperación del Estado con la Federación de Comunidades Israelitas de España*

Uno. Se modifica el Título de esta Ley que pasa a ser «Ley 25/1992, de 10 de noviembre, por la que se aprueba el Acuerdo de Cooperación del Estado con la Federación de Comunidades Judías de España».

Dos. Los apartados 2 y 5 del artículo 7 quedan redactados de la forma siguiente:

«2. Las personas que deseen contraer matrimonio en la forma prevista en el párrafo anterior promoverán acta o expediente previo al matrimonio ante el Letrado de la Administración de Justicia, Notario, Encargado del Registro Civil o funcionario diplomático o consular Encargado del Registro Civil correspondiente conforme a la Ley del Registro Civil.

5. Una vez celebrado el matrimonio, el ministro de culto oficiante extenderá certificación expresiva de la celebración del mismo, con los requisitos necesarios para su inscripción y las menciones de identidad de los testigos y de las circunstancias del expediente acta previa que necesariamente incluirán el nombre y apellidos del Letrado de la Administración de Justicia, Notario, Encargado del Registro Civil o funcionario diplomático o consular que la hubiera extendido, la fecha y número de protocolo en su caso. Esta certificación se remitirá por medios electrónicos, en la forma que reglamentariamente se determine, junto con la certificación acreditativa de la condición de ministro de culto, dentro del plazo de cinco días al Encargado del Registro Civil competente para su inscripción. Igualmente extenderá en las dos copias del acta o resolución previa de capacidad matrimonial diligencia expresiva de la celebración del matrimonio entregando una a los contrayentes y conservará la otra como acta de la celebración en el archivo del oficiante o de la entidad religiosa que representa como ministro de culto.»

Tres. Se añade una nueva disposición adicional cuarta con la siguiente redacción:

«Disposición adicional cuarta. Denominación de la Federación.

Por acuerdo de las partes se procede a sustituir el nombre de Federación de Comunidades Israelitas de España por el de Federación de Comunidades Judías de España, que será utilizado en lo sucesivo.

Las referencias realizadas a la Federación de Comunidades Israelitas de España en este Acuerdo de Cooperación del Estado con la Federación de Comunidades Israelitas de España, así como las que figuren en otras normas deberán entenderse hechas a la Federación de Comunidades Judías de España.»

Séptima. *Modificación de la Ley 26/1992, de 10 de noviembre, por la que se aprueba el Acuerdo de Cooperación del Estado con la Comisión Islámica de España*

Los apartados 2 y 3 del artículo 7 quedan redactados de la forma siguiente:

«2. Las personas que deseen inscribir el matrimonio celebrado en la forma prevista en el número anterior, deberán acreditar previamente su capacidad matrimonial, mediante copia del acta o resolución previa expedida por el Letrado de la Administración de Justicia, Notario, Encargado del Registro Civil o funcionario diplomático o consular Encargado del Registro Civil conforme a la Ley del Registro Civil y que deberá contener, en su caso, juicio acreditativo de la capacidad matrimonial. No podrá practicarse la inscripción si se hubiera celebrado el matrimonio transcurridos más de seis meses desde la fecha de dicho acta o desde la fecha de la resolución correspondiente.

3. Una vez celebrado el matrimonio, el representante de la Comunidad Islámica en que se hubiera contraído aquel extenderá certificación expresiva de la celebración del mismo, con los requisitos necesarios para su inscripción y las menciones de las circunstancias del expediente o acta previa que necesariamente incluirán el nombre y apellidos del Letrado de la Administración de Justicia, Notario, Encargado del Registro Civil o funcionario diplomático o consular que la hubiera extendido, la fecha y número de protocolo en su caso. Esta certificación se remitirá por medios electrónicos, en la forma que reglamentariamente se determine, junto con la certificación acreditativa de la capacidad representante de la Comunidad Islámica para celebrar matrimonios, de conformidad con lo previsto en el apartado 1 del artículo 3, dentro del plazo de cinco días al Encargado del Registro Civil competente para su inscripción. Igualmente extenderá en las dos copias del acta o resolución previa de capacidad matrimonial diligencia expresiva de la celebración del matrimonio, entre-

gando una a los contrayentes y conservará la otra como acta de la celebración en el archivo de la Comunidad.»

Octava. *Modificación de la Ley 33/2003, de 3 de noviembre, de Patrimonio de las Administraciones Públicas*

Uno. El apartado 6 del artículo 20 queda redactado de la forma siguiente:

«6. La sucesión legítima de la Administración General del Estado y de las Comunidades Autónomas se regirá por la presente Ley, el Código Civil y sus normas complementarias o las normas de Derecho foral o especial que fueran aplicables.

Cuando a falta de otros herederos legítimos con arreglo al Derecho civil común o foral sea llamada la Administración General del Estado o las Comunidades Autónomas, corresponderá a la Administración llamada a suceder en cada caso efectuar en vía administrativa la declaración de su condición de heredero abintestato, una vez justificado debidamente el fallecimiento de la persona de cuya sucesión se trate, la procedencia de la apertura de la sucesión intestada y constatada la ausencia de otros herederos legítimos.»

Dos. Se añade un nuevo artículo 20 bis:

«Artículo 20 bis. Procedimiento para la declaración de la Administración del Estado como heredera abintestato.

1. El procedimiento para la declaración de la Administración como heredera abintestato se iniciará de oficio, por acuerdo del órgano competente, adoptado por iniciativa propia o como consecuencia de orden superior, petición razonada de otros órganos o denuncia, o en virtud de las comunicaciones a las que se refieren el artículo 791.2 de la Ley 1/2000, de 7 de enero, de Enjuiciamiento Civil, y el artículo 56.4 de la Ley de 28 de mayo de 1862 del Notariado.

En el caso de que el llamamiento corresponda a la Administración General del Estado, el órgano competente para acordar la incoación será el Director General del Patrimonio del Estado.

2. El expediente será instruido por la Delegación de Economía y Hacienda correspondiente al lugar del último domicilio conocido del causante en territorio español. De no haber tenido nunca domicilio en España, será competente la correspondiente al lugar donde estuviere la mayor parte de sus bienes.

En caso de que se considere que la tramitación del expediente no corresponde a la Administración General del Estado, se dará traslado a la Administración autonómica competente para ello.

3. El acuerdo de incoación del procedimiento se publicará gratuitamente en el "Boletín Oficial del Estado" y, cuando la tramitación se efectúe por la Administración General del Estado, en la página web del Ministerio de Hacienda y Administraciones Públicas, sin perjuicio de la posibilidad de utilizar otros medios adicionales de difusión. Una copia del acuerdo será remitida para su publicación en los tablones de anuncios de los Ayuntamientos correspondientes al último domicilio del causante, al del lugar del fallecimiento y donde radiquen la mayor parte de sus bienes. Los edictos deberán estar expuestos durante el plazo de un mes.

Cualquier interesado podrá presentar alegaciones o aportar documentos u otros elementos de juicio con anterioridad a la resolución del procedimiento.

4. La Delegación de Economía y Hacienda realizará los actos y comprobaciones que resulten necesarios para determinar la procedencia de los derechos sucesorios de la Administración General del Estado, e incluirá en el expediente cuantos datos pueda obtener sobre el causante y sus bienes y derechos.

A estos efectos, si dicha documentación no hubiere sido remitida por el órgano judicial o el Notario, se solicitará de las autoridades y funcionarios públicos, registros y demás archivos públicos, la información sobre el causante y los bienes y derechos de su titularidad que se estime necesaria para la mejor instrucción del expediente. Dicha información, de acuerdo con lo establecido en el artículo 64, será facilitada de forma gratuita.

Asimismo se podrá recabar de los ciudadanos la colaboración a que se refiere el artículo 62.

5. La Abogacía del Estado de la provincia deberá emitir informe sobre la adecuación y suficiencia de las actuaciones practicadas para declarar a la Administración General del Estado como heredero abintestato.

6. La resolución del expediente y, en su caso, la declaración de heredero abintestato a favor del Estado en la que se contendrá la adjudicación administrativa de los de bienes y derechos de la herencia, corresponde al Director General del Patrimonio del Estado, previo informe de la Abogacía General del Estado-Dirección del Servicio Jurídico del Estado.

El plazo máximo para la resolución del procedimiento será de un año. No obstante, si el inventario judicial de bienes del causante no se hubiera comunicado a la administración antes de transcurridos diez meses desde el inicio del procedimiento, el plazo para resolver se entenderá ampliado hasta dos meses después de su recepción.

7. La resolución que se dicte deberá publicarse en los mismos sitios en los que se hubiera anunciado el acuerdo de incoación del expediente y comunicarse, en su caso, al órgano judicial que estuviese conociendo de la intervención del caudal hereditario. La resolución que declare la improcedencia de declarar heredera a la Administración deberá, además, notificarse a las personas con derecho a heredar.

8. Los actos administrativos dictados en el procedimiento previsto en esta sección sólo podrán ser recurridos ante la jurisdicción contencioso-administrativa por infracción de las normas sobre competencia y procedimiento, previo agotamiento de la vía administrativa. Quienes se consideren perjudicados en cuanto a su mejor derecho a la herencia u otros de carácter civil por la declaración de heredero abintestato o la adjudicación de bienes a favor de la Administración podrán ejercitar las acciones pertinentes ante los órganos del orden jurisdiccional civil, previa reclamación en vía administrativa conforme a las normas del Título VIII de la Ley 30/1992, de 26 de noviembre, de Régimen Jurídico de las Administraciones Públicas y del Procedimiento Administrativo Común.»

Tres. Se añade un nuevo artículo 20 ter:

«Artículo 20 ter. Efectos de la declaración de heredero abintestato.

1. Realizada la declaración administrativa de heredero abintestato, que supondrá la aceptación de la herencia a beneficio de inventario, se podrá proceder a tomar posesión de los bienes y derechos del causante y, en su caso, a recabar de la autoridad judicial la entrega de los que se encuentren bajo su custodia.

2. Los bienes y derechos del causante no incluidos en el inventario judicial y que se identifiquen con posterioridad a la declaración de la Administración General del Estado como heredera abintestato y a la adjudicación de los bienes y derechos hereditarios, se incorporaran al caudal hereditario y se adjudicarán por resolución del Director General del Patrimonio del Estado y mediante el procedimiento de investigación regulado en el artículo 47.

No obstante, en los casos en que el derecho de propiedad del causante constase en registros públicos o sistemas de anotaciones en cuenta, o derivase de la titularidad de cuentas bancarias, títulos valores, depósitos, y, en general, en cualesquiera supuestos en los que su derecho sea indubitado por estar asentado en una titularidad formal, la incorporación de los bienes se realizará por acuerdo del Delegado de Economía y Hacienda.

3. A efectos de estas actuaciones de investigación, las autoridades y funcionarios, registros y demás archivos públicos, deberán suministrar gratuitamente la información de que dispongan sobre los bienes y derechos de titularidad del causante. Igual obligación de colaborar y suministrar la información de que dispongan tendrán los órganos de la Administración tributaria.

4. A los efectos previstos en los artículos 14 y 16 de la Ley Hipotecaria, la declaración administrativa de heredero abintestato en la que se contenga la adjudicación de los bienes hereditarios, o, en su caso, las resoluciones posteriores del Director General del Patrimonio del Estado o del Delegado de Economía y Hacienda acordando la incorporación de bienes y derechos al caudal relicto y su adjudicación, serán título suficiente para inscribir a favor de la Administración en el Registro de la Propiedad los inmuebles o derechos reales que figurasen en las mismas a nombre del causante. Si los inmuebles o derechos reales no estuviesen previamente inscritos, dicho título será bastante para proceder a su inmatriculación.

5. No se derivarán responsabilidades para la Administración General del Estado por razón de la titularidad de los bienes y derechos integrantes del caudal hereditario hasta el momento en que éstos le sean entregados por el órgano judicial, o se tome posesión efectiva de los mismos.»

Cuatro. Se añade un nuevo artículo 20 quáter:

«Artículo 20 quáter. Liquidación del caudal hereditario.

1. Una vez se encuentre en posesión de la herencia, la Administración General del Estado procederá a la liquidación de los bienes y derechos de la misma, distribuyéndose la cantidad obtenida en la forma prevista en el artículo 956 del Código Civil.

2. No obstante, el Consejo de Ministros, atendidas las características de los bienes y derechos incluidos en el caudal relicto, podrá excluir de la liquidación y reparto, todos o algunos de ellos.

3. Asimismo, el Director General del Patrimonio del Estado podrá excluir de la liquidación aquellos bienes que convenga conservar en el patrimonio de la Administración General del Estado para su afectación o adscripción a fines o servicios propios de sus órganos o de los Organismos públicos dependientes. En este caso, de ser el valor de esos bienes superior al del tercio que corresponda a la Administración General del Estado, se compensará el exceso al resto del caudal mediante la correspondiente modificación presupuestaria.

4. Una vez aprobada la cuenta de liquidación del abintestato y realizado el ingreso de las cantidades pertinentes en el Tesoro, se generará crédito por un importe equivalente a las dos terceras partes del valor del caudal relicto en la partida consignada en los Presupuestos Generales del Estado para atender las transferencias para fines de interés social que se dota con la asignación tributaria para esta finalidad derivada de la cuota íntegra del Impuesto sobre la Renta de las Personas Físicas.»

Cinco. Se añade una nueva disposición adicional vigésima cuarta:

«Disposición adicional vigésima cuarta. Sucesión abintestato del Hospital de Nuestra Señora de Gracia de Zaragoza.

La declaración como heredero abintestato del Hospital de Nuestra Señora de Gracia de Zaragoza se realizará por la Diputación General de Aragón.»

Seis. Se añade una nueva disposición adicional vigésima quinta.

«Disposición adicional vigésima quinta. Sucesión abintestato de las Diputaciones forales de los territorios históricos del País Vasco.

La declaración como herederas abintestato de las Diputaciones forales de los Territorios Históricos del País Vasco se realizará por la Diputación Foral correspondiente.»

Siete. Se modifican los apartados 1, 2 y 5 de la disposición final segunda:

«1. Las siguientes disposiciones de esta Ley se dictan al amparo de la competencia exclusiva del Estado en materia de legislación procesal del artículo 149.1.6.ª de la Constitución, y son de aplicación general el artículo 20 bis, apartado 8; artículo 43; y artículo 110, apartado 3.

2. Las siguientes disposiciones de esta Ley se dictan al amparo del artículo 149.1.8.ª de la Constitución, y son de aplicación general, sin perjuicio de lo dispuesto en los derechos civiles forales o especiales, allí donde existan: artículo 4; artículo 5, apartados 1, 2 y 4; artículo 7, apartado 1; artículo 15; artículo 17; artículo 18; artículo 20, apartados 2, 3 y 6; artículo 22; artículo 23; artículo 30, apartados 1 y 2; artículo 37, apartados 1, 2 y 3; artículo 38, apartados 1 y 2; artículo 39; artículo 40; artículo 49; artículo 53; artículo 83, apartado 1; artículo 97; artículo 98; y artículo 99, apartado 1.»

«5. Tienen el carácter de la legislación básica, de acuerdo con lo preceptuado en el artículo 149.1.18.ª de la Constitución, las siguientes disposiciones de esta Ley: artículo 1; artículo 2; artículo 3; artículo 6; artículo 8, apartado 1; apartados 1 a 6 del artículo 20 bis; artículo 20 ter, artículo 27; artículo 28; artículo 29, apartado 2; artículo 32, apartados 1 y 4; artículo 36, apartado 1;

artículo 41; artículo 42; artículo 44; artículo 45; artículo 50; artículo 55; artículo 58; artículo 61; artículo 62; artículo 84; artículo 91, apartado 4; artículo 92, apartados 1, 2, y 4; artículo 93, apartados 1, 2, 3 y 4; artículo 94; artículo 97; artículo 98; artículo 100; artículo 101, apartados 1, 3 y 4; artículo 102, apartados 2 y 3; artículo 103, apartados 1 y 3; artículo 106, apartado 1; artículo 107, apartado 1; artículo 109, apartado 3; artículo 121, apartado 4; artículo 183; artículo 184; artículo 189; artículo 190; artículo 190 bis; artículo 191; disposición transitoria primera, apartado 1; disposición transitoria quinta; la disposición adicional vigésima tercera y la vigésima cuarta.»

Novena. *Modificación de la Ley 50/1980, de 8 de octubre, de Contrato de Seguro*

El sexto párrafo del artículo 38 pasa a tener la siguiente redacción:

«Cuando no haya acuerdo entre los peritos, ambas partes designarán un tercer perito de conformidad. De no existir esta, se podrá promover expediente en la forma prevista en la ley de la Jurisdicción Voluntaria o en la legislación notarial. En estos casos, el dictamen pericial se emitirá en el plazo señalado por las partes o, en su defecto, en el de treinta días a partir de la aceptación de su nombramiento por el perito tercero.»

Décima. *Modificación de la Ley 41/2003, de 18 de noviembre, de protección patrimonial de las personas con discapacidad y modificación del Código Civil, de la Ley de Enjuiciamiento Civil y de la Normativa Tributaria con esta finalidad*

Se modifica el apartado 2 del artículo 5 que pasa a tener la siguiente redacción:

«2. En los demás casos, las reglas de administración, establecidas en el documento público de constitución, deberán prever la obligatoriedad de autorización judicial en los mismos supuestos que el tutor la requiere respecto de los bienes del tutelado, conforme a los artículos 271 y 272 del Código Civil o, en su caso, conforme a lo dispuesto en las normas de Derecho civil, foral o especial, que fueran aplicables.

No obstante lo dispuesto en el párrafo anterior la autorización no es necesaria cuando el beneficiario tenga capacidad de obrar suficiente.

En ningún caso será necesaria la subasta pública para la enajenación de los bienes o derechos que integran el patrimonio protegido. En todo caso, y en consonancia con la finalidad propia de los patrimonios protegidos de satisfacción de las necesidades vitales de sus titulares, con los mismos bienes y derechos en él integrados, así como con sus frutos, productos y rendimientos, no se considerarán actos de disposición el gasto de dinero y el consumo de bienes fungibles integrados en el patrimonio protegido, cuando se hagan para atender las necesidades vitales de la persona beneficiaria.»

Undécima. *Modificación de la Ley de 28 de mayo de 1862, del Notariado*

Uno. Se introduce un nuevo Título VII, con el siguiente contenido:

«TÍTULO VII

Intervención de los Notarios en expedientes y actas especiales

CAPÍTULO I

Reglas generales

Artículo 49.

Los Notarios intervendrán en los expedientes especiales autorizando actas o escrituras públicas:

1.º Cuando el expediente tenga por objeto la declaración de voluntad de quien lo inste o la realización de un acto jurídico que implique prestación de consentimiento, el Notario autorizará una escritura pública.

2.º Cuando el expediente tenga por objeto la constatación o verificación de un hecho, la percepción del mismo, así como sus juicios o calificaciones, el Notario procederá a extender y autorizar un acta.

Artículo 50.

1. En el mes de enero de cada año se interesará por parte del Decano de cada Colegio Notarial de los distintos Colegios profesionales, de entidades análogas, así como de las Academias e instituciones culturales y científicas que se ocupen del estudio de las materias correspondientes al objeto de la pericia el envío de una lista de colegiados o asociados dispuestos a actuar como peritos, que estará a disposición de los Notarios en el Colegio Notarial. Igualmente podrán solicitar formar parte de esa lista aquellos profesionales que acrediten conocimientos necesarios en la materia correspondiente, con independencia de su pertenencia o no a un Colegio Profesional. La primera designación de cada lista se efectuará por sorteo realizado en presencia del Decano del Colegio Notarial, y a partir de ella se efectuarán por el Colegio las siguientes designaciones por orden correlativo conforme sean solicitadas por los Notarios que pertenezcan al mismo.

2. Cuando haya de designarse perito a persona sin título oficial, práctica o entendida en la materia, previa citación de las partes, se realizará la designa-

ción por el procedimiento establecido en el apartado anterior, usándose para ello una lista de personas que cada año se solicitará de sindicatos, asociaciones y entidades apropiadas, y que deberá estar integrada por al menos cinco de aquellas personas. Si, por razón de la singularidad de la materia de dictamen, únicamente se dispusiera del nombre de una persona entendida o práctica, se recabará de las partes su consentimiento y sólo si todas lo otorgan se designará perito a esa persona.

CAPÍTULO II

De las actas y escrituras públicas en materia matrimonial

Sección 1.ª Del acta matrimonial y de la escritura pública de celebración del matrimonio

Artículo 51.

1. Los que vayan a contraer matrimonio para el que se precise acta en la que se constate el cumplimiento de los requisitos de capacidad de ambos contrayentes, la inexistencia de impedimentos o su dispensa, o cualquier género de obstáculos para contraer matrimonio, deberán instar previamente su tramitación ante el Notario que tenga su residencia en el lugar del domicilio de cualquiera de ellos.

2. La solicitud, tramitación y autorización del acta se ajustarán a lo dispuesto en el artículo 58 de la Ley 20/2011 de 21 de julio de Registro Civil y, en lo no previsto, en esta Ley.

Artículo 52.

1. Si el acta fuera favorable a la celebración del matrimonio, este se llevará a cabo ante el Notario que haya intervenido en la tramitación de aquélla mediante el otorgamiento de escritura pública en la que hará constar todas las circunstancias establecidas en la Ley del Registro Civil y su reglamento.

2. Cuando los contrayentes, en la solicitud inicial o durante la tramitación del acta, hayan solicitado que la prestación del consentimiento se realice ante Juez de Paz, Alcalde o Concejal en quien este delegue u otro Notario, se remitirá copia del acta al oficiante elegido, el cual se limitará a celebrar el matrimonio y levantará acta u otorgará escritura pública, según proceda, con todos los requisitos legalmente exigidos.

3. Si el matrimonio se celebrase en peligro de muerte, el Notario otorgará escritura pública donde se recoja la prestación del consentimiento matrimonial, previo dictamen médico sobre su aptitud para prestar éste y sobre la gravedad de la situación cuando el riesgo se derive de enfermedad o estado

físico de alguno de los contrayentes, salvo imposibilidad acreditada. Con posterioridad, el Notario procederá a la tramitación del acta de comprobación de los requisitos de validez del matrimonio.

Sección 2.ª Del acta de notoriedad para la constancia del régimen económico matrimonial legal

Artículo 53.

1. Quienes deseen hacer constar expresamente en el Registro Civil el régimen económico matrimonial legal que corresponda a su matrimonio cuando este no constare con anterioridad deberán solicitar la tramitación de un acta de notoriedad al Notario con residencia en cualquiera de los domicilios conyugales que hubieran tenido, o en el domicilio o residencia habitual de cualquiera de los cónyuges, o donde estuvieran la mayor parte de sus bienes o donde desarrollen su actividad laboral o empresarial, a elección del requirente. También podrá elegir a un Notario de un distrito colindante a los anteriores.

2. La solicitud de inicio del acta deberá ir acompañada de los documentos acreditativos de identidad y domicilio del requirente. Deberá acreditarse con información del Registro Civil la inexistencia de un régimen económico matrimonial inscrito.

Los solicitantes deberán aseverar la certeza de los hechos positivos y negativos en que se deba fundar el acta, aportarán la documentación que estimen conveniente para la determinación de los hechos y deberán acompañar los documentos acreditativos de su vecindad civil en el momento de contraer matrimonio y, en caso de no poder hacerlo, deberán ofrecer información de, al menos, dos testigos que aseguren la realidad de los hechos de los que se derive la aplicación del régimen económico matrimonial legal.

3. Ultimadas las anteriores diligencias, el Notario hará constar su juicio de conjunto sobre si quedan acreditados por notoriedad los hechos y, si considera suficientemente acreditado el régimen económico legal del matrimonio, remitirá, en el mismo día y por medios telemáticos, copia electrónica del acta al Registro Civil correspondiente. En caso contrario, el Notario cerrará igualmente el acta y los interesados no conformes podrán ejercer su derecho en el juicio que corresponda.

Sección 3.ª De la escritura publica de separación matrimonial o divorcio

Artículo 54.

1. Los cónyuges, cuando no tuvieren hijos menores no emancipados o con la capacidad modificada judicialmente que dependan de ellos, podrán acordar

su separación matrimonial o divorcio de mutuo acuerdo, mediante la formulación de un convenio regulador en escritura pública. Deberán prestar su consentimiento ante el Notario del último domicilio común o el del domicilio o residencia habitual de cualquiera de los solicitantes.

2. Los cónyuges deberán estar asistidos en el otorgamiento de la escritura pública de Letrado en ejercicio.

3. La solicitud, tramitación y otorgamiento de la escritura pública se ajustarán a lo dispuesto en el Código Civil y en esta ley.

CAPÍTULO III

De los expedientes en materia de sucesiones

Sección 1.ª De la declaración de herederos abintestato

Artículo 55.

1. Quienes se consideren con derecho a suceder abintestato a una persona fallecida y sean sus descendientes, ascendientes, cónyuge o persona unida por análoga relación de afectividad a la conyugal, o sus parientes colaterales, podrán instar la declaración de herederos abintestato. Esta se tramitará en acta de notoriedad autorizada por Notario competente para actuar en el lugar en que hubiera tenido el causante su último domicilio o residencia habitual, o donde estuviere la mayor parte de su patrimonio, o en el lugar en que hubiera fallecido, siempre que estuvieran en España, a elección del solicitante. También podrá elegir a un Notario de un distrito colindante a los anteriores. En defecto de todos ellos, será competente el Notario del lugar del domicilio del requirente.

2. El acta se iniciará a requerimiento de cualquier persona con interés legítimo, a juicio del Notario, y su tramitación se efectuará con arreglo a lo previsto en la presente ley y a la normativa notarial.

Artículo 56. 1. El requerimiento para la iniciación del acta deberá contener la designación y datos identificativos de las personas que el requirente considere llamadas a la herencia e ir acompañado de los documentos acreditativos del parentesco con el fallecido de las personas designadas como herederos, así como de la identidad y domicilio del causante. En todo caso deberá acreditarse el fallecimiento del causante y que éste ocurrió sin título sucesorio mediante información del Registro Civil y del Registro General de Actos de Última Voluntad, o, en su caso, mediante documento auténtico del que resulte a juicio del Notario, indubitadamente, que, a pesar de la existencia de testamento o contrato sucesorio, procede la sucesión abintestato, o bien mediante sentencia firme que declare la invalidez del título sucesorio o de la institución de heredero. Los documentos presentados o testimonio de los mismos quedarán incorporados al acta.

El requirente deberá aseverar la certeza de los hechos positivos y negativos, en que se haya de fundar el acta y deberá ofrecer información testifical relativa a que la persona de cuya sucesión se trate ha fallecido sin disposición de última voluntad y de que las personas designadas son sus únicos herederos.

Cuando cualquiera de los interesados fuera menor o persona con capacidad modificada judicialmente y careciera de representante legal, el Notario comunicará esta circunstancia al Ministerio Fiscal para que inste la designación de un defensor judicial.

2. En el acta habrá de constar necesariamente, al menos, la declaración de dos testigos que aseveren que de ciencia propia o por notoriedad les constan los hechos positivos y negativos cuya declaración de notoriedad se pretende. Dichos testigos podrán ser, en su caso, parientes del fallecido, sea por consanguinidad o afinidad, cuando no tengan interés directo en la sucesión.

El Notario, a fin de procurar la audiencia de cualquier interesado, practicará, además de las pruebas propuestas por el requirente, las que se estimen oportunas, y en especial aquellas dirigidas a acreditar su identidad, domicilio, nacionalidad y vecindad civil y, en su caso, la ley extranjera aplicable.

Si se ignorase la identidad o domicilio de alguno de los interesados, el Notario recabará, mediante oficio, el auxilio de los órganos, registros, autoridades públicas y consulares que, por razón de su competencia, tengan archivos o registros relativos a la identidad de las personas o sus domicilios, a fin de que le sea librada la información que solicite, si ello fuera posible.

Si no lograse averiguar la identidad o el domicilio de alguno de los interesados, el Notario deberá dar publicidad a la tramitación del acta mediante anuncio publicado en el «Boletín Oficial del Estado» y podrá, si lo considera conveniente, utilizar otros medios adicionales de comunicación. También deberá exponer el anuncio del acta en los tablones de anuncios de los Ayuntamientos correspondientes al último domicilio del causante, al del lugar del fallecimiento, si fuera distinto, o al del lugar donde radiquen la mayor parte de sus bienes inmuebles.

Cualquier interesado podrá oponerse a la pretensión, presentar alegaciones o aportar documentos u otros elementos de juicio dentro del plazo de un mes a contar desde el día de la publicación o, en su caso, de la última exposición del anuncio.

3. Ultimadas las anteriores diligencias y transcurrido el plazo de veinte días hábiles, a contar desde el requerimiento inicial o desde la terminación del plazo del mes otorgado para hacer alegaciones en caso de haberse publicado anuncio, el Notario hará constar su juicio de conjunto sobre la acreditación por notoriedad de los hechos y presunciones en que se funda la declaración de herederos. Cualquiera que fuera el juicio del Notario, terminará el acta y se procederá a su protocolización.

En caso afirmativo, declarará qué parientes del causante son los herederos abintestato, expresando sus circunstancias de identidad y los derechos que por ley les corresponden en la herencia.

Se hará constar en el acta la reserva del derecho a ejercitar su pretensión ante los Tribunales de los que no hubieran acreditado a juicio del Notario su derecho a la herencia y de los que no hubieran podido ser localizados. También quienes se consideren perjudicados en su derecho podrán acudir al proceso declarativo que corresponda.

Realizada la declaración de heredero abintestato, se podrá, en su caso, recabar de la autoridad judicial la entrega de los bienes que se encuentren bajo su custodia, a no ser que alguno de los herederos pida la división judicial de la herencia.

4. Transcurrido el plazo de dos meses desde que se citó a los interesados sin que nadie se hubiera presentado o si fuesen declarados sin derecho los que hubieren acudido reclamando la herencia y si a juicio del Notario no hay persona con derecho a ser llamada, se remitirá copia del acta de lo actuado a la Delegación de Economía y Hacienda correspondiente por si resultare procedente la declaración administrativa de heredero. En caso de que dicha declaración no correspondiera a la Administración General del Estado, la citada Delegación dará traslado de dicha notificación a la Administración autonómica competente para ello.

Sección 2.ª De la presentación, adveración, apertura y protocolización de los testamentos cerrados

Artículo 57.

1. La presentación, adveración, apertura y protocolización de los testamentos cerrados se efectuará ante Notario competente para actuar en el lugar en que hubiera tenido el causante su último domicilio o residencia habitual,

o donde estuviere la mayor parte de su patrimonio, con independencia de su naturaleza de conformidad con la ley aplicable, o en el lugar en que hubiera fallecido, siempre que estuvieran en España, a elección del solicitante. También podrá elegir a un Notario de un distrito colindante a los anteriores. En defecto de todos ellos, será competente el Notario del lugar del domicilio del requirente.

2. Si transcurridos diez días desde el fallecimiento del otorgante, el testamento no fuera presentado conforme a lo previsto en el Código Civil, cualquier interesado podrá solicitar al Notario que requiera a la persona que tenga en su poder un testamento cerrado para que lo presente ante él. Deberán acreditarse los datos identificativos del causante y, mediante información del Registro Civil y del Registro General de Actos de Última Voluntad, el fallecimiento del otorgante y si ha otorgado otras disposiciones testamentarias. Si fuese extraño a la familia del fallecido, además, deberá expresar y acreditar en la solicitud la razón por la que crea tener interés en la presentación del testamento.

3. Cuando comparezca ante Notario quien tenga en su poder un testamento cerrado en cumplimiento del deber establecido en el artículo 712 del Código Civil y manifestara no tener interés en la adveración y protocolización del testamento, el Notario requerirá a quienes pudieran tener interés en la herencia, de acuerdo con lo manifestado por el compareciente, y, en todo caso si le fueran conocidos, al cónyuge sobreviviente, a los descendientes y a los ascendientes del testador y, en defecto de éstos, a los parientes colaterales hasta el cuarto grado para que promuevan el expediente ante Notario competente, si les interesase.

Cuando cualesquiera de los interesados fuera menor o persona con capacidad modificada judicialmente y careciera de representante legal, el Notario comunicará esta circunstancia al Ministerio Fiscal para que inste la designación de un defensor judicial.

4. Si se ignorase la identidad o domicilio de estas personas, el Notario dará publicidad del expediente en los tablones de anuncios de los Ayuntamientos correspondientes al último domicilio o residencia habitual del causante, al del lugar del fallecimiento si fuera distinto y donde radiquen la mayor parte de sus bienes, sin perjuicio de la posibilidad de utilizar otros medios adicionales de comunicación. Los anuncios deberán estar expuestos durante el plazo de un mes.

5. Transcurridos tres meses desde que se realizaron los requerimientos o desde la finalización del plazo de la última exposición del anuncio sin que se haya presentado el testamento, a pesar del requerimiento, o sin que ningún interesado haya promovido el expediente, se archivará el mismo, sin perjuicio de reanudarlo a solicitud de cualquier interesado.

Artículo 58.

1. Quien presente el testamento u otro interesado, podrá solicitar al Notario para que, una vez acreditado el fallecimiento del testador, cite para la fecha más próxima posible al Notario autorizante del testamento, si fuera distinto, y, en su caso, a los testigos instrumentales que hubieran intervenido en el otorgamiento.

2. Los testigos citados, que hubiesen comparecido en el día señalado, serán examinados y se les pondrá de manifiesto el pliego cerrado para que lo examinen y declaren bajo juramento o promesa si reconocen como legítimas la firma y rúbrica que con su nombre aparecen en él, y si lo hallan en el mismo estado que tenía cuando pusieron su firma.

3. Cuando no comparezca alguno o algunos de los citados, se preguntará a los demás si vieron que éstos pusieron su firma y rúbrica. El Notario podrá acordar, si lo considera necesario, el cotejo de letras y otras diligencias conducentes a la averiguación de la autenticidad de las firmas de los no comparecidos y del fallecido.

Artículo 59. 1. Practicadas las diligencias a que se refiere el artículo anterior, y resultando de ellas que en el otorgamiento del testamento se han guardado las solemnidades prescritas por la ley, el Notario abrirá el pliego y leerá en voz alta la disposición testamentaria, a no ser que contenga disposición del testador ordenando que alguna o algunas cláusulas queden reservadas y secretas hasta cierta época, en cuyo caso la lectura se limitará a las demás cláusulas de la disposición testamentaria.

2. Los parientes del testador u otras personas en quienes pueda presumirse algún interés podrán presenciar la apertura del pliego y lectura del testamento, si lo tienen por conveniente, sin permitirles que se opongan a la práctica de la diligencia por ningún motivo, aunque presenten otro testamento posterior.

Artículo 60.

1. Cumplidos los anteriores trámites, el Notario extenderá acta de protocolización, de acuerdo con la presente Ley y su reglamento de ejecución.

2. Cuando el Notario concluya que el testamento no reúne las solemnidades prescritas por la ley o que, a su juicio no quedó acreditada la autenticidad del pliego, lo hará constar así, cerrará el acta y no autorizará la protocolización del testamento.

Autorizada o no la protocolización, los interesados no conformes podrán ejercer su derecho en el juicio que corresponda.

Sección 3.ª De la presentación, adveración, apertura y protocolización de los testamentos ológrafos

Artículo 61.

1. La presentación, adveración, apertura y protocolización de los testamentos ológrafos se efectuará ante Notario competente para actuar en el lugar en que hubiera tenido el causante su último domicilio o residencia habitual, o donde estuviere la mayor parte de su patrimonio, con independencia de su naturaleza de conformidad con la ley aplicable, o en el lugar en que hubiera fallecido, siempre que estuvieran en España, a elección del solicitante. También podrá elegir a un Notario de un distrito colindante a los anteriores. En defecto de todos ellos, será competente el Notario del lugar del domicilio del requirente.

2. Si transcurridos diez días desde el fallecimiento del otorgante, el testamento no fuera presentado conforme a lo previsto en el Código Civil, cualquier interesado podrá solicitar al Notario que requiera a la persona que tenga en su poder un testamento ológrafo para que lo presente ante él. Deberán acreditarse los datos identificativos del causante y, mediante información del Registro Civil y del Registro General de Actos de Última Voluntad, el fallecimiento del otorgante y si ha otorgado otras disposiciones testamentarias. Si fuese extraño a la familia del fallecido, además, deberá expresar en la solicitud la razón por la que crea tener interés en la presentación del testamento.

3. Cuando comparezca ante Notario quien tenga en su poder un testamento ológrafo en cumplimiento del deber establecido en el artículo 690 del Código Civil y manifestara no tener interés en la adveración y protocolización del testamento, el Notario procederá conforme a lo establecido en el apartado 3 del artículo 57.

4. No se admitirán las solicitudes que se presenten después de transcurridos cinco años desde el fallecimiento del testador.

Artículo 62.

1. Una vez presentado el testamento ológrafo, a solicitud de quien lo presente o de otro interesado, el Notario deberá requerir para que comparezcan ante él, en el día y hora que señale, el cónyuge sobreviviente, si lo hubiere, los descendientes y ascendientes del testador y, en defecto de unos y otros, los parientes colaterales hasta el cuarto grado.

2. Si se ignorase su identidad o domicilio, el Notario dará publicidad del expediente en los tablones de anuncios de los Ayuntamientos correspondientes al último domicilio o residencia del causante, al del lugar del fallecimiento si fuera distinto y donde radiquen la mayor parte de sus bienes, sin perjuicio de la posibilidad de utilizar otros medios adicionales de comunicación. Los anuncios deberán estar expuestos durante el plazo de un mes.

3. Cuando cualquiera de las referidas personas fuese menor o persona con capacidad modificada judicialmente y carezca de representante legal, el Notario comunicará esta circunstancia al Ministerio Fiscal para que inste la designación de un defensor judicial.

4. Si el solicitante hubiera pedido al Notario la comparecencia de testigos para declarar sobre la autenticidad del testamento, el Notario los citará para que comparezcan ante él en el día y hora que señale.

5. En el día señalado, el Notario abrirá el testamento ológrafo cuando esté en pliego cerrado, lo rubricará en todas sus hojas y serán examinados los testigos. Cuando al menos tres testigos, que conocieran la letra y firma del testador, declarasen que no abrigan duda racional de que fue manuscrito y firmado por él, podrá prescindirse de las declaraciones testificales que faltaren.

A falta de testigos idóneos o si dudan los examinados, el Notario podrá acordar, si lo estima conveniente, que se practique una prueba pericial caligráfica.

6. Los interesados podrán presenciar la práctica de las diligencias y hacer en el acto las observaciones que estimen oportunas sobre la autenticidad del testamento, que, en su caso, serán reflejadas por el Notario en el acta.

Artículo 63.

Si el Notario considera justificada la autenticidad del testamento, autorizará el acta de protocolización y expedirá copia de la misma a los interesados que la soliciten.

En caso contrario, lo hará constar así, cerrará el acta y no autorizará la protocolización del testamento.

Autorizada o no la protocolización del testamento, los interesados no conformes podrán ejercer su derecho en el juicio que corresponda.

Sección 4.ª De la presentación, adveración, apertura y protocolización de los testamentos otorgados en forma oral

Artículo 64.

1. La presentación, adveración, apertura y protocolización de los testamentos otorgados en forma oral se efectuará ante Notario competente para actuar en el lugar en que hubiera tenido el causante su último domicilio o residencia habitual o donde estuviere la mayor parte de su patrimonio, con independencia de su naturaleza de conformidad con la ley aplicable, o en el lugar en que hubiera fallecido, siempre que estuvieran en España, a elección del solicitante. También podrá elegir a un Notario de un distrito colindante a los anteriores. En defecto de todos ellos, será competente el Notario del lugar del domicilio del requirente.

2. Cualquier interesado podrá solicitar al Notario que otorgue el correspondiente acta de protocolización del testamento otorgado en forma oral.

3. Deberán acreditarse los datos identificativos del causante y, mediante información del Registro Civil y del Registro General de Actos de Última Voluntad, el fallecimiento del otorgante y si ha otorgado otras disposiciones testamentarias. Si fuese extraño a la familia del fallecido, además, deberá expresar en la solicitud la razón por la que crea tener interés en la presentación del testamento.

A la solicitud se acompañará la nota, la memoria o el soporte en el que se encuentre grabada la voz o el audio y el vídeo con las últimas disposiciones del testador, siempre que permita su reproducción, y se hubieran tomado al otorgarse el testamento.

Igualmente se expresarán los nombres de los testigos que deban ser citados por el Notario para que comparezcan ante él a los efectos de su otorgamiento.

Artículo 65.

1. El Notario, tras aceptar la solicitud, citará a los testigos que hubiere indicado el solicitante, para que comparezcan ante él en el día y hora que se señale. Si el citado como testigo, no compareciese y no alegase causa que justifique su ausencia, el Notario volverá a practicar la citación indicando el día y hora de la nueva comparecencia.

Cuando la voluntad del testador se hubiere consignado en alguna nota, memoria o soporte magnético o digital duradero, se pondrá de manifiesto a los testigos para que digan si es el mismo que se les leyó o grabó y si reconocen por legítimas sus respectivas firmas y rúbricas, en el caso de haberlas puesto.

2. Son de aplicación las disposiciones establecidas en los artículos anteriores en cuanto a la citación y presencia de aquellas personas que tuvieran interés en la práctica de dichas actuaciones.

3. El Notario reflejará todas las actuaciones en el acta y autorizará la protocolización del testamento, con la calidad de sin perjuicio de tercero, cuando de las declaraciones de los testigos resultaran clara y terminantemente acreditadas las circunstancias siguientes:

1.º Qué concurrió causa legal para el otorgamiento del testamento en forma oral.

2.º Que el testador tuvo el propósito serio y deliberado de otorgar su última disposición.

3.º Que los testigos oyeron simultáneamente de boca del testador todas las disposiciones que quería se tuviesen como su última voluntad, bien lo manifestase de palabra, bien leyendo o dando a leer alguna nota o memoria en que se contuviese.

4.º Que los testigos fueron en el número que exige la ley, según las circunstancias del lugar y tiempo en que se otorgó, y que reúnen las cualidades que se requiere para ser testigo en los testamentos.

4. Cuando resulte alguna divergencia en las declaraciones de los testigos, se hará constar así en el acta y tan sólo se protocolizarán como testamentarias aquellas manifestaciones en las que todos estuvieren conformes. Si no lo estuvieren en ninguna de las manifestaciones, se archivará el expediente sin protocolización.

5. Si la última voluntad se hubiere consignado en nota, memoria o soporte magnético o digital duradero, en el acto del otorgamiento, se tendrá como testamento lo que de ella resulte siempre que todos los testigos estén conformes en su autenticidad, aun cuando alguno de ellos no recuerde alguna de sus disposiciones y así se reflejará en el acta de protocolización a la que quedará unida la nota, memoria o soporte magnético o digital duradero.

6. Si el Notario no considera justificada la autenticidad del testamento lo hará constar así, cerrará el acta y no autorizará la protocolización del testamento.

Autorizada o no la protocolización del testamento, los interesados no conformes podrán ejercer su derecho en el juicio que corresponda.

Sección 5.ª Del albaceazgo y de los contadores partidores dativos

Artículo 66.

1. El Notario autorizará escritura pública:

a) En los casos de renuncia del albacea a su cargo o de prórroga del plazo del albaceazgo por concurrir justa causa.

b) Para el nombramiento de contador-partidor dativo en los casos previstos en el artículo 1.057 del Código Civil. El nombramiento se realizará de conformidad con lo previsto en el artículo 50.

c) En los casos de renuncia del contador partidor nombrado o de prórroga del plazo fijado para la realización de su encargo.

d) Para la aprobación de la partición realizada por el contador partidor cuando resulte necesario por no haber confirmación expresa de todos los herederos y legatarios.

2. Será competente el Notario que tenga su residencia en el lugar en que hubiera tenido el causante su último domicilio o residencia habitual, o donde estuviere la mayor parte de su patrimonio, con independencia de su naturaleza de conformidad con la ley aplicable, o en el lugar en que hubiera fallecido, siempre que estuvieran en España, a elección del solicitante. También podrá elegir a un Notario de un distrito colindante a los anteriores. En defecto de todos ellos, será competente el Notario del lugar del domicilio del requirente.

3. El Notario podrá también autorizar escritura pública, si fuera requerido para ello, de excusa o aceptación del cargo de albacea.

Sección 6.ª De la formación de inventario

Artículo 67.

1. Será competente para la formación de inventario de los bienes y derechos del causante a los efectos de aceptar o repudiar la herencia por los llamados a ella, el Notario con residencia en el lugar en que hubiera tenido el causante su último domicilio o residencia habitual, o donde estuviere la mayor parte de su patrimonio, con independencia de su naturaleza de conformidad con la ley aplicable, o en el lugar en que hubiera fallecido, siempre que estuvieran en España, a elección del solicitante. También podrá elegir a un Notario de un distrito colindante a los anteriores. En defecto de todos ellos, será competente el Notario del lugar del domicilio del requirente.

2. El heredero que solicite la formación de inventario deberá presentar su título de sucesión hereditaria y deberá acreditar al Notario o bien comprobar éste mediante información del Registro Civil y del Registro General de Actos de Última Voluntad el fallecimiento del otorgante y la existencia de disposiciones testamentarias.

3. Aceptado el requerimiento, el Notario deberá citar a los acreedores y legatarios para que acudan, si les conviniera, a presenciar el inventario. Si se ignorase su identidad o domicilio, el Notario dará publicidad del expediente en los tablones de anuncios de los Ayuntamientos correspondientes al último domicilio o residencia habitual del causante, al del lugar del fallecimiento si fuera distinto y donde radiquen la mayor parte de sus bienes, sin perjuicio de la posibilidad de utilizar otros medios adicionales de comunicación. Los anuncios deberán estar expuestos durante el plazo de un mes.

Artículo 68.

1. El inventario comenzará dentro de los treinta días de la citación de los acreedores y legatarios.

2. El inventario contendrá relación de los bienes del causante, así como las escrituras, documentos y papeles de importancia que se encuentren, referidos a bienes muebles e inmuebles. De los bienes inmuebles inscritos en el Registro de la Propiedad, se aportarán o se obtendrán por el Notario certificaciones de dominio y cargas. Del metálico y valores mobiliarios depositados en entidades financieras, se aportará certificación o documento expedido por la entidad depositaria, y si dichos valores estuvieran sometidos a cotización oficial, se incluirá su valoración a fecha determinada. Si por la naturaleza de los bienes considerasen los interesados necesaria la intervención de peritos para su valoración, los designará el Notario con arreglo a lo dispuesto en esta Ley.

3. El pasivo incluirá relación circunstanciada de las deudas y obligaciones así como de los plazos para su cumplimiento, solicitándose de los acreedores indicación actualizada de la cuantía de las mismas, así como de la circunstancia de estar alguna vencida y no satisfecha. No recibiéndose por parte de los acreedores respuesta, se incluirá por entero la cuantía de la deuda u obligación.

4. El inventario deberá concluir dentro de los sesenta días a contar desde su comienzo. Si por justa causa se considerase insuficiente el plazo de sesenta días, podrá el Notario prorrogar el mismo hasta el máximo de un año. Termina-

do el inventario, se cerrará y protocolizará el acta. Quedarán a salvo en todo caso los derechos de terceros.

CAPÍTULO IV

De los expedientes en materia de obligaciones

Sección 1.ª Del ofrecimiento de pago y la consignación

Artículo 69.

1. El ofrecimiento de pago y la consignación de los bienes de que se trate podrán efectuarse ante Notario.

2. El que promueva expediente expresará los datos y circunstancias de identificación de los interesados en la obligación a que se refiera el ofrecimiento de pago o la consignación, el domicilio en que puedan ser hallado así como las razones de la actuación, todo lo relativo al objeto del pago o la consignación y su puesta a disposición del Notario.

3. Cuando los bienes consignados consistan en dinero, valores e instrumentos financieros, en sentido amplio, serán depositados por el Notario necesariamente en la Entidad financiera colaboradora de la Administración de Justicia.

Si fueran de distinta naturaleza a los indicados en el apartado anterior, el Notario dispondrá su depósito o encargará su custodia a establecimiento adecuado a tal fin, asegurándose de que se adoptan las medidas necesarias para su conservación, que quedará adecuadamente justificado por diligencia en el acta.

4. El Notario notificará a los interesados la existencia del ofrecimiento de pago o la consignación, a los efectos de que en el plazo de diez días hábiles acepten el pago, retiren la cosa debida o realicen las alegaciones que consideren oportunas.

Si el acreedor contestara al requerimiento aceptando el pago o lo consignado en plazo, el Notario le hará entrega del bien haciendo constar en acta tal circunstancia, dando por finalizado el expediente.

Si transcurrido dicho plazo no procediera a retirarla, no realizara ninguna alegación o se negara a recibirla, se procederá a la devolución de lo consignado sin más trámites y se archivará el expediente.

Sección 2.ª Reclamación de deudas dinerarias no contradichas

Artículo 70.

1. El acreedor que pretenda el pago de una deuda dineraria de naturaleza civil o mercantil, cualquiera que sea su cuantía y origen, líquida, determinada,

vencida y exigible, podrá solicitar de Notario con residencia en el domicilio del deudor consignado en el documento que acredite la deuda o el documentalmente demostrado, o en la residencia habitual del deudor o en el lugar en que el deudor pudiera ser hallado, que requiera a éste de pago, cuando la deuda, se acredite en la forma documental, que a juicio del Notario, sea indubitada. La deuda habrá de desglosar necesariamente principal, intereses remuneratorios y de demora aplicados.

No podrán reclamarse mediante este expediente:

a) Las deudas que se funden en un contrato entre un empresario o profesional y un consumidor o usuario.

b) Las basadas en el artículo 21 de la Ley 49/1960, de 21 de julio, de Propiedad Horizontal.

c) Las deudas de alimentos en las que estén interesados menores o personas con la capacidad modificada judicialmente, ni las que recaigan sobre materias indisponibles u operaciones sujetas a autorización judicial.

d) Las reclamaciones en la que esté concernida una Administración Publica.

2. A tal efecto, se autorizará acta notarial, que recogerá las siguientes circunstancias: la identidad de acreedor y deudor; el domicilio de ambos, según fueron consignados en el documento que origina la reclamación, salvo que documentalmente se acredite su modificación, en cuyo caso deberán ser consignados ambos y el origen, naturaleza y cuantía de la deuda. También se acompañará al acta el documento o documentos que constituyan el título de la reclamación.

El Notario no aceptará la solicitud si se tratara de alguna de las reclamaciones excluidas, faltara alguno de los datos o documentos anteriores o no fuera competente.

3. Una vez aceptada la solicitud del acreedor y comprobada la concurrencia de los requisitos previstos en los apartados anteriores, el Notario requerirá al deudor para que, en el plazo de veinte días hábiles, pague al peticionario.

Si el deudor no pudiere ser localizado en alguno de los domicilios posibles acreditados en el acta o no se pudiere hacer entrega del requerimiento, el Notario dará por terminada su actuación, haciendo constar tal circunstancia y quedando a salvo el ejercicio del derecho del acreedor por vía judicial.

5. Se tendrá por realizado válidamente el requerimiento al deudor si es localizado y efectivamente requerido por el Notario, aunque rehusare hacerse

cargo de la documentación que lo acompaña, que quedará a su disposición en la Notaría. También será válido el requerimiento realizado a cualquier emplea-do, familiar o persona con la que conviva el deudor, siempre que sea mayor de edad, cuando se encuentre en su domicilio, debiendo el Notario advertir al receptor que está obligado a entregar el requerimiento a su destinatario o a darle aviso si sabe su paradero. Si el requerimiento se hiciere en el lugar de trabajo no ocasional del destinatario, en ausencia de éste, se efectuará a la persona que estuviere a cargo de la dependencia destinada a recibir documen-tos u objetos.

En caso de que el destinatario sea una persona jurídica el Notario entende-rá la diligencia con la persona mayor de edad que se encontrare en el domicilio señalado en el documento anteriormente expresado y que forme parte del órga-no de administración, que acredite ser representante con facultades suficientes o que a juicio del Notario actúe notoriamente como persona encargada por la persona jurídica de recibir requerimientos o notificaciones fehacientes en su interés.

Artículo 71.

1. Una vez practicado el requerimiento, si el deudor compareciere ante el Notario requirente y pagare íntegramente la deuda dentro del plazo de veinte días hábiles siguientes, se hará constar así por diligencia en el acta, que ten-drá el carácter de carta de pago. En tal caso el Notario procederá, sin demora a hacer entrega de la cantidad abonada al acreedor en la forma que éste hubiera solicitado.

Si el deudor pagare directamente al acreedor, y en el plazo establecido, acredita esta circunstancia, con confirmación expresa por el acreedor, el Nota-rio cerrará el acta, dando por terminada la actuación.

Si no hubiera confirmación expresa por el acreedor en el plazo previsto para el pago, el Notario cerrará, asimismo, el acta, quedando abierta la vía judicial.

2. Si el deudor compareciera ante el Notario para formular oposición, se recogerán los motivos que fundamenta ésta, haciéndolo constar por diligencia. Una vez comunicada tal circunstancia al acreedor, se pondrá fin a la actuación notarial, quedando a salvo los derechos de aquel para la reclamación de la deuda en la vía judicial.

Cuando se hubiere requerido a varios deudores por una única deuda, la oposición de uno podrá dar lugar al fin de la actuación notarial respecto de todos, si la causa fuere concurrente, haciendo constar los pagos que hubieran podido realizar alguno de ellos.

3. Si en el plazo establecido el deudor no compareciere o no alegare motivos de oposición, el Notario dejará constancia de dicha circunstancia.

En este caso, el acta será documento que llevara aparejada ejecución a los efectos del número 9.º del apartado 2 del artículo 517 de la Ley de Enjuiciamiento Civil. Dicha ejecución se tramitará conforme a lo establecido para los títulos ejecutivos extrajudiciales.

CAPÍTULO V

Del expediente de subasta notarial

Artículo 72.

1. Las subastas que se hicieren ante Notario en cumplimiento de una disposición legal se regirán por las normas que respectivamente las establezcan y, en su defecto, por las del presente Capítulo.

Las subastas que se hicieren ante Notario en cumplimiento de una resolución judicial o administrativa, o de cláusula contractual o testamentaria, o en ejecución de un laudo arbitral o acuerdo de mediación o bien por pacto especial en instrumento público, o las voluntarias se regirán, asimismo, por las normas del presente Capítulo.

2. En todo caso, se aplicarán con carácter supletorio las normas que para las subastas electrónicas se establecen en la legislación procesal siempre que fueren compatibles.

3. Si no hubiera nada dispuesto, y la subasta fuera celebrada en cumplimiento de una resolución judicial o administrativa, será competente, en defecto de designación por acuerdo de todos los interesados entre los Notarios con residencia en el ámbito de competencia de la autoridad judicial o administrativa, el que designe el titular del bien o derecho subastado o de la mayor parte del mismo, si fueran varios, de entre los competentes. Si los diversos titulares fueran propietarios por partes iguales, la elección del Notario corresponderá a aquel que lo fuera con anterioridad. Si no se pudiera determinar a quién le corresponde la designación del Notario, o si no se comunicara a la autoridad judicial o administrativa por quien corresponda en el plazo de 5 días desde el requerimiento para efectuarla, se procederá a designar conforme a lo establecido reglamentariamente entre los que resulten competentes.

En los restantes casos, será Notario competente el libremente designado por todos los interesados. En su defecto y a falta de previsión al respecto, será competente el libremente designado por el requirente, si fuera un titular del bien o derecho subastado. Si no lo fuera, será competente el Notario hábil en el domicilio o residencia habitual del titular o de cualquiera de los titulares, si fueran varios, o el de la situación del bien o de la mayor parte de los bienes, a elección del requirente. También podrá elegir a un Notario de un distrito colindante a los anteriores.

Artículo 73.

1. El Notario, a requerimiento de persona legitimada para instar la venta de un bien, mueble o inmueble, o derecho determinado, procederá a convocar la subasta, previo examen de la solicitud, dando fe de la identidad y capacidad de su promotor y de la legitimidad para instarla.

La subasta será electrónica y se llevará a cabo en el Portal de Subastas de la Agencia Estatal Boletín Oficial del Estado. En todo caso corresponderá al Notario la autorización del acta que refleje las circunstancias esenciales y el resultado de la subasta y, en su caso, la autorización de la correspondiente escritura pública de venta.

2. El solicitante acreditará al Notario la propiedad del bien o derecho a subastar o su legitimación para disponer de él; la libertad o estado de cargas del bien o derecho; la situación arrendaticia y posesoria; el estado físico en que se encuentre; obligaciones pendientes; valoración para la subasta y cuantas circunstancias tengan influencia en su valor; así como, en su caso, la representación con que actúe.

3. El Notario, tras comprobar el cumplimiento de los anteriores extremos y previa consulta al Registro Público Concursal a los efectos previstos en la legislación especial, aceptará, en su caso, el requerimiento. Si acordare su procedencia, el Notario pondrá en conocimiento del Registro Público Concursal la existencia del expediente con expresa especificación del número de identificación fiscal del titular persona física o jurídica cuyo bien vaya a ser objeto de la subasta. El Registro Público Concursal notificará al Notario que esté conociendo del expediente la práctica de cualquier asiento que se lleve a cabo asociado al número de identificación fiscal notificado a los efectos previstos en la legislación concursal.

El Notario pondrá en conocimiento del Registro Público Concursal la finalización del expediente cuando la misma se produzca.

4. Acordada su celebración, si se tratara de un inmueble o derecho real inscrito en el Registro de la Propiedad o bienes muebles sujetos a un régimen

de publicidad registral similar al de aquéllos, el Notario solicitará por procedimientos electrónicos certificación registral de dominio y cargas. El Registrador expedirá la certificación con información continuada por igual medio y hará constar por nota al margen de la finca o derecho esta circunstancia. Esta nota producirá el efecto de indicar la situación de venta en subasta del bien o derecho y caducará a los seis meses de su fecha salvo que con anterioridad el Notario notifique al Registrador el cierre del expediente o su suspensión, en cuyo caso el plazo se computará desde que el Notario notifique su reanudación.

El Registrador notificará, inmediatamente y de forma telemática, al Notario y al Portal de Subastas de la Agencia Estatal Boletín Oficial del Estado el hecho de haberse presentado otro u otros títulos que afecten o modifiquen la información inicial.

El portal de subastas recogerá la información proporcionada por el Registro de modo inmediato para su traslado a los que consulten su contenido.

Artículo 74.

1. El anuncio de la convocatoria de la subasta se publicará, además de los lugares designados por el promotor del expediente, en el Boletín Oficial del Estado.

La convocatoria de la subasta deberá anunciarse con una antelación de, al menos, 24 horas respecto al momento en que se haya de abrir el plazo de presentación de posturas.

El anuncio contendrá únicamente su fecha, el nombre y apellidos del Notario encargado de la subasta, lugar de residencia y número de protocolo asignado a la apertura del acta, y la dirección electrónica que corresponda a la subasta en el Portal de Subastas. En éste se indicarán las condiciones generales y particulares de la subasta y de los bienes a subastar, así como cuantos datos y circunstancias sean relevantes y la cantidad mínima admisible para la licitación en su caso. La certificación registral, tratándose de bienes sujetos a publicidad registral, podrá consultarse a través del Portal de Subastas, que informará de cualquier alteración en su titularidad o estado de cargas. También se indicará, en su caso, la posibilidad de visitar el inmueble objeto de subasta o de examinar con las necesarias garantías el bien mueble o los títulos acreditativos del crédito, si procediera.

2. El Notario notificará al titular del bien o derecho, salvo que sea el propio solicitante, la iniciación del expediente, así como todo el contenido de su

anuncio y el procedimiento seguido para la fijación del tipo de subasta. También le requerirá para que comparezca en el acta, en defensa de sus intereses.

La diligencia se practicará bien personalmente, bien mediante envío de carta certificada con acuse de recibo al domicilio fijado registralmente o, en su defecto, en documento público, o tratándose de bienes no registrados, se remitirá al domicilio habitual acreditado. Si el domicilio no fuere conocido, la notificación se realizará mediante edictos.

La diligencia se practicará bien personalmente, bien mediante envío de carta certificada con acuse de recibo o en cualquiera de las formas previstas por la legislación notarial al domicilio fijado registralmente. Tratándose de bienes no registrados, se dirigirá al domicilio habitual acreditado. Si el domicilio no fuere conocido, la notificación se realizará mediante edictos.

El Notario comunicará por los mismos medios, en su caso, la celebración de la subasta a los titulares de derechos y de las cargas que figuren en la certificación de dominio, así como a los arrendatarios u ocupantes que consten identificados en la solicitud. Si no pudiera localizarlos, le dará la misma publicidad que la que se prevé para la subasta.

3. Si la valoración no estuviere contractualmente establecida o no hubiera sido suministrada por el solicitante cuando éste pudiera hacerlo por sí mismo, será fijada por perito designado por el Notario conforme a lo dispuesto en esta ley. El perito comparecerá ante el Notario para entregar su dictamen y ratificarse sobre el mismo. Dicha valoración constituirá el tipo de la licitación. No se admitirán posturas por debajo del tipo.

4. Si el titular del bien o un tercero que se considerara con derecho a ello, comparecieran oponiéndose a la celebración de la subasta, el Notario hará constar su oposición y las razones y documentos que para ello aduzcan, con reserva de las acciones que fueran procedentes. El Notario suspenderá el expediente cuando se justifique la interposición de la correspondiente demanda, procediendo a su reanudación si no se admitiera ésta.

Artículo 75.

1. La subasta electrónica se realizará con sujeción a las siguientes reglas:

1.ª La subasta tendrá lugar en el Portal de Subastas de la Agencia Estatal Boletín Oficial del Estado, a cuyo sistema de gestión estarán conectados los Notarios a través de los sistemas informáticos del Consejo General del Notariado. Todos los intercambios de información que deban realizarse entre los Notarios y el Portal de Subastas se realizarán de manera telemática.

2.ª La subasta se abrirá transcurridas, al menos, 24 horas desde la fecha de publicación del anuncio en el «Boletín Oficial del Estado», una vez haya sido remitida al Portal de Subastas la información necesaria para el comienzo de la misma.

3.ª Una vez abierta la subasta solamente se podrán realizar pujas electrónicas durante, al menos, un plazo de veinte días naturales desde su apertura. Su desarrollo se ajustará, en todo aquello que no se oponga al presente capítulo, a las normas establecidas en la Ley de Enjuiciamiento Civil que le fueren aplicables. En todo caso, el Portal de Subastas informará durante su celebración de la existencia y cuantía de las pujas.

4.ª Para poder participar en la subasta será necesario estar en posesión de la correspondiente acreditación para intervenir en la misma, tras haber consignado en forma electrónica el 5 por 100 del valor de los bienes o derechos.

Si el solicitante quisiera participar en la subasta no le será exigida la constitución de esa consignación. Tampoco le será exigida a los copropietarios o cotitulares del bien o derecho a subastar.

2. En la fecha de cierre de la subasta y a continuación del mismo, el Portal de Subastas remitirá al Notario información certificada de la postura telemática que hubiera resultado vencedora, así como, por orden decreciente de importe y cronológico en el caso de ser este idéntico, de todas las demás que hubieran optado por la reserva de postura.

El Notario extenderá la correspondiente diligencia en la que hará constar los aspectos de trascendencia jurídica; las reclamaciones que se hubieren presentado y la reserva de los derechos correspondientes ante los Tribunales de Justicia; la identidad del mejor postor y el precio ofrecido por él, las posturas que siguen a la mejor y la identidad de los postores; el juicio del Notario de que en la subasta se han observado las normas legales que la regulan, así como la adjudicación del bien o derecho subastado por el solicitante. El Notario cerrará el acta, haciendo constar en ella que la subasta ha quedado concluida y el bien o derecho adjudicado, procediendo a su protocolización.

Si no concurriere ningún postor, el Notario así lo hará constar, declarará desierta la subasta y acordará el cierre del expediente.

3. En diligencias sucesivas se harán constar, en su caso, el pago del resto del precio por el adjudicatario en el plazo de diez días hábiles en la entidad adherida al Portal de Subastas a disposición del Notario; la entrega por el Notario al solicitante o su depósito a disposición judicial o a favor de los interesados

de las cantidades que hubiere percibido del adjudicatario; y la devolución de las consignaciones electrónicas hechas para tomar parte en la subasta por personas que no hayan resultado adjudicatarias.

La devolución de las consignaciones hechas para tomar parte en la subasta por personas que no hayan resultado adjudicatarias, no se efectuará hasta que no se haya abonado el total del precio de la adjudicación si así se hubiera solicitado por parte de los postores.

Si el adjudicatario incumpliere su obligación de entrega de la diferencia del precio entre lo consignado y lo efectivamente rematado, la adjudicación se realizará al segundo o sucesivo mejor postor que hubiera solicitado la reserva de su consignación, perdiendo las consignaciones los incumplidores y dándole a éstas el destino establecido en la Ley de Enjuiciamiento Civil.

No obstante, se procederá a la suspensión provisional del remate o adjudicación hasta que haya transcurrido el plazo establecido para el ejercicio, en su caso, del derecho de adquisición preferente de los socios o, en su caso, de la sociedad.

4. En todos los supuestos en los que la ley exige documento público como requisito de validez o eficacia de la transmisión, subastado el bien o derecho, el titular o su representante, otorgará ante el Notario escritura pública de venta a favor del adjudicatario al tiempo de completar éste el pago del precio. Si el titular o su representante se negare a otorgar escritura de venta, el acta de subasta será título suficiente para solicitar del Tribunal competente el dictado del correspondiente auto teniendo por emitida la declaración de voluntad, en los términos previstos en el artículo 708 de la Ley de Enjuiciamiento Civil.

En los demás supuestos, la copia autorizada del acta servirá de título al rematante.

Artículo 76.

1. La subasta notarial que cause una venta forzosa solo se podrá suspender, y en su caso cerrar el expediente, con base en las siguientes causas:

a) Cuando se presentare al Notario resolución judicial, aunque no sea firme, justificativa de la inexistencia o extinción de la obligación garantizada y en el caso de bienes o créditos registrables, certificación del registro correspondiente acreditativa de estar cancelada la carga o presentada escritura pública de carta de pago o de la alteración en la situación de titularidad o cargas de la finca.

El ejecutante deberá consentir expresamente en su continuación pese a la modificación registral del estado de cargas.

Tratándose de acciones, participaciones sociales o partes sociales en general, certificación, con firma legitimada notarialmente del administrador o secretario no consejero de la sociedad, acreditativa del asiento de cancelación del derecho real o embargo sobre los derechos del socio.

b) Cuando se acredite documentalmente la existencia de causa criminal que pudiere determinar la falsedad del título en virtud del cual se proceda, la invalidez o ilicitud del procedimiento de venta. La suspensión subsistirá hasta el fin del proceso.

c) Si se justifica al Notario la declaración de concurso del deudor o la paralización de las acciones de ejecución, en los supuestos previstos en la legislación concursal aunque ya estuvieran publicados los anuncios de la subasta del bien. En este caso solo se alzará la suspensión cuando se acredite, mediante testimonio de la resolución del Juez del concurso, que los bienes o derechos no están afectos, o no son necesarios para la continuidad de la actividad profesional o empresarial del deudor. También se alzara en su caso, cuando se presente la resolución judicial que homologue el acuerdo alcanzado o la escritura pública o la certificación que cierre el expediente junto con su comunicación al Juez competente y al Registro Público Concursal.

d) Si se interpusiera demanda de tercería de dominio, acompañando inexcusablemente con ella título de propiedad, anterior a la fecha del título en el que base la subasta. La suspensión subsistirá hasta la resolución de la tercería.

e) Si se acreditare que se ha iniciado un procedimiento de subasta sobre los mismos bienes o derechos. Siendo notarial, esta acreditación se realizará mediante copia autorizada o notificación de los sistemas informáticos del Consejo General del Notariado. Estos hechos podrán ponerse en conocimiento del Juzgado correspondiente, a juicio del Notario.

2. En los casos precedentes, si la causa de la suspensión afectare sólo a parte de los bienes o derechos comprendidos en la venta extrajudicial, podrá seguir el procedimiento respecto de los demás, si así lo solicitare el acreedor o promotor del procedimiento.

3. Para el caso de préstamos o créditos personales, o cualquier otro instrumento de financiación hipotecaria o no hipotecaria, sin perjuicio de lo previsto en su normativa especial, se suspenderá la venta extrajudicial cuando se acredite haber planteado ante el Juez competente el carácter abusivo o no

transparente de alguna de las cláusulas que constituya el fundamento de la venta extrajudicial o que hubiese determinado la cantidad exigible. Una vez sustanciada la cuestión y siempre que, de acuerdo con la resolución judicial correspondiente, no se trate de una cláusula abusiva o no transparente que constituya el fundamento de la ejecución o hubiera determinado la cantidad exigible, el Notario podrá proseguir la venta extrajudicial a requerimiento del acreedor o promotor del mismo.

4. La suspensión de la subasta por un periodo superior a 15 días llevará consigo la liberación de las consignaciones o devolución de los avales prestados, retrotrayendo la situación al momento inmediatamente anterior a la publicación del anuncio. La reanudación de la subasta se realizará mediante una nueva publicación del anuncio y una nueva petición de información registral como si de una nueva subasta de tratase.

5. Tratándose de bienes registrables, si la reclamación del acreedor y la iniciación de la venta extrajudicial tuvieran su base en alguna causa que no sea el vencimiento del plazo o la falta de pago de intereses o de cualquier otra prestación a que estuviere obligado el deudor, se suspenderá dicho procedimiento siempre que con anterioridad a la subasta se hubiere hecho constar en el Registro de la Propiedad o de bienes muebles la oposición al mismo, formulada en juicio declarativo. A este efecto, el Juez, al mismo tiempo que ordene la anotación preventiva de la demanda, acordará que se notifique al Notario la resolución recaída.

Artículo 77.

Las subastas voluntarias podrán convocarse bajo condiciones particulares incluidas en el pliego de condiciones, debiendo éstas consignarse en el Portal de Subastas. Por ello, el solicitante, en el pliego de condiciones particulares, podrá aumentar, disminuir o suprimir la consignación electrónica previa y tomar cualquier otra determinación análoga a la expresada.

En todo lo demás, se aplicarán a las subastas voluntarias las reglas generales contenidas en el presente capítulo, sin sujeción de lo dispuesto en el apartado 3 del artículo 74.

CAPÍTULO VI

De los expedientes en materia mercantil

Sección 1.ª Del robo, hurto, extravío o destrucción de título-valor

Artículo 78.

1. Estarán legitimados para solicitar del Notario la adopción de las medidas previstas en la legislación mercantil en los casos de robo, hurto, extravío o destrucción de títulos-valores o representación de partes de socio los poseedores legítimos de estos títulos que hubieren sido desposeídos de los mismos o que hubieren sufrido su destrucción o extravío.

2. Será competente para conocer de estos expedientes el Notario del lugar de pago cuando se trate de un título de crédito; del lugar de depósito en el caso de títulos de depósito; o el del lugar del domicilio de la entidad emisora cuando los títulos fueran valores mobiliarios, según proceda.

3. El Notario, tras aceptar la solicitud del legitimado y previo examen de la misma, dando fe de la identidad y apreciando la capacidad del promotor y la legitimación para instarla, lo comunicará, mediante requerimiento, al emisor de los títulos y, si se tratara de un título cotizable, a la Sociedad Rectora de la Bolsa correspondiente, y solicitará la publicación en la sección correspondiente del "Boletín Oficial del Estado" y en un periódico de gran circulación en su provincia. Tanto en el requerimiento como en los anuncios se citará a quien pueda estar interesado en el procedimiento para que comparezca en la Notaría en el día y hora que se señalen.

4. Si compareciera, el Notario levantará acta de la celebración de la comparecencia y, de conformidad con lo solicitado, instará al promotor del expediente y al emisor de los títulos a que no procedan a su negociación o trasmisión, así como a la suspensión del cumplimiento de la obligación de pago documentada en el título o del pago del capital, intereses o dividendos, o bien al depósito de las mercancías, según proceda en atención al título de que se trate.

5. Sin perjuicio de lo dispuesto en el apartado anterior, cuando se tratase de un título de tradición, no procederá el depósito de las mercancías si fueran de imposible, difícil o muy costosa conservación o corrieran el peligro de sufrir grave deterioro o de disminuir considerablemente de valor. En ese caso, el Notario instará al porteador o al depositario, previa audiencia del tenedor del título, que entregue las mercancías al solicitante si éste hubiera prestado caución suficiente por el valor de las mercancías depositadas más la eventual indemnización de los daños y perjuicios al tenedor del título si se acreditara posteriormente que el solicitante no tenía derecho a la entrega.

6. A petición del solicitante, el Notario podrá nombrar un administrador para el ejercicio de los derechos de asistencia y de voto a las juntas generales

y especiales de accionistas correspondientes a los títulos que fueran valores mobiliarios, así como para la impugnación de los acuerdos sociales. La retribución del nombrado correrá a cargo del solicitante.

7. Transcurrido el plazo de seis meses sin que se haya suscitado controversia, el Notario autorizará al que promovió el expediente a cobrar los rendimientos que produzca el título, requiriendo, a su instancia, al emisor para que proceda a su pago.

8. Transcurrido el plazo de un año sin mediar oposición, el Notario requerirá al emisor para que expida los nuevos títulos, que se entregarán al solicitante.

9. En ningún caso procederá la anulación del título o títulos, si el tenedor actual que formule oposición los hubiera adquirido de buena fe conforme a la ley de circulación del propio título.

10. En caso de que no fuera procedente la anulación del título o títulos, quien hubiera sido tenedor legítimo en el momento de la pérdida de la posesión tendrá las acciones civiles o penales que correspondan contra aquella persona que hubiera adquirido de mala fe la posesión del documento.

Sección 2.ª De los depósitos en materia mercantil y de la venta de los bienes depositados

Artículo 79.

1. En todos aquellos casos en que, por disposición legal o pacto, proceda el depósito de bienes muebles, valores o efectos mercantiles, podrá realizarse ante Notario mediante acta de depósito, de conformidad con lo dispuesto en la presente Ley y en su reglamento de ejecución.

2. Si el depósito consistiere en letras de cambio u otros efectos que se pudieran perjudicar por su no presentación en ciertas fechas a la aceptación o al pago, el Notario, a instancias del depositante, podrá proceder a realizar dicha presentación. En caso de serle satisfecho el importe, quedará sustituido el depósito de los efectos por su importe en dinero.

3. En todos los casos en que, por la legislación mercantil, se permita la venta de los bienes o efectos depositados, el Notario, a instancia del depositante o del propio depositario, podrá convocar y proceder a la venta de los bienes. A ese efecto se procederá según lo previsto en esta Ley para las actas notariales de subasta, y se dará al importe obtenido el destino establecido en la legislación mercantil.

Sección 3.ª Del nombramiento de peritos en los contratos de seguros

Artículo 80.

1. Se aplicará el procedimiento regulado en este artículo cuando en el contrato de seguro, conforme a su legislación específica, no haya acuerdo entre los peritos nombrados por el asegurador y el asegurado para determinar los daños producidos, y aquéllos no estén conformes con la designación de un tercero.

2. La competencia para proceder al nombramiento corresponderá al Notario al que acudan de mutuo acuerdo el asegurado y la aseguradora. En defecto de acuerdo, cualquiera entre los que tengan su residencia en el lugar del domicilio o residencia habitual del asegurado o donde se encuentre el objeto de la valoración, a elección del requirente. También podrá elegir a un Notario de un distrito colindante a los anteriores.

3. Podrá promover este expediente cualquiera de las partes del contrato de seguro o ambas conjuntamente.

4. Se iniciará el expediente mediante escrito presentado por cualquiera de los interesados, en que se hará constar el hecho de la discordia de los peritos designados para valorar los daños sufridos, y se solicitará el nombramiento de un tercer perito. Al escrito se acompañará la póliza de seguro y los dictámenes de los peritos.

5. Admitida a trámite la solicitud por el Notario, éste convocará a una comparecencia a fin de que los interesados se pongan de acuerdo en el nombramiento de otro perito; si no hubiere acuerdo, se procederá a nombrarlo con arreglo a lo dispuesto en el artículo 50.

6. Verificado el nombramiento, se hará saber al designado para que manifieste si lo acepta o no, lo que podrá realizar alegando justa causa. Una vez aceptado, se proveerá el consiguiente nombramiento, requiriendo a las partes para que en tres días hagan la provisión de fondos que se considere necesaria, debiendo el perito emitir el dictamen en el plazo previsto por las partes y, en su defecto, en el plazo de treinta días a partir de la aceptación del nombramiento. Emitido el dictamen, se incorporará al acta y se dará por finalizada.

CAPÍTULO VII

De los expedientes de conciliación

Artículo 81.

1. Podrá realizarse ante Notario, la conciliación de los distintos intereses de los otorgantes con la finalidad de alcanzar un acuerdo extrajudicial.

2. La conciliación podrá realizarse sobre cualquier controversia contractual, mercantil, sucesoria o familiar siempre que no recaiga sobre materia indisponible.

Las cuestiones previstas en la Ley Concursal no podrán conciliarse siguiendo este trámite.

Son indisponibles:

a) Las cuestiones en las que se encuentren interesados los menores y las personas con capacidad modificada judicialmente para la libre administración de sus bienes.

b) Las cuestiones en las que estén interesados el Estado, las Comunidades Autónomas y las demás Administraciones públicas, Corporaciones o Instituciones de igual naturaleza.

c) Los juicios sobre responsabilidad civil contra Jueces y Magistrados.

d) En general, los acuerdos que se pretendan sobre materias no susceptibles de transacción ni compromiso.

Artículo 82.

1. La escritura pública que formalice la avenencia entre los interesados o, en su caso, que se intentó sin efecto o avenencia se someterá a los requisitos de autorización establecidos en la legislación notarial.

2. Si hubiere conformidad entre los interesados en todo o en parte del objeto de la conciliación, se hará constar detalladamente en la escritura pública todo cuanto acuerden y que el acto terminó con avenencia así como los términos de la misma. Si no pudiere conseguirse acuerdo alguno, se hará constar que el acto terminó sin avenencia.

3. La modificación del contenido pactado habrá de constar, asimismo, en escritura pública notarial siempre que no se hubiere iniciado la ejecución judicial.

Artículo 83.

1. La escritura pública notarial que formalice la conciliación gozará en general de la eficacia de un instrumento público y, en especial, estará dotada de eficacia ejecutiva en los términos del número 9.º del apartado 2 del artículo 517 de la Ley de Enjuiciamiento Civil. La ejecución se verificará conforme a lo previsto para los títulos ejecutivos extrajudiciales.

2. Cualquiera de las partes podrá solicitar del Notario copia autorizada dotada de carácter ejecutivo en tanto no conste en la matriz nota relativa a la modificación de su contenido o su ejecución.»

Dos. Se introduce una disposición adicional con la siguiente redacción:
«Disposición adicional primera. Referencias al Código Civil.

Las referencias realizadas en esta Ley al Código Civil deberán entenderse realizadas, en su caso, también a las leyes civiles forales o especiales allí donde existan.»

Duodécima. *Modificación de la Ley Hipotecaria*
Uno. El párrafo primero del artículo 14 queda redactado como sigue:
«El título de la sucesión hereditaria, a los efectos del Registro, es el testamento, el contrato sucesorio, el acta de notoriedad para la declaración de herederos abintestato, la declaración administrativa de heredero abintestato a favor del Estado y en su caso, el certificado sucesorio europeo al que se refiere el capítulo VI del Reglamento (UE) nº 650/2012.»

Dos. Se incluye un nuevo Título IV bis, que queda redactado como sigue:
«TÍTULO IV BIS
De la conciliación
Artículo 103 bis. 1. Los Registradores serán competentes para conocer de los actos de conciliación sobre cualquier controversia inmobiliaria, urbanística y mercantil o que verse sobre hechos o actos inscribibles en el Registro de la Propiedad, Mercantil u otro registro público que sean de su competencia, siempre que no recaiga sobre materia indisponible, con la finalidad de alcanzar un acuerdo extrajudicial. La conciliación por estas controversias puede también celebrarse, a elección de los interesados, ante Notario o Letrado de la Administración de Justicia.

Las cuestiones previstas en la Ley Concursal no podrán conciliarse siguiendo este trámite.

2. Celebrado el acto de conciliación, el Registrador certificará la avenencia entre los interesados o, en su caso, que se intentó sin efecto o avenencia.»

Decimotercera. *Modificación de la Ley de 16 de diciembre de 1954, de Hipoteca Mobiliaria y prenda sin desplazamiento de la posesión*
Uno. La sección segunda del capítulo I del título V pasa a tener la siguiente denominación:
«Sección segunda. Venta extrajudicial»
Dos. El artículo 86 queda redactado de la siguiente forma:
«Artículo 86.

Para que sea aplicable el procedimiento de venta extrajudicial será necesario:

1.º Que en la escritura de constitución de la hipoteca se designe por el deudor, o por el hipotecante no deudor, en su caso, un mandatario que le represente, en su día, en la venta de los bienes hipotecarios. Este mandatario podrá ser el propio acreedor.

2.º Que asimismo se haga constar el precio en el que los interesados tasan los bienes. El tipo de subasta pactado no podrá ser distinto del que se fije, en su caso, para el procedimiento judicial.

3.º Que se fije por el deudor, o hipotecante no deudor en su caso, un domicilio para requerimientos y notificaciones. También podrá designarse una dirección electrónica, en cuyo caso los requerimientos y notificaciones se harán, además, en esa forma.

En todo lo no especialmente regulado en esta Ley, se aplicará supletoriamente a la venta forzosa extrajudicial derivada de la hipoteca mobiliaria y prenda sin desplazamiento, las normas sobre subasta electrónica contenidas en la legislación procesal.»

Tres. El artículo 87 queda redactado en la siguiente forma:

«Artículo 87. El procedimiento extrajudicial se ajustará necesariamente a las siguientes reglas:

1.ª Sólo podrá ser seguido ante Notario competente para actuar en el lugar donde radiquen los bienes hipotecados o de un distrito colindante a él.

2.ª Se iniciará por un requerimiento dirigido por el acreedor al Notario que, previo el cumplimiento de los requisitos de este artículo, proceda a la venta de los bienes en pública subasta.

En el requerimiento hará constar el acreedor la cantidad exacta que sea objeto de la reclamación, por principal e intereses, y la causa del vencimiento, entregando al Notario el título o títulos de su crédito, revestidos de todos los requisitos exigidos por la Ley de Enjuiciamiento Civil, para que tengan carácter ejecutivo.

Este requerimiento se hará constar en acta.

3.ª A solicitud del acreedor, el Notario requerirá de pago al deudor, y, en su caso, al hipotecante no deudor o al tercer poseedor, con expresión de la causa del vencimiento y de la cantidad total reclamada, y se hará constar que si no se hiciere el pago se procederá a la subasta de los bienes hipotecados, sin necesidad de nuevas notificaciones ni requerimientos.

Los requeridos, dentro de los cinco días siguientes al del requerimiento, deberán pagar o entregar la posesión material de los bienes hipotecados al acreedor o mandatario designado en la escritura de constitución de la hipoteca.

Cuando el deudor incumpliere la obligación de entregar la posesión de los bienes, el Notario no seguirá adelante con el procedimiento de venta si así lo solicitare el acreedor, quien podrá también, para hacer efectivo su crédito, acudir a cualquiera de los procedimientos judiciales, sin perjuicio de ejercitar las acciones civiles y criminales que le correspondan.

4.ª A instancia del acreedor, a la que se acompañará el requerimiento de pago, el Registrador expedirá certificación literal del asiento de la hipoteca, en la que se expresará que se halla subsistente y sin cancelar o, en su caso, la cancelación o modificaciones que constaren en el Registro, y se relacionarán los asientos posteriores.

El Registrador hará constar, al margen de la inscripción de hipoteca, que ha expedido la certificación expresando su fecha, la iniciación del procedimiento y el Notario ante quien se sigue.

Cuando de la certificación del Registro aparezca algún asiento con posterioridad a la inscripción de la hipoteca, se notificará al deudor y a su titular la existencia del procedimiento para que pueda, si le conviniere, intervenir en la subasta o satisfacer antes del remate el importe del crédito, intereses y costas. En este último caso, los acreedores quedarán subrogados en los derechos del actor y se hará constar el pago y la subrogación al margen de la inscripción de la hipoteca en que dichos acreedores se subroguen y de los respectivos asientos, mediante presentación en el Registro del acta notarial de entrega de las cantidades adeudadas o del mandamiento judicial, en su caso.

5.ª Transcurridos cinco días desde la práctica del requerimiento, se procederá a la subasta, cuya convocatoria se anunciará en el Boletín Oficial del Estado. La subasta se celebrará de forma electrónica en el Portal de Subastas de la Agencia Estatal Boletín Oficial del Estado. La subasta admitirá posturas durante un plazo mínimo de veinte días naturales desde su apertura y no se cerrará hasta transcurrida una hora desde la realización de la última postura, aunque ello conlleve la ampliación del plazo inicial de veinte días a que se refiere este artículo por un máximo de 24 horas.

6.ª La realización del valor del bien se llevará a cabo a través de una única subasta para la que servirá de tipo el valor de tasación establecido en la escritura de constitución de hipoteca. No obstante, si se presentaran posturas por un importe igual o superior al 70 por ciento del valor por el que el bien hubiera salido a subasta, se entenderá adjudicada la finca a quien presente la mejor postura.

Cuando la mejor postura presentada fuera inferior al 70 por ciento del tipo señalado para la subasta, podrá el deudor presentar, en plazo de diez días, tercero que mejore la postura, ofreciendo cantidad igual o superior al 70 por ciento del valor de tasación o que, aun inferior a dicho importe, resulte suficiente para lograr la completa satisfacción del derecho del acreedor.

Transcurrido el expresado plazo sin que el deudor o el titular registral del dominio de los bienes realice lo previsto en el párrafo anterior, el acreedor podrá pedir, dentro del término de cinco días, la adjudicación del bien o bienes por el 70 por ciento del valor en que hubiera salido a subasta, o por la cantidad que se le deba por todos los conceptos, siempre que dicha cantidad sea superior al 60 por ciento del valor de tasación y a la mejor postura.

Si el acreedor no hiciese uso de la mencionada facultad, se entenderá rematado el bien por quien haya presentado la mejor postura, siempre que la cantidad que haya ofrecido supere el 50 por ciento del valor de tasación o, siendo inferior, cubra, al menos, la cantidad reclamada por todos los conceptos.

Si en la subasta no hubiere ningún postor podrá el acreedor, en el plazo de diez días, pedir la adjudicación por cantidad igual o superior al 50 por ciento de su valor de tasación o por la cantidad que se le deba por todos los conceptos.

7.ª El acreedor ejecutante podrá concurrir a la subasta como licitador, siempre que existan otros licitadores, sin necesidad de consignar cantidad alguna. Todos los demás licitadores deberán depositar, para tomar parte en la subasta, el 5 por 100 del valor de tasación. La consignación podrá realizarse consintiendo su reserva a los efectos de la regla siguiente.

8.ª Terminada la subasta con adjudicación al mejor postor, depositará éste en poder del Notario, dentro del segundo día, la diferencia entre el depósito previo y el precio de adjudicación, y se devolverá a los demás licitadores el depósito que hubieren constituido. Si el adjudicatario no consignare aquella cantidad, será adjudicado el bien al postor que siguiese al primero en el orden de sus posturas y que hubiera consentido la reserva de su consignación. Las consignaciones de aquellos postores que no hubieran acudido a satisfacer la diferencia, se destinarán al pago de los gastos del procedimiento y el exceso, si lo hubiere, al pago del crédito e intereses.

Cuando el adjudicatario fuere el propio acreedor, deberá consignar la diferencia entre la cantidad reclamada y el precio de la adjudicación, y si no lo hiciere será responsable de los gastos de la subasta celebrada y de las posteriores que fueren necesarias.

9.ª La cantidad obtenida en la subasta se destinará, una vez satisfechos todos los gastos del procedimiento, al pago del crédito por principal e intereses.

El exceso se entregará, por el Notario, al hipotecante o al tercer poseedor si no existieren otras personas que hubieren trabado embargo sobre ellos o interpuesto reclamación judicial, y si las hubiere, se depositará a su disposición en un establecimiento público destinado al efecto.

10.ª La adjudicación de los bienes se hará constar en escritura pública otorgada por el adjudicatario y el deudor, o el hipotecante no deudor o tercer poseedor, según proceda, o su respectivo causahabiente y, si estos últimos no hubieren comparecido, la otorgará en su nombre el mandatario designado al efecto.

En esta escritura pública se harán constar los trámites observados, el precio de la adjudicación, su pago por el adjudicatario, el pago hecho al acreedor y el destino dado al exceso, si lo hubiere.

Si el adjudicatario fuere el mismo acreedor y hubiere sido además nombrado mandatario, podrá otorgar la escritura pública en este doble concepto, haciéndose constar lo antes dicho.

La escritura pública de adjudicación será título bastante para acreditar la propiedad de los bienes y para practicar la cancelación de la hipoteca y de los asientos posteriores, si en ella constare el pago hecho al acreedor y el destino dado al exceso si lo hubiere.

Si el rematante fuere copropietario o tercer poseedor de los bienes subastados, una vez consignado el importe del remate, el Notario limitará la adjudicación a las demás participaciones indivisas que se ejecuten o, sin verificarla, declarará terminado el procedimiento, según los casos. Una copia del acta de la subasta, cuando no exista adjudicación, será igualmente título bastante para practicar la cancelación de la hipoteca y de los asientos posteriores, si en ella constare el pago hecho al acreedor y el destino dado al exceso si lo hubiere.

11.ª Si la subasta quedara desierta y el acreedor no pidiere la adjudicación, se dará por terminado el procedimiento sin efecto, y quedará expedito el derecho de aquél para ejercitarlo en procedimiento judicial correspondiente.

Si el precio de los bienes rematados fuere insuficiente para pagar el crédito total del acreedor, conservará éste su derecho por la diferencia.

12.ª Los trámites del procedimiento, excepción hecha de la escritura de adjudicación de los bienes, se harán constar por diligencias a continuación del acta de iniciación a que se refiere la regla segunda.

Este acta se incorporará al protocolo en la fecha que corresponda a la última diligencia practicada. Otorgada la escritura pública de adjudicación, se hará constar por nota en dicha acta.

13.ª El adjudicatario de los bienes será puesto en posesión de los mismos por la persona que la tuviere, conforme a la regla tercera. Si no le fueren entregados, podrá pedir la posesión judicial de los mismos conforme a la Ley de Enjuiciamiento Civil, sin perjuicio de las sanciones civiles o penales que pudiera ejercitar contra quien se hubiere negado injustamente a la entrega.»

Cuatro. El artículo 88 queda redactado en la siguiente forma:

«Artículo 88. El procedimiento de venta extrajudicial sólo podrá suspenderse por alguna de las causas siguientes:

Primera. Que se presentare certificación del Registro acreditativa de estar cancelada la hipoteca o presentada escritura pública de carta de pago o cancelación de aquélla.

Segunda. Cuando se acredite documentalmente la existencia de causa criminal sobre cualquier hecho de apariencia delictiva que determine la falsedad del título en virtud del cual se proceda, la invalidez o ilicitud del procedimiento de venta.

Tercera. Si constare al Notario la declaración de concurso del deudor, aunque ya estuvieran publicados los anuncios de la subasta del bien. En este caso sólo se alzará la suspensión cuando se acredite, mediante testimonio de la resolución del juez del concurso, que los bienes o derechos no están afectos, o no son necesarios para la continuidad de la actividad profesional o empresarial del deudor.

Cuarta. Si se interpusiera demanda de tercería de dominio, acompañando inexcusablemente con ella título de propiedad, anterior a la fecha de la escritura de hipoteca. Si se tratare de bienes susceptibles de inscripción en algún

Registro, dicho título habrá de estar inscrito también con fecha anterior a la hipoteca. La suspensión subsistirá hasta el término de juicio de tercería.

Quinta. Si se acreditare, con certificación del Registro correspondiente, que los mismos bienes están sujetos a otra hipoteca mobiliaria o afectos a hipoteca inmobiliaria, en virtud del artículo 111 de la Ley Hipotecaria, vigentes o inscritas antes de la que motivare el procedimiento. Estos hechos se pondrán en conocimiento del Juzgado correspondiente, a los efectos prevenidos en el artículo 1862 del Código Civil.

En los dos casos precedentes, si la causa de la suspensión afectare sólo a parte de los bienes comprendidos en la hipoteca mobiliaria, podrá seguir el procedimiento respecto de los demás, si así lo solicitare el acreedor.

También se suspenderá la venta extrajudicial cuando cualquiera de las partes acredite haber planteado ante el Juez que sea competente el carácter abusivo de alguna de las cláusulas contractuales del préstamo hipotecario que constituya el fundamento de la venta extrajudicial o que hubiese determinado la cantidad exigible. Una vez sustanciada la cuestión, y siempre que, de acuerdo con la resolución judicial correspondiente, no se trate de una cláusula abusiva que constituya el fundamento de la ejecución o hubiera determinado la cantidad exigible, el Notario podrá proseguir la venta extrajudicial a requerimiento del acreedor.

Verificada alguna de las circunstancias previstas en los apartados 1 y 2, el Notario acordará la suspensión del procedimiento hasta que, respectivamente, terminen el procedimiento criminal o el procedimiento registral si no se declarase la falsedad o no se inscribiese la cancelación de la hipoteca.

La suspensión de la subasta por un periodo superior a 15 días llevará consigo la liberación de las consignaciones o devolución de los avales prestados, retrotrayendo la situación al momento inmediatamente anterior a la publicación del anuncio. La reanudación de la subasta se realizará mediante una nueva publicación del anuncio y una nueva petición de información registral como si de una nueva subasta se tratase.

Si la reclamación del acreedor y la iniciación de la venta extrajudicial tuvieran su base en alguna causa que no sea el vencimiento del plazo o la falta de pago de intereses o de cualquier otra prestación a que estuviere obligado el deudor, se suspenderá dicho procedimiento siempre que con anterioridad a la subasta se hubiere hecho constar en el Registro la oposición al mismo, formulada en juicio declarativo. A este efecto, el Juez, al mismo tiempo que ordene la anotación preventiva de la demanda, acordará que se notifique al Notario la resolución recaída.»

Cinco. El párrafo primero del artículo 89 queda redactado en la siguiente forma:

«En la hipoteca de establecimientos mercantiles se observarán, además de las reglas establecidas anteriormente, las siguientes:»

Decimocuarta. *Modificación del Texto Refundido de la Ley de Sociedades de Capital, aprobado por el Real Decreto Legislativo 1/2010, de 2 de julio*

Uno. Los apartados 3 y 4 del artículo 139 y el apartado 2 del artículo 141 quedan redactados de la siguiente forma:

«Artículo 139.

3. En el caso de que la sociedad no hubiera reducido el capital social dentro de los dos meses siguientes a la fecha de finalización del plazo para la enajenación, cualquier interesado podrá solicitar la reducción del capital al Letrado de la Administración de Justicia o Registrador mercantil del lugar del domicilio social. Los administradores están obligados a solicitar la reducción judicial o registral del capital social cuando el acuerdo de la junta hubiera sido contrario a esa reducción o no pudiera ser logrado.

El expediente ante el Letrado de la Administración de Justicia se tramitará conforme a lo establecido en la Ley de Jurisdicción Voluntaria. La solicitud dirigida al Registrador mercantil se tramitará de acuerdo a lo previsto en el Reglamento del Registro Mercantil.

La decisión favorable o desfavorable será recurrible ante el Juez de lo Mercantil.

4. Las participaciones sociales o acciones de la sociedad dominante serán enajenadas a instancia de parte interesada por el Letrado de la Administración de Justicia o Registrador mercantil de conformidad con el procedimiento previsto para aquéllos en la Ley de Jurisdicción Voluntaria y en el Reglamento del Registro Mercantil para éstos.»

«Artículo 141.

2. Si las participaciones no fueran enajenadas en el plazo señalado, la sociedad deberá acordar inmediatamente su amortización y la reducción del capital. Si la sociedad omite estas medidas, cualquier interesado podrá solicitar su adopción por el Letrado de la Administración de Justicia o por el Registrador mercantil del domicilio social. Los administradores de la sociedad

adquirente están obligados a solicitar la adopción de estas medidas, cuando, por las circunstancias que fueran, no pueda lograrse el correspondiente acuerdo de amortización y de reducción del capital.

El expediente ante el Letrado de la Administración de Justicia se acomodará a los trámites de jurisdicción voluntaria. La solicitud dirigida al Registrador mercantil se tramitará de acuerdo a lo previsto en el Reglamento del Registro Mercantil.

La decisión favorable o desfavorable podrá recurrirse ante el Juez de lo Mercantil.»

Dos. Los artículos 169, 170 y 171 quedan redactados de la siguiente forma:

«Artículo 169. Competencia para la convocatoria.

1. Si la junta general ordinaria o las juntas generales previstas en los estatutos, no fueran convocadas dentro del correspondiente plazo legal o estatutariamente establecido, podrá serlo, a solicitud de cualquier socio, previa audiencia de los administradores, por el Letrado de la Administración de Justicia o Registrador mercantil del domicilio social.

2. Si los administradores no atienden oportunamente la solicitud de convocatoria de la junta general efectuada por la minoría, podrá realizarse la convocatoria, previa audiencia de los administradores, por el Letrado de la Administración de Justicia o por el Registrador mercantil del domicilio social.

Artículo 170. Régimen de la convocatoria.

1. El Letrado de la Administración de Justicia procederá a convocar a la junta general de conformidad con lo establecido en la legislación de jurisdicción voluntaria.

2. El Registrador mercantil procederá a convocar la junta general en el plazo de un mes desde que hubiera sido formulada la solicitud, indicará el lugar, día y hora para la celebración así como el orden del día y designará al presidente y secretario de la junta.

3. Contra la resolución por la que se acuerde la convocatoria de la junta general no cabrá recurso alguno.

4. Los gastos de la convocatoria registral serán de cuenta de la sociedad.

Artículo 171. Convocatoria en casos especiales.

En caso de muerte o de cese del administrador único, de todos los administradores solidarios, de alguno de los administradores mancomunados, o de la mayoría de los miembros del consejo de administración, sin que existan suplentes, cualquier socio podrá solicitar del Letrado de la Administración de

Justicia y del Registrador mercantil del domicilio social la convocatoria de junta general para el nombramiento de los administradores.

Además, cualquiera de los administradores que permanezcan en el ejercicio del cargo podrá convocar la junta general con ese único objeto.»

Tres. Los artículos 265 y 266 quedan redactados de la siguiente forma:

«Artículo 265. Competencia para el nombramiento de auditor.

1. Cuando la junta general no hubiera nombrado al auditor antes de que finalice el ejercicio a auditar, debiendo hacerlo, o la persona nombrada no acepten el cargo o no pueda cumplir sus funciones, los administradores y cualquier socio podrán solicitar del Letrado de la Administración de Justicia o Registrador mercantil del domicilio social la designación de la persona o personas que deban realizar la auditoría.

En las sociedades anónimas, la solicitud podrá ser realizada también por el comisario del sindicato de obligacionistas.

2. En las sociedades que no estén obligadas a someter las cuentas anuales a verificación por un auditor, los socios que representen, al menos, el cinco por ciento del capital social podrán solicitar del Letrado de la Administración de Justicia o Registrador mercantil del domicilio social que, con cargo a la sociedad, nombre un auditor de cuentas para que efectúe la revisión de las cuentas anuales de un determinado ejercicio siempre que no hubieran transcurrido tres meses a contar desde la fecha de cierre de dicho ejercicio.

3. La solicitud dirigida al Registrador mercantil se tramitará de acuerdo a lo dispuesto en el Reglamento del Registro Mercantil.

Si el nombramiento se instará ante el Letrado de la Administración de Justicia, se seguirán los trámites establecidos en la legislación de jurisdicción voluntaria.

4. La resolución del Registrador mercantil por la que se acuerde o rechace el nombramiento será recurrible de conformidad con las previsiones del Reglamento del Registro Mercantil. La resolución del Letrado de la Administración de Justicia será recurrible ante el Juez de lo Mercantil.

Artículo 266. Revocación del auditor.

1. Cuando concurra justa causa, los administradores de la sociedad y las personas legitimadas para solicitar el nombramiento de auditor podrán pedir al Letrado de la Administración de Justicia o Registrador mercantil la revocación del que hubieran nombrado ellos o del designado por la junta general y el nombramiento de otro.

2. La solicitud dirigida al Registrador mercantil se tramitará de acuerdo a lo dispuesto en el Reglamento del Registro Mercantil.

Si la revocación se instará ante el Letrado de la Administración de Justicia, se seguirán los trámites establecidos en la legislación de jurisdicción voluntaria.

3. La resolución que se dicte sobre la revocación del auditor será recurrible ante el Juez de lo Mercantil.»

Cuatro. Los artículos 377 y 380 quedan redactados de la siguiente forma:

«Artículo 377. Cobertura de vacantes.

1. En caso de fallecimiento o de cese del liquidador único, de todos los liquidadores solidarios, de alguno de los liquidadores que actúen conjuntamente, o de la mayoría de los liquidadores que actúen colegiadamente, sin que existan suplentes, cualquier socio o persona con interés legítimo podrá solicitar del Letrado de la Administración de Justicia o Registrador mercantil del domicilio social la convocatoria de junta general para el nombramiento de los liquidadores. Además, cualquiera de los liquidadores que permanezcan en el ejercicio del cargo podrá convocar la junta general con ese único objeto.

2. Cuando la junta convocada de acuerdo con el apartado anterior no proceda al nombramiento de liquidadores, cualquier interesado podrá solicitar su designación al Letrado de la Administración de Justicia o Registrador mercantil del domicilio social.

3. La solicitud dirigida al Registrador mercantil se tramitará de acuerdo a lo dispuesto en el Reglamento del Registro Mercantil. La instada ante el Letrado de la Administración de Justicia seguirá los trámites establecidos en la legislación de jurisdicción voluntaria.

4. La resolución por la que se acuerde o rechace el nombramiento, será recurrible ante el Juez de lo Mercantil.»

«Artículo 380. Separación de los liquidadores.

1. La separación de los liquidadores designados por la junta general, podrá ser acordada por la misma aun cuando no conste en el orden del día. Si los liquidadores hubieran sido designados en los estatutos sociales, el acuerdo deberá ser adoptado con los requisitos de mayoría y, en el caso de sociedades anónimas, de quórum, establecidos para la modificación de los estatutos.

Los liquidadores de la sociedad anónima podrán también ser separados por decisión del Letrado de la Administración de Justicia o Registrador mercantil del domicilio social, mediante justa causa, a petición de accionistas que representen la vigésima parte del capital social.

2. La separación de los liquidadores nombrados por el Letrado de la Administración de Justicia o por Registrador mercantil sólo podrá ser decidida por aquél que los hubiera nombrado, a solicitud fundada de quien acredite interés legítimo.

3. La resolución que se dicte sobre la separación de los liquidadores será recurrible ante el Juez de lo Mercantil.»

Cinco. Los artículos 381 y 389 quedan redactados de la siguiente forma:

«Artículo 381. Interventores.

1. En caso de liquidación de sociedades anónimas, los accionistas que representen la vigésima parte del capital social podrán solicitar del Letrado de la Administración de Justicia o del Registrador mercantil del domicilio social la designación de un interventor que fiscalice las operaciones de liquidación.

Si la sociedad hubiera emitido y tuviera en circulación obligaciones, también podrá nombrar un interventor el sindicato de obligacionistas.

2. La solicitud dirigida al Registrador mercantil se tramitará de acuerdo a lo dispuesto en el Reglamento del Registro Mercantil. La instada ante el Letrado de la Administración de Justicia seguirá los trámites establecidos en la legislación de jurisdicción voluntaria.

3. La resolución por la que se acuerde o rechace el nombramiento, será recurrible ante el Juez de lo Mercantil.»

«Artículo 389. Sustitución de los liquidadores por duración excesiva de la liquidación.

1. Transcurridos tres años desde la apertura de la liquidación sin que se haya sometido a la aprobación de la junta general el balance final de liquidación, cualquier socio o persona con interés legítimo podrá solicitar del Letrado de la Administración de Justicia o Registrador mercantil del domicilio social la separación de los liquidadores.

2. El Letrado de la Administración de Justicia o Registrador mercantil, previa audiencia de los liquidadores, acordará la separación si no existiere causa que justifique la dilación y nombrará liquidadores a la persona o personas que tenga por conveniente, fijando su régimen de actuación.

3. La resolución que se dicte sobre la revocación del auditor será recurrible ante el Juez de lo Mercantil.»

Seis. El artículo 422 queda redactado de la siguiente forma:

«Artículo 422. Facultad y obligación de convocar la asamblea.

1. La asamblea general de obligacionistas podrá ser convocada por los administradores de la sociedad o por el comisario. Éste, además, deberá convocarla siempre que lo soliciten obligacionistas que representen, por los menos, la vigésima parte de las obligaciones emitidas y no amortizadas.

2. El comisario podrá requerir la asistencia de los administradores de la sociedad y éstos asistir aunque no hubieren sido convocados.

3. Si el comisario no atiende oportunamente la solicitud de convocatoria de la asamblea efectuada por los obligacionistas a que se refiere el apartado 1, podrá realizarse la convocatoria, previa audiencia del comisario, por el Letrado de la Administración de Justicia o por el Registrador mercantil del domicilio social.

El Letrado de la Administración de Justicia procederá a convocar la asamblea general de obligacionistas de conformidad con lo establecido en la legislación de jurisdicción voluntaria.

El Registrador mercantil procederá a convocar la asamblea general en la forma contemplada en el Reglamento del Registro Mercantil.

Contra el decreto o resolución por la que se acuerde la convocatoria de la asamblea general de obligacionistas no cabrá recurso alguno.»

Siete. El apartado 2 del artículo 492 pasa a tener la siguiente redacción:

«2. Si las juntas no fueran convocadas dentro de los plazos establecidos por el Reglamento (CE) n.º 2157/2001 o los estatutos, podrán serlo por el consejo de control o, a petición de cualquier socio, por el Registrador mercantil del domicilio social conforme a lo previsto para las juntas generales en esta Ley.»

Decimoquinta. *Modificación de la Ley 211/1964, de 24 de diciembre, sobre regulación de la emisión de obligaciones por Sociedades que no hayan adoptado la forma de Anónimas, Asociaciones u otras personas jurídicas y la constitución del Sindicato de Obligacionistas*

El artículo sexto queda redactado de la siguiente forma:

«Artículo sexto. Las Sociedades que no hayan adoptado la forma de Anónimas y las Asociaciones y demás personas jurídicas que emitan obligaciones de cualquier clase, deberán constituir el Sindicato de Obligacionistas y designar un Comisario, que concurrirá al otorgamiento de la escritura de emisión en nombre de los futuros tenedores de los títulos.

Si las Entidades emisoras no constituyen el Sindicato de Obligacionistas a que se refiere el párrafo anterior, podrán tomar la iniciativa y solicitar su constitución los propios obligacionistas que representen, como mínimo el treinta por ciento del total de la serie o emisión, previa deducción de las amortizaciones realizadas mediante solicitud ante el Registrador mercantil del domicilio de la entidad emisora, de conformidad con lo dispuesto en el Reglamento del Registro Mercantil. A la Asamblea en que se adopten estas decisiones deberá ser convocada la Entidad emisora y el Comisario designado en la escritura de emisión.»

Decimosexta. *Modificación de la disposición transitoria única de la Ley 33/2006, de 30 de octubre, sobre igualdad del hombre y la mujer en el orden de sucesión de los títulos nobiliarios*

El apartado 3 de la disposición transitoria única queda redactado en los siguientes términos:

«3. No obstante lo previsto por el apartado 1 de esta disposición transitoria, la presente Ley se aplicará a todos los expedientes relativos a Grandezas de España y títulos nobiliarios que el día 27 de julio de 2005 estuvieran pendientes de resolución administrativa o jurisdiccional, tanto en la instancia como en vía de recurso, así como a los expedientes que se hubieran promovido entre aquella fecha, en la cual se presentó la originaria proposición de Ley en el Congreso de los Diputados, y el 20 de noviembre de 2006, fecha de entrada en vigor de la presente Ley. La autoridad administrativa o jurisdiccional ante quien penda el expediente o el proceso concederá de oficio trámite a las partes personadas a fin de que aleguen lo que a su derecho convenga de conformidad con la nueva Ley en el plazo común de cinco días.»

Decimoséptima. *Modificación del texto refundido de la Ley General para la Defensa de Consumidores y Usuarios y otras leyes complementarias, aprobado por medio del Real Decreto Legislativo 1/2007, de 16 de noviembre*

Uno. El apartado 2 del artículo 19 queda redactado como sigue:

«2. Sin perjuicio de lo dispuesto en los apartados siguientes, para la protección de los legítimos intereses económicos y sociales de los consumidores y usuarios, las prácticas comerciales de los empresarios dirigidas a ellos están sujetas a lo dispuesto en esta Ley, en la Ley de Competencia Desleal y en la Ley de Ordenación del Comercio Minorista. A estos efectos, se consideran prácticas comerciales de los empresarios con los consumidores y usuarios todo acto, omisión, conducta, manifestación o comunicación comercial, incluida la publicidad y la comercialización, directamente relacionada con la promoción, la venta o el suministro de bienes o servicios, incluidos los bienes inmuebles, así como los derechos y obligaciones, con independencia de que sea realizada antes, durante o después de una operación comercial.

No tienen la consideración de prácticas comerciales las relaciones de naturaleza contractual, que se regirán conforme a lo previsto en el artículo 59.»

Dos. La letra a) del artículo 141 queda redactada como sigue:

«a) De la cuantía de la indemnización de los daños materiales se deducirá una franquicia de 500,00 euros.»

Tres. El artículo 163 queda redactado como sigue:

«Artículo 163. Garantía de la responsabilidad contractual.

1. Los organizadores y detallistas de viajes combinados tendrán la obligación de constituir y mantener de manera permanente una garantía en los términos que determine la Administración turística competente, para responder con carácter general del cumplimiento de las obligaciones derivadas de la prestación de sus servicios frente a los contratantes de un viaje combinado y, especialmente, en caso de insolvencia, del reembolso efectivo de todos los pagos realizados por los viajeros en la medida en que no se hayan realizado los servicios correspondientes y, en el caso de que se incluya el transporte, de la repatriación efectiva de los mismos. La exigencia de esta garantía se sujetará en todo caso a lo establecido en la Ley 20/2013, de 9 de diciembre, de garantía de la unidad de mercado.

2. Tan pronto como sea evidente que la ejecución del viaje combinado se vea afectado por la falta de liquidez de los organizadores o detallistas, en la medida en que el viaje no se ejecute o se ejecute parcialmente o los prestadores de servicios requieran a los viajeros pagar por ellos, el viajero podrá acceder fácilmente a la protección garantizada, sin trámites excesivos, sin ninguna demora indebida y de forma gratuita.

3. En caso de ejecutarse la garantía, deberá reponerse en el plazo de quince días, hasta cubrir nuevamente la totalidad inicial de la misma.»

Decimoctava. *Modificación de la Ley 10/2012, de 20 de noviembre, por la que se regulan determinadas tasas en el ámbito de la Administración de Justicia y del Instituto Nacional de Toxicología y Ciencias Forenses*

Se modifica la letra e) del apartado 1 del artículo 4 queda redactada como sigue:

«e) La interposición de la demanda de ejecución de laudos dictados por las Juntas Arbitrales de Consumo y por las Juntas Arbitrales del Transporte, en este último caso cuando la cuantía por la que se pide ejecución sea inferior a 2000 euros, así como del acta notarial de reclamación de deuda dineraria no contradicha.»

Decimonovena. *Gratuidad de determinados expedientes notariales y registrales*

1. Se reconocerán las prestaciones previstas en la normativa de asistencia jurídica gratuita referidas a la reducción de los aranceles notariales y registrales, la gratuidad de las publicaciones y, en su caso, la intervención de peritos, a los siguientes expedientes:

a) En materia de sucesiones: el de declaración de herederos abintestato; el de presentación, adveración, apertura y lectura, y protocolización de testamentos; y el de formación de inventario de la Ley de 28 de mayo de 1862, del Notariado.

b) En materia de derechos reales: el deslinde y amojonamiento de las fincas inscritas; el de dominio para la inmatriculación de fincas que no estén inscritas a favor de persona alguna; el de reanudación del tracto sucesivo interrumpido; el de subsanación de la doble o múltiple inmatriculación y el de liberación registral de cargas o gravámenes extinguidos por prescripción, caducidad o no uso, de la Ley Hipotecaria.

2. La acreditación de los requisitos para el reconocimiento del derecho a las prestaciones señaladas en el apartado anterior tendrá lugar, de conformidad con lo dispuesto en la Ley de Asistencia Jurídica Gratuita, ante el Colegio Notarial o Registro que corresponda, los cuales tendrán las facultades previstas por dicha ley para verificar la exactitud y realidad de los datos económicos que proporcionen los solicitantes.

Cuando se solicite el reconocimiento del derecho para la asistencia de Letrado en los casos de separación o divorcio ante Notario, la acreditación se realizará en la misma forma prevista en la Ley de Asistencia Jurídica Gratuita.

Vigésima. *Título competencial*

La presente Ley se dicta al amparo de la competencia que, en materia de legislación procesal, corresponde al Estado conforme al artículo 149.1.6.ª de la Constitución.

Se exceptúan de lo anterior las disposiciones finales primera, cuarta, quinta, sexta, séptima, octava, décima, decimocuarta y decimoctava, que se dictan al amparo de la competencia que corresponde al Estado en materia de legislación civil conforme al artículo 149.1.8.ª de la Constitución. Asimismo, la disposición adicional cuarta y las disposiciones finales undécima, duodécima y decimotercera, que se dictan al amparo de la competencia que corresponde al Estado en materia de ordenación de los registros e instrumentos públicos, conforme al artículo 149.1.8.ª de la Constitución. Finalmente, las disposiciones finales segunda, novena, décimo quinta y décimo sexta, que se dictan al amparo de la competencia que corresponde al Estado en materia de legislación mercantil, conforme al artículo 149.1.6.ª de la Constitución.

Vigésima primera. *Entrada en vigor*

La presente ley entrará en vigor a los veinte días de su publicación oficial en el «Boletín Oficial del Estado» excepto:

1. Las disposiciones del Capítulo III del Título II de esta Ley, reguladoras de la adopción, que entrarán en vigor cuando entre en vigor la Ley de Modificación del sistema de Protección a la infancia y a la adolescencia.

2. Las disposiciones del Título VII de esta Ley que regulan las subastas voluntarias celebradas por los Letrados de la Administración de Justicia, y las del Capítulo V del Título VII de la Ley de 28 de mayo de 1862, del Notariado contenidas en la disposición final undécima, que establecen el régimen de las subastas notariales, que entrarán en vigor el 15 de octubre del 2015.

3. Las modificaciones de los artículos 49, 51, 52, 53, 55, 56, 57, 58, 62, 65 y 73 del Código Civil contenidas en la disposición final primera, así como las modificaciones de los artículos 58, 58 bis, disposición final segunda y disposición final quinta bis de la Ley 20/2011, de 21 de julio, del Registro Civil, incluidas en la disposición final cuarta, relativas a la tramitación y celebración del matrimonio civil, que lo harán en la fecha de la completa entrada en vigor de la Ley 20/2011, de 21 de julio, del Registro Civil.

4. Las modificaciones del artículo 7 del Acuerdo de Cooperación del Estado con la Federación de Entidades Religiosas Evangélicas de España, aprobado

por la Ley 24/1992, de 10 de noviembre; las del artículo 7 del Acuerdo de Cooperación del Estado con la Federación de Comunidades Israelitas de España, aprobado por la Ley 25/1992, de 10 de noviembre; y las del artículo 7 del Acuerdo de Cooperación del Estado con la Comisión Islámica de España, aprobado por la Ley 26/1992, de 10 de noviembre, contenidas en las disposiciones finales quinta, sexta y séptima respectivamente, que lo harán en la fecha de la completa entrada en vigor de la Ley 20/2011, de 21 de julio, del Registro Civil.

5. Las disposiciones de la sección 1.ª del capítulo II del título VII de la Ley de 28 de mayo de 1862, del Notariado, contenidas en la disposición final undécima, que establecen las normas reguladoras del acta matrimonial y de la escritura pública de celebración del matrimonio, que lo harán en la fecha de la completa entrada en vigor de la Ley 20/2011, de 21 de julio, del Registro Civil.

La ley 4/2017, de 28 de junio, modifica los apartados 3, 4 y 5.

Por tanto,

Mando a todos los españoles, particulares y autoridades, que guarden y hagan guardar esta Ley.

Madrid, 2 de julio de 2015.

PARTE II:
LEY ORGÁNICA DE MEDIDAS EN MATERIA DE EFICIENCIA DEL SERVICIO PÚBLICO DE JUSTICIA
LO 1/2025, de 2 de enero

TÍTULO II
MEDIDAS EN MATERIA DE EFICIENCIA PROCESAL DEL SERVICIO PÚBLICO DE JUSTICIA

CAPÍTULO I
MEDIOS ADECUADOS DE SOLUCIÓN DE CONTROVERSIAS EN VÍA NO JURISDICCIONAL

SECCIÓN 1.ª Disposiciones generales

Artículo 2. *Concepto y caracterización de los medios adecuados de solución de controversias en vía no jurisdiccional*

A los efectos de esta ley, se entiende por medio adecuado de solución de controversias cualquier tipo de actividad negociadora, reconocida en esta u otras leyes, estatales o autonómicas, a la que las partes de un conflicto acuden de buena fe con el objeto de encontrar una solución extrajudicial al mismo, ya sea por sí mismas o con la intervención de una tercera persona neutral.

Artículo 3. *Ámbito de aplicación de los medios adecuados de solución de controversias*

1. Las disposiciones de este título son de aplicación a los asuntos civiles y mercantiles, incluidos los conflictos transfronterizos. A estos efectos tendrán la consideración de conflictos transfronterizos los definidos en el artículo 3 de la Ley 5/2012, de 6 de julio, de mediación en asuntos civiles y mercantiles.

En defecto de sometimiento expreso o tácito a lo dispuesto en este título, su regulación será aplicable cuando, al menos, una de las partes tenga su domicilio en España y la actividad negociadora se realice en territorio español.

2. Quedan excluidos, en todo caso, de lo dispuesto en este título las materias laboral, penal y concursal, así como los asuntos de cualquier naturaleza,

con independencia del orden jurisdiccional ante el que deban ventilarse, en los que una de las partes sea una entidad perteneciente al sector público.

Artículo 4. *Principio de autonomía privada en el desarrollo de los medios adecuados de solución de controversias*

1. Las partes son libres para convenir o transigir, a través de estos medios, sobre sus derechos e intereses, siempre que lo acordado no sea contrario a la ley, a la buena fe ni al orden público. Las partes pueden alcanzar acuerdos totales o parciales. En el caso de acuerdos parciales, las partes podrán presentar demanda para ejercitar sus pretensiones respecto a los extremos de la controversia en los que se mantenga la discrepancia.

No obstante, no podrán ser sometidos a medios adecuados de solución de controversias, ni aun por derivación judicial, los conflictos que versen sobre materias que no estén a disposición de las partes en virtud de la legislación aplicable, pero sí será posible su aplicación en relación con los efectos y medidas previstos en los artículos 102 y 103 del Código Civil, sin perjuicio de la homologación judicial del acuerdo alcanzado.

2. En ningún caso podrán aplicarse dichos medios de solución de controversias, a los conflictos de carácter civil que versen sobre alguna de las materias excluidas de la mediación, conforme a lo dispuesto en el apartado 9 del artículo 89 de la Ley Orgánica 6/1985, de 1 de julio, del Poder Judicial.

Artículo 5. *Requisito de procedibilidad*

1. En el orden jurisdiccional civil, con carácter general, para que sea admisible la demanda se considerará requisito de procedibilidad acudir previamente a algún medio adecuado de solución de controversias de los previstos en el artículo 2. Para entender cumplido este requisito habrá de existir una identidad entre el objeto de la negociación y el objeto del litigio, aun cuando las pretensiones que pudieran ejercitarse, en su caso, en vía judicial sobre dicho objeto pudieran variar.

Se considerará cumplido este requisito si se acude previamente a la mediación, a la conciliación o a la opinión neutral de una persona experta independiente, si se formula una oferta vinculante confidencial o si se emplea cualquier otro tipo de actividad negociadora, reconocida en esta u otras leyes, estatales o autonómicas, pero que cumpla lo previsto en las secciones 1.ª y 2 ª, de este capítulo o en una ley sectorial. Singularmente, se considerará cumplido el requisito cuando la actividad negociadora se desarrolle directamente por las partes, o entre sus abogados o abogadas bajo sus directrices y con su conformidad, así como en los supuestos en que las partes hayan recurrido a un proceso de Derecho colaborativo.

2. Se exigirá actividad negociadora previa a la vía jurisdiccional como requisito de procedibilidad en todos los procesos declarativos del libro II y en los procesos especiales del libro IV de la Ley 1/2000, de 7 de enero, de Enjuiciamiento Civil, con excepción de los que tengan por objeto las siguientes materias:

a) la tutela judicial civil de derechos fundamentales;

b) la adopción de las medidas previstas en el artículo 158 del Código Civil;

c) la adopción de medidas judiciales de apoyo a las personas con discapacidad;

d) la filiación, paternidad y maternidad;

e) la tutela sumaria de la tenencia o de la posesión de una cosa o derecho por quien haya sido despojado de ellas o perturbado en su disfrute;

f) la pretensión de que el tribunal resuelva, con carácter sumario, la demolición o derribo de obra, edificio, árbol, columna o cualquier otro objeto análogo en estado de ruina y que amenace causar daños a quien demande;

g) el ingreso de menores con problemas de conducta en centros de protección específicos, la entrada en domicilios y restantes lugares para la ejecución forzosa de medidas de protección de menores o la restitución o retorno de menores en los supuestos de sustracción internacional;

h) el juicio cambiario.

3. No será preciso acudir a un medio adecuado de solución de controversias para la interposición de una demanda ejecutiva, la solicitud de medidas cautelares previas a la demanda, la solicitud de diligencias preliminares ni para la iniciación de expedientes de jurisdicción voluntaria, con excepción de los expedientes de intervención judicial en los casos de desacuerdo conyugal y en la administración de bienes gananciales, así como de los de intervención judicial en caso de desacuerdo en el ejercicio de la patria potestad. Tampoco será preciso acudir a un medio adecuado de solución de controversias para presentar la petición de requerimiento europeo de pago conforme al Reglamento (CE) n.º 1896/2006 del Parlamento Europeo y del Consejo, de 12 de diciembre de 2006, por el que se establece un proceso monitorio europeo, o solicitar el inicio de un proceso europeo de escasa cuantía, conforme al Reglamento (CE)

n.º 861/2007 del Parlamento Europeo y del Consejo, de 11 de julio de 2007, por el que se establece un proceso europeo de escasa cuantía.

4. La iniciativa de acudir a los medios adecuados de solución de controversias puede proceder de una de las partes, de ambas de común acuerdo o bien de una decisión judicial o del letrado o la letrada de la Administración de Justicia de derivación de las partes a este tipo de medios.

Para el caso de que todas las partes plantearan acudir a un medio adecuado de solución de controversias y no existiera acuerdo sobre cuál de ellos utilizar, se empleará aquel que se haya propuesto antes temporalmente.

Artículo 6. *Asistencia letrada*

1. Las partes podrán acudir a cualquiera de los medios adecuados de solución de controversias asistidas de abogado.

2. Únicamente será preceptiva la asistencia letrada a las partes cuando se utilice como medio adecuado de solución de controversias la formulación de una oferta vinculante, excepto cuando la cuantía del asunto controvertido no supere los dos mil euros o bien cuando una ley sectorial no exija la intervención de letrado o letrada para la realización o aceptación de la oferta.

3. En los casos en que no siendo preceptiva la asistencia letrada, cualquiera de las partes pretendiera servirse de ella, lo hará constar así en el requerimiento o en el plazo de tres días desde la fecha de recepción de la propuesta por la parte requerida. En ambos casos, deberá comunicarse tal circunstancia a la otra parte para que pueda decidir valerse también de asistencia letrada en el plazo de los tres días siguientes a la recepción de la notificación.

Artículo 7. *Efectos de la apertura del proceso de negociación y de su terminación sin acuerdo*

1. La solicitud de una de las partes dirigida a la otra para iniciar un procedimiento de negociación a través de un medio adecuado de solución de controversias, en la que se defina adecuadamente el objeto de la negociación, interrumpirá la prescripción o suspenderá la caducidad de acciones desde la fecha en la que conste el intento de comunicación de dicha solicitud a la otra parte en el domicilio personal o lugar de trabajo que le conste a la persona solicitante, o bien a través del medio de comunicación electrónico empleado por las partes en sus relaciones previas.

La interrupción o la suspensión se prolongará hasta la fecha de la firma del acuerdo o de la terminación del proceso de negociación sin acuerdo.

El cómputo de los plazos se reiniciará o reanudará respectivamente en el caso de que no se mantenga la primera reunión dirigida a alcanzar un acuerdo o no se obtenga respuesta por escrito en el plazo de treinta días naturales a contar desde la fecha de recepción de la solicitud de negociación por la parte a la que se dirige, o desde la fecha del intento de comunicación, si dicha recepción no se produce.

En el caso de que alguna propuesta concreta de acuerdo no tenga respuesta por la contraparte en el plazo de treinta días naturales desde la fecha de recepción, se reiniciará o reanudará respectivamente el cómputo de plazos.

2. Sin perjuicio de lo establecido en el apartado anterior, en el caso de que intervenga una tercera persona neutral, se seguirán las siguientes reglas:

a) en el caso de intervenir una persona mediadora, se estará a lo dispuesto por el artículo 4 de la Ley 5/2012, de 6 de julio, de mediación en asuntos civiles y mercantiles.

b) en el caso de intervenir una persona conciliadora, la solicitud de inicio de la conciliación interrumpirá la prescripción o suspenderá la caducidad de acciones desde la fecha en la que conste la recepción de dicha solicitud por la persona conciliadora, reiniciándose o reanudándose, respectivamente, el cómputo de los plazos en el caso de que en el plazo de quince días naturales desde la fecha de la recepción de la solicitud por la persona conciliadora no se hubiese intentado por esta la comunicación con la otra parte, así como en el caso de que en el plazo de quince días naturales desde la recepción de la propuesta por la parte a la que se dirige la solicitud de conciliación, o desde la fecha de intento de la comunicación si dicha recepción no se produce, no se mantenga la primera reunión dirigida a alcanzar un acuerdo o no se obtenga respuesta por escrito.

En caso de que se abra la conciliación, la interrupción o la suspensión se prolongará hasta la fecha de la firma del acuerdo o cuando se produzca la terminación de la conciliación.

c) en el caso de intervenir una persona experta independiente, se interrumpirá la prescripción o suspenderá la caducidad de acciones desde la fecha de la designación de mutuo acuerdo de la persona experta, reiniciándose o reanudándose respectivamente el cómputo de los plazos a partir de la fecha de aceptación del acuerdo final por todas las partes o de emisión de la certificación prevista en el artículo 18.5.

d) en el caso de intervenir un letrado o letrada de la Administración de Justicia, se estará a lo dispuesto por la Ley 15/2015, de 2 de julio, de la Jurisdicción Voluntaria, respecto a la suspensión de la caducidad y la interrupción de la prescripción, que se aplicará supletoriamente en los casos de intervención como conciliador de un notario o notaria, registrador o registradora.

3. En el caso de que la solicitud inicial de negociación no tenga respuesta o bien de que el proceso negociador finalice sin acuerdo, las partes deberán formular la demanda dentro del plazo de un año a contar, respectivamente, desde la fecha de recepción de la solicitud de negociación por la parte a la que se haya dirigido la misma o, en su caso, desde la fecha de terminación del proceso de negociación sin acuerdo, para que pueda entenderse cumplido el requisito de procedibilidad.

Si se hubieran acordado medidas cautelares durante la tramitación del proceso negociador, las partes deberán presentar la demanda ante el mismo tribunal que conoció de aquellas en los veinte días siguientes desde la terminación del proceso negociador sin acuerdo o desde la fecha en que deba entenderse finalizado el proceso de negociación sin acuerdo conforme a esta ley.

Si las medidas cautelares se hubieran acordado antes del inicio del proceso negociador, el plazo de veinte días para presentar la demanda se suspenderá y reanudará, respectivamente, en los términos previstos en el apartado 1.

4. Si se iniciara un proceso judicial con el mismo objeto que el de la previa actividad negociadora intentada sin acuerdo, los tribunales deberán tener en consideración la colaboración de las partes respecto a la solución consensuada y el eventual abuso del servicio público de Justicia al pronunciarse sobre las costas o en su tasación, y asimismo para la imposición de multas o sanciones previstas, todo ello en los términos establecidos en la Ley 1/2000, de 7 de enero, de Enjuiciamiento Civil.

Artículo 8. *Actuaciones desarrolladas por medios telemáticos*

1. Las partes podrán acordar que todas o alguna de las actuaciones de negociación en el marco de un medio adecuado de solución de controversias, se lleven a cabo por medios telemáticos, por videoconferencia u otro medio análogo de transmisión de la voz o la imagen, siempre que quede garantizada la identidad de los intervinientes y el respeto a las normas previstas en este

título y, en su caso, a la normativa de desarrollo específicamente contemplada para la mediación.

2. Cuando el objeto de controversia sea una reclamación de cantidad que no exceda de seiscientos euros se desarrollará preferentemente por medios telemáticos, salvo que el empleo de éstos no sea posible para alguna de las partes.

Artículo 9. *Confidencialidad y protección de datos*

1. El proceso de negociación y la documentación utilizada en el mismo son confidenciales, salvo la información relativa a si las partes acudieron o no al intento de negociación previa y al objeto de la controversia.

La obligación de confidencialidad se extiende a las partes, a los abogados o abogadas intervinientes y, en su caso, a la tercera persona neutral que intervenga, que quedarán sujetos al deber y derecho de secreto profesional, de modo que ninguno de ellos podrá revelar la información que hubieran podido obtener derivada del proceso de negociación.

2. En particular, las partes, los abogados o abogadas y la tercera persona neutral no podrán declarar o aportar documentación derivada del proceso de negociación o relacionada con el mismo ni ser obligados a ello en un procedimiento judicial o en un arbitraje, excepto:

a) Cuando todas las partes de manera expresa y por escrito se hayan dispensado recíprocamente o al abogado o abogada o a la tercera persona neutral del deber de confidencialidad.

b) Cuando se esté tramitando la impugnación de la tasación de costas y solicitud de exoneración o moderación de las mismas según lo previsto en el artículo 245 de la Ley 1/2000, de 7 de enero, de Enjuiciamiento Civil y a esos únicos fines, sin que pueda utilizarse para otros diferentes ni en procesos posteriores.

c) Cuando, mediante resolución judicial motivada, sea solicitada por los jueces y juezas del orden jurisdiccional penal.

d) Cuando sea necesario por razones de orden público, en particular cuando así lo requiera la protección del interés superior del menor o la prevención de daños a la integridad física o psicológica de una persona.

En consecuencia, y salvo dichas excepciones, si se pretendiese por alguna de las partes la aportación como prueba en el proceso de la información confidencial, no será admitida por los tribunales por aplicación de lo dispuesto en el artículo 283.3 de la Ley 1/2000, de 7 de enero, de Enjuiciamiento Civil.

3. En caso de que se revele información o se aporte documentación en infracción de lo dispuesto en este artículo, la autoridad judicial la inadmitirá y dispondrá que no se incorpore al expediente, sin perjuicio, además, de la responsabilidad que dicha infracción genere en los términos previstos en el ordenamiento jurídico.

4. Los tratamientos de datos de carácter personal de las personas físicas se realizarán con estricta sujeción a lo dispuesto en el Reglamento (UE) 2016/679 del Parlamento Europeo y del Consejo, de 27 de abril de 2016, relativo a la protección de las personas físicas en lo que respecta al tratamiento de datos personales y a la libre circulación de estos datos y por el que se deroga la Directiva 95/46/CE (Reglamento general de protección de datos), y en la Ley Orgánica 3/2018, de 5 de diciembre, de Protección de Datos Personales y garantía de los derechos digitales.

Artículo 10. *Acreditación del intento de negociación y terminación del proceso sin acuerdo*

1. A los efectos de acreditar que se ha intentado una actividad negociadora previa y cumplir el requisito de procedibilidad, dicha actividad negociadora o el intento de la misma deberá ser recogida documentalmente.

2. Si no hubiera intervenido una tercera persona neutral, la acreditación se cumplirá mediante cualquier documento firmado por ambas partes en el que se deje constancia de la identidad de las mismas y, en su caso, de las personas profesionales o expertas que hayan participado asesorándolas, la fecha, el objeto de la controversia, la fecha de la reunión o reuniones mantenidas, en su caso, y la declaración responsable de que las dos partes han intervenido de buena fe en el proceso. En su defecto, podrá acreditarse el intento de negociación mediante cualquier documento que pruebe que la otra parte ha recibido la solicitud o invitación para negociar o, en su caso, la propuesta, en qué fecha, y que ha podido acceder a su contenido íntegro.

3. En el caso de que haya intervenido una tercera persona neutral gestionando la actividad negociadora, esta deberá expedir, a petición de cualquiera de las partes, un documento en el que deberá hacer constar:

a) La identidad del tercero, su cualificación, colegio profesional, institución a la que pertenece o registro en el que esté inscrito.

b) La identidad de las partes.

c) El objeto de la controversia.

d) La fecha de la reunión o reuniones mantenidas.

e) La declaración solemne de que las dos partes han intervenido de buena fe en el proceso, para que surta efectos ante la autoridad judicial correspondiente.

En caso de que alguna de las partes no hubiese comparecido o hubiese rehusado la invitación a participar en la actividad negociadora, se consignará dicha circunstancia y, en su caso, la forma en la que se ha realizado la citación efectiva, la justificación de haber sido realizada, y la fecha de recepción de la misma.

4. Se entenderá que se ha producido la terminación del proceso sin acuerdo:

a) Si transcurrieran treinta días naturales a contar desde la fecha de recepción de la solicitud inicial de negociación por la otra parte y no se mantuviera la primera reunión o contacto dirigido a alcanzar un acuerdo o no se obtenga respuesta por escrito.

b) Si, una vez iniciada la actividad negociadora, transcurrieran treinta días desde que una de las partes haga una propuesta concreta de acuerdo a la otra, sin que se alcance acuerdo ni se obtenga respuesta por escrito. El plazo de treinta días comenzará a contar desde la fecha de recepción de la propuesta concreta de acuerdo.

c) Si transcurrieran tres meses desde la fecha de celebración de la primera reunión sin que se hubiera alcanzado un acuerdo. No obstante lo anterior, las partes tienen derecho a continuar de mutuo acuerdo con la actividad negociadora más allá de dicho plazo.

d) Si cualquiera de las partes se dirige por escrito a la otra dando por terminadas las negociaciones, quedando constancia del intento de comunicación de ser esa su voluntad.

Artículo 11. *Honorarios de los profesionales que intervengan*

1. Cuando las partes acudan al proceso negociador asistidas por sus abogados o abogadas habrán de abonar los respectivos honorarios, salvo que se tenga derecho al beneficio de justicia gratuita.

2. Se asegurará la existencia de mecanismos públicos para la solución de conflictos de acceso gratuito para las partes. Si las partes deciden optar por

otros mecanismos en el caso de que intervenga una tercera persona neutral, sus honorarios profesionales serán objeto de acuerdo previo con las partes intervinientes. Si la parte invitada a participar en el proceso negociador no acepta la intervención de la tercera persona neutral propuesta unilateralmente por la otra parte, deberá esta abonar íntegramente, de haberlos, los honorarios devengados hasta ese momento por la tercera persona neutral.

SECCIÓN 2.ª
De los efectos de la actividad negociadora

Artículo 12. *Formalización del acuerdo*

1. En el documento que recoja el acuerdo se deberá hacer constar la identidad y el domicilio de las partes y, en su caso, la identidad de sus abogadas y abogados y de la tercera persona neutral que haya intervenido, el lugar y fecha en que se suscribe, las obligaciones que cada parte asume y que se ha seguido un procedimiento de negociación ajustado a las previsiones de esta ley.

2. El acuerdo deberá firmarse por las partes y, en su caso, por sus representantes, y cada una de ellas tendrá derecho a obtener una copia. Si interviene una tercera persona neutral esta entregará un ejemplar a cada una de las partes y deberá reservarse otro ejemplar para su conservación.

3. Las partes podrán compelerse recíprocamente a elevar el acuerdo alcanzado a escritura pública.

De no atender la parte requerida la solicitud de elevación del acuerdo alcanzado a escritura pública, podrá otorgarse unilateralmente por la parte solicitante, debiendo hacerse la solicitud por medio del notario autorizante del instrumento público y dejar constancia en él.

No será necesaria la presencia del tercero neutral en el acto de otorgamiento de la escritura.

4. Los gastos de otorgamiento de escrituras serán abonados según lo acordado por las partes. En defecto de acuerdo, serán pagados por la parte que solicite la elevación a escritura pública, sin perjuicio de la repercusión como costas que, en su caso, pudiera producirse en el proceso de ejecución de conformidad con lo establecido en la Ley 1/2000, de 7 de enero, de Enjuiciamiento Civil, teniendo la consideración de derechos arancelarios.

5. Para llevar a cabo la elevación a escritura pública del acuerdo, el notario verificará el cumplimiento de los requisitos exigidos en esta ley y que su contenido no es contrario a Derecho.

6. Cuando el acuerdo haya de ejecutarse en otro Estado, además de la elevación a escritura pública será necesario el cumplimiento de los requisitos que, en su caso, puedan exigir los convenios internacionales en que España sea parte y las normas de la Unión Europea.

7. Cuando así lo exija la ley o el acuerdo se hubiere alcanzado en un proceso de negociación al que se hubiera derivado por el tribunal en el seno del proceso judicial, las partes podrán solicitar del tribunal su homologación.

Artículo 13. *Validez y eficacia del acuerdo*

1. El acuerdo puede versar sobre una parte o sobre la totalidad de las materias sometidas a negociación. El acuerdo alcanzado será vinculante para las partes, que no podrán presentar demanda con igual objeto. Contra lo convenido en dicho acuerdo solo podrá ejercitarse la acción de nulidad por las causas que invalidan los contratos, sin perjuicio de la oposición que pueda plantearse, en su caso, en el proceso de ejecución.

2. Para que tenga valor de título ejecutivo el acuerdo habrá de ser elevado a escritura pública, o ser homologado judicialmente cuando proceda en los términos previstos en el artículo anterior, o bien constar en la certificación a que se refiere el artículo 103 bis de la Ley Hipotecaria si es consecuencia de una conciliación registral.

SECCIÓN 3.ª
De las diferentes modalidades de negociación
previa a la vía jurisdiccional

Artículo 14. *Medios adecuados de solución de controversias en vía no jurisdiccional con regulación especial*

1. A los efectos de cumplir el requisito de procedibilidad para la iniciación de la vía jurisdiccional, y sin perjuicio de lo dispuesto en el artículo 5.1, las partes podrán acudir a cualquiera de las modalidades de negociación previa reguladas en este capítulo, a la mediación regulada en la Ley 5/2012, de 6 de julio, o a cualquier otro medio adecuado de solución de controversias previsto en otras normas. En particular, las partes podrán cumplir dicho requisito mediante

la negociación directa o, en su caso, a través de sus abogados o abogadas, así como a través de un proceso de Derecho colaborativo.

2. La mediación se regirá por lo dispuesto en la Ley 5/2012, de 6 de julio, de mediación en asuntos civiles y mercantiles, y, en su caso, por la legislación autonómica que resulte de aplicación. No obstante, a efectos de lo dispuesto en esta ley, la mediación es uno de los medios adecuados de solución de controversias con el que se podrá cumplir el requisito de procedibilidad al que se refiere el artículo 5.1.

3. La conciliación ante notario se regirá por lo dispuesto en el capítulo VII del título VII de la Ley del Notariado, de 28 de mayo de 1862, sin perjuicio de lo establecido en el artículo 5.1.

4. La conciliación ante el registrador se regirá por lo dispuesto en el título IV bis de la Ley Hipotecaria, sin perjuicio de lo establecido en el artículo 5.1.

5. La conciliación ante el letrado o letrada de la Administración de Justicia se regirá por lo establecido en el título IX de la Ley 15/2015, de 2 de julio, de la Jurisdicción Voluntaria.

6. La conciliación ante el juez o la jueza de paz se regirá por lo establecido en el artículo 47 de la Ley 1/2000, de 7 de enero, de Enjuiciamiento Civil y por el título IX de la Ley 15/2015, de 2 de julio, de la Jurisdicción Voluntaria.

Artículo 15. *Conciliación privada*

1. Toda persona física o jurídica que se proponga ejercitar las acciones legales que le corresponden en defensa de un derecho, puede requerir a una persona con conocimientos técnicos o jurídicos relacionados con la materia de que se trate, para que gestione una actividad negociadora tendente a alcanzar un acuerdo conciliatorio con la parte a la que se pretenda demandar.

2. Para intervenir como persona conciliadora se precisa:

a) Estar inscrita como ejerciente en uno de los colegios profesionales de la abogacía, procura, graduados sociales, economistas, notariado o en el de registradores de la propiedad, así como, en su caso, en cualquier otro colegio que esté reconocido legalmente; o bien estar inscrita como persona mediadora en los registros correspondientes o pertenecer a instituciones de mediación debidamente homologadas.

b) Ser imparcial y guardar los deberes de confidencialidad y secreto profesional.

c) En el caso de que se trate de una sociedad profesional, deberá cumplir los requisitos establecidos en la Ley 2/2007, de 15 de marzo, de sociedades profesionales, y estar inscrita en el Registro de Sociedades Profesionales del colegio profesional que corresponda a su domicilio, debiendo cumplir la persona que actúe como conciliadora los requisitos exigidos en este precepto.

3. El encargo profesional al conciliador puede realizarse por las dos partes de mutuo acuerdo o solo por una de ellas. En el encargo se ha de expresar sucintamente, pero con la necesaria claridad, el contenido de la discrepancia objeto de conciliación, así como la identidad y circunstancias de la otra u otras partes. De la misma forma se procederá cuando sean las dos partes, de mutuo acuerdo, las que soliciten la intervención de la persona que hayan convenido para la realización de tal actividad. A efectos de comunicación entre el conciliador y las partes, se deberá indicar específicamente el teléfono, el correo electrónico a efectos de citaciones, así como, en su caso, el medio del que se dispone para la realización de los encuentros virtuales mediante videoconferencia.

4. La persona conciliadora debe aceptar de forma expresamente documentada la responsabilidad de la gestión leal, objetiva, neutral e imparcial del encargo recibido. Estará sujeta a las responsabilidades que procedan por el ejercicio inadecuado de su función.

Artículo 16. *Funciones de la persona conciliadora*

Las funciones de la persona conciliadora son, esencialmente:

a) Realizar una sesión inicial informando a las partes de las posibles causas que puedan afectar a su imparcialidad, de su profesión, formación y experiencia; así como de las características de la conciliación, su coste, la organización del procedimiento y las consecuencias jurídicas del acuerdo que se pudiera alcanzar.

b) Gestionar por sí misma, o por las personas que le auxilien y le den soporte administrativo, la recepción de la solicitud, la invitación a la otra parte, la citación para las reuniones presenciales o virtuales que se precisen.

c) Documentar un acta de inicio de la conciliación, firmada por todas las partes, delimitando el objeto de la controversia, los honorarios y si las partes van a comparecer por sí mismas o asistidas de letrado, letrada o representante legal.

d) Presidir las reuniones de las partes y dirigir todos los trámites del proceso de conciliación, bien sea personalmente o por medio de instrumentos telemáticos.

e) Dar la palabra de forma ordenada y equitativa a cada una de las partes, pudiendo realizar las sesiones conjuntas o individuales que estime pertinentes.

f) Poner de manifiesto a las partes las dimensiones extrajurídicas de la controversia y las ventajas que pueden obtenerse si se alcanza un acuerdo razonable.

g) Formular directamente a las partes posibles soluciones e invitarlas a que formulen posibles propuestas de solución que construyan un eficaz acuerdo común.

h) En el caso de que exista acuerdo total o parcial de las partes en el desarrollo del proceso de conciliación, requerir a las abogadas y los abogados de las partes, si estuviesen participando en el proceso, para que supervisen el acuerdo.

i) Elaborar un acta final en el que se recoja la propuesta sobre la que existe acuerdo total o parcial y firmar en su calidad de persona conciliadora dicho acuerdo junto con las partes y sus abogados y abogadas o representantes legales si estuviesen participando en el proceso.

j) En caso de desacuerdo, emitir una certificación acreditativa de que se ha intentado sin efecto la conciliación.

k) Si la parte requerida ha rehusado participar en el proceso conciliador, hacerlo constar en el certificado que emita.

Artículo 17. *Oferta vinculante confidencial*

1. Cualquier persona que, con ánimo de dar solución a una controversia, formule una oferta vinculante confidencial a la otra parte, queda obligada a cumplir la obligación que asume, una vez que la parte a la que va dirigida la acepta expresamente. Dicha aceptación tendrá carácter irrevocable.

2. La forma de remisión tanto de la oferta como de la aceptación ha de permitir dejar constancia de la identidad del oferente, de su recepción efectiva por la otra parte y de la fecha en la que se produce dicha recepción, así como de su contenido.

3. La oferta vinculante tendrá carácter confidencial en todo caso, siéndole de aplicación lo dispuesto en el artículo 9.

4. En el caso de que la oferta vinculante sea rechazada, o no sea aceptada expresamente por la otra parte en el plazo de un mes o en cualquier otro plazo mayor establecido por la parte requirente, la oferta vinculante decaerá y la parte requirente podrá ejercitar la acción que le corresponda ante el tribunal competente, entendiendo que se ha cumplido el requisito de procedibilidad. Basta en este caso acreditar la remisión de la oferta a la otra parte por manifestación expresa en el escrito de demanda o en la contestación a la misma, en su caso, a cuyo documento procesal se ha de acompañar el justificante de haberla enviado y de que la misma ha sido recibida por la parte requerida, sin que pueda hacerse mención a su contenido.

Artículo 18. *Opinión de persona experta independiente*

1. Las partes, con objeto de resolver una controversia, podrán designar de mutuo acuerdo a una persona experta independiente para que emita una opinión no vinculante respecto a la materia objeto de conflicto. Las partes estarán obligadas a entregar a la persona experta toda la información y pruebas de que dispongan sobre el objeto controvertido.

2. El dictamen podrá versar sobre cuestiones jurídicas o sobre cualquier otro aspecto técnico relacionado con la capacitación profesional del experto. Dicho dictamen, ya se emita antes de iniciarse un proceso judicial o durante la tramitación del mismo, tendrá carácter confidencial con los efectos previstos en el artículo 9.

3. Emitido el dictamen o la opinión no vinculante del experto, las partes dispondrán de un plazo de diez días hábiles desde su comunicación para hacer recomendaciones, observaciones o propuestas de mejora con el fin de aceptar la opinión escrita propuesta por el experto.

4. En el caso de que las conclusiones del dictamen fuesen aceptadas por todas las partes, el acuerdo se consignará en los términos previstos en el artículo 12 y tendrá los efectos previstos en el artículo 13.

5. En los casos en los que no se haya aceptado el dictamen por alguna de las partes o por ninguna de ellas, el experto designado extenderá a cada una de las partes una certificación de que se ha intentado llegar a un acuerdo por esta vía a los efectos de tener por cumplido el requisito de procedibilidad.

6. La persona experta deberá acreditar que está en posesión de los títulos oficiales que garanticen los conocimientos técnicos sobre la materia objeto de

su informe. Su actuación deberá ser diligente y seguir los estándares propios de la actuación profesional que haya sido encomendada.

Al emitir su informe, todo experto deberá manifestar, bajo juramento o promesa de decir verdad, que ha actuado y, en su caso, actuará con la mayor objetividad posible, tomando en consideración tanto lo que pueda favorecer como lo que sea susceptible de causar perjuicio a cualquiera de las partes.

Artículo 19. *Proceso de Derecho colaborativo*

1. Las partes podrán acudir a un proceso de Derecho colaborativo, por el que, acompañadas y asesoradas cada una de ellas por una o un profesional de la abogacía ejerciente y con colegiación en un Colegio de la Abogacía, acreditado en Derecho colaborativo, y con la intervención, en su caso, de terceras personas neutrales expertas en las diferentes materias sobre las que verse la controversia o facilitadoras de la comunicación, buscaran la solución consensuada, total o parcial, a su controversia.

2. Los principios fundamentales del proceso colaborativo son: la buena fe, la negociación sobre intereses, la transparencia, la confidencialidad, el trabajo en equipo entre las partes, sus abogadas y abogados y las terceras personas expertas neutrales que pudieran, en su caso, participar, así como la renuncia a tribunales por parte de los y las profesionales de la abogacía que hayan intervenido en el proceso, caso de no conseguirse una solución, total o parcial, de la controversia.

3. Tras un proceso colaborativo, los profesionales de la abogacía que hayan intervenido en el mismo redactarán un acta final por el que se haga constar las partes, profesionales intervinientes, sesiones llevadas a cabo, así como los acuerdos adoptados y las cuestiones sobre las que no haya sido posible alcanzar un acuerdo entre las partes.

ÍNDICE ANALÍTICO

tirant
PRIME

Inteligencia jurídica
en expansión

Trabajamos para
mejorar el día a día
del **operador jurídico**

Adéntrese en el universo
de **soluciones jurídicas**

 96 369 17 28    atencionalcliente@tirantonline.com

prime.tirant.com/es/